LA ESPAÑA ARABE
Legado de un paraíso

Plata fundida corre entre las perlas,
a las que semeja en belleza alba y pura.
En apariencia, agua y mármol parecen confundirse,
sin que sepamos cual de ambos se desliza.
¿No ves cómo el agua se derrama en la taza,
pero sus caños la esconden enseguida?

IBN ZAMRAK

LA ESPAÑA ARABE
Legado de un paraíso

Fotografías de
INGE Y ARVED
VON DER ROPP

Textos de
MANUEL CASAMAR
CHRISTIANE KUGEL

EDITORIAL CASARIEGO
EDICIONES DE ARTE, FACSÍMILES Y BIBLIOFILIA • MADRID

El poema de Ibn Zamrak, labrado en la fuente del Patio de los Leones, que figura en el frontispicio como orla, así como los motivos cordobeses, sevillanos, toledanos y granadinos con elementos geométricos o florales del arte de estas ciudades y que orlan los textos sobre las mismas, los realizó el arquitecto hispano-egipcio Farid Mokhtar Noriega. La traducción del poema es de los doctores Darío Cabanelas y Antonio Fernández-Puertas.

*Bendito sea Aquél que otorgó al imām Muḥammad
bellas ideas para engalanar sus mansiones.*

*Pues, ¿acaso no hay en este jardín maravillas
que Dios ha hecho incomparables en su hermosura,*

*y una escultura de perlas de transparente claridad,
cuyos bordes se decoran con orla de aljófar?*

*Plata fundida corre entre las perlas,
a las que semeja en belleza alba y pura.*

*En apariencia, agua y mármol parecen confundirse,
sin que sepamos cuál de ambos se desliza.*

*¿No ves cómo el agua se derrama en la taza,
pero sus caños la esconden enseguida?*

*Es un amante cuyos párpados rebosan de lágrimas,
lágrimas que esconde por miedo a un delator.*

*¿No es, en realidad, cual blanca nube
que vierte en los leones sus acequias*

*y parece la mano del califa, que, de mañana,
prodiga a los leones de la guerra sus favores?*

*Quien contempla los leones en actitud amenazante,
[sabe que] sólo el respeto [al Emir] contiene su enojo.*

*¡Oh descendiente de los Anṣāres, y no por línea indirecta,
herencia de nobleza, que a los fatuos desestima:*

*Que la paz de Dios sea contigo y pervivas incólume,
renovando tus festines y afligiendo a tus enemigos!*

© Editorial Casariego y DuMont Buchverlag. Madrid, 1990

EDITORIAL CASARIEGO
Calle Ponzano, 69. 28003 MADRID. Tel. (91) 442 43 39 y 442 51 78.
ISBN: 84-86760-08-9. Depósito legal: B. 41.626-1990
Impreso en EGEDSA, Sabadell (España)
Distribuye
LIBRERIA FACSIMILIA Y ARTE
Calle Cristóbal Bordiú, 36. 28003 MADRID. Tel. 441 13 30 y 441 68 29. Fax: (91) 442 62 24

INDICE

Edicto 13

PRIMERA PARTE, por Manuel Casamar 15

   Historia y arte 15

   Introducción 17

   Córdoba 21

   Sevilla 61

   Toledo 85

   Granada 105

   Notas de la Primera parte 155

SEGUNDA PARTE, por Christiane Kugel 165

   I. El paisaje 167

   II. La agricultura 187

   III. Los jardines 213

   Notas de la Segunda parte 254

Bibliografía 257

EDICTO

La España árabe,
como la España cristiana y la España judía,
se construyó con la ayuda de la Providencia
en el viejo solar de Hispania
sobre la fe,
refinadas sensibilidades,
diversos sueños
e intermitentes lúcidas locuras.
Realzada por cumbres naturales de belleza
y protegida a modo de murallas invisibles
por la hermosura creada por sus hombres,
cualquiera, que de cualquier modo,
osare degradarla
será declarado reo de lesa patria
y su pena no será inferior
a la de quien haya violado sus inefables lugares.
En cordial y pacífica convivencia
con todas las patrias y etnias de la tierra,
la validez de este edicto debe ser perpetua.

RAFAEL DIAZ-CASARIEGO

PRIMERA PARTE
Historia y arte

INTRODUCCION

¿Un libro más sobre la España árabe? ¿Otra guía más o menos erudita o popular sobre nuestros monumentos musulmanes? Ni una cosa ni otra. No es ese el propósito de los que nos hemos lanzado a la edición de la colección extraordinaria de fotografías realizada por Inge y Arved von der Ropp.

Editor y coautores querríamos que, al amparo de tales imágenes, el lector español se compenetrase, comprendiese e hiciese de nuevo suyo algo que, tal vez, ignora que le pertenece, por constituir parte fundamental de su pasado: y ello es que la herencia del mundo islámico español no es un añadido a nuestro ser nacional, algo que los musulmanes trajeron, y luego, al marcharse, abandonaron o no se llevaron. Que no son los despojos que quedaron en el campo de una batalla perdida, como cosa despreciable por carecer de valor. Que, aparte de su aspecto religioso más o menos compartido, comprendido o conllevado, la cultura que realizó y nos legó a nosotros, los españoles de hoy, el Islam español es un hecho tan real como las que nos han legado, si no más, los Habsburgos germánicos —implantación de una nueva dinastía por herencia inesperada y casi fortuita— o los Borbones franceses por un caso semejante.

La dinastía de los Omeyas de España rigió sin interrupción los destinos del país de 756 a 1031. Casi un siglo más que la casa de Austria y bastantes años más que la de Borbón, y con unos altibajos parecidos a los de ambas.

Si a ello añadimos el nivel político, económico y cultural que la España de aquellos siglos alcanzó en la política y la diplomacia, en la economía, las industrias y el comercio; la arquitectura, las artes y las letras; en la agricultura, jardinería y botánica; en la medicina teórica y práctica; en el derecho, filosofía y teología; en la música, poesía y mística..., no nos extrañará que Córdoba y Sevilla, Toledo y Granada, Zaragoza, Valencia o Denia, Málaga o Almería, no tuviesen nada que envidiar a Bagdad, Damasco, Alejandría o El Cairo porque fuesen las herederas del mundo antiguo. Nuestras ciudades islámicas estaban entonces muy por encima de las europeas, aunque éstas fuesen Aquisgrán, Londres, Roma o París.

Imponían aquéllas sus ideas, su política y su filosofía, sus escritos y sus libros, sus gustos, su música y literatura, sus tejidos y sus modas, sus perfumes y sus joyas, sus artesanías y sus juegos. Algunos testimonios aún quedan de entonces en tantas catedrales y bibliotecas, palacios y museos de toda la Europa hoy civilizada.

Por eso, si después de hojear estas páginas y admirar estas imágenes, nuestro lector se sintiese enriquecido al reconocer, como suyo, algo que no sabía que lo fuese tanto, como lo son también los otros elementos que componen el polifacético, riquísimo y casi inabarcable patrimonio que nos han legado nuestros mayores, habríamos alcanzado lo que pretendíamos cuando nos lanzamos a la aventura de este libro: acrecer nuestro tesoro personal, recogiendo una copiosísima herencia que ignorábamos nos perteneciese.

La conquista por los árabes de la romanizada España de los visigodos fue una aventura que pudo salir mal; como mal salieron las otras varias tentativas anteriores en épocas pasadas, de cruzar el Estrecho y asentarse en las tierras al Norte de él. Pero salió bien, y ello para dar un giro trascendental a la política, la cultura, el arte, las costumbres y usos de las tierras y las gentes que en ellas vivían, y para acentuarse las corrientes, los influjos del mundo oriental y africano, para reanudar los lazos que, desde la prehistoria, habían unido directa o indirectamente a la Península y, sobre todo, a las regiones del Levante y del Sur con el mundo transmediterráneo y oriental.

Porque ésta es una de nuestras constantes históricas: que situados entre Norte y Sur, entre el Este y el Oeste, los españoles transcurrimos en nuestro ya largo devenir histórico, entre Europa y Africa, entre Mediterráneo y Atlántico; con todas las vicisitudes y también las consecuencias que esto supone, para enriquecernos más y más en cada circunstancia, sin perder la idiosincrasia que, en buena parte, nuestra geografía determina. Somos un poco de todos y no somos totalmente de ninguno. Y como prueba, ahí está toda nuestra historia para demostrarlo: cuando algún factor de los que nos componen pretende erigirse en dominante, es eliminado aun a costa de perder en la contienda energías esenciales. Y, sin embargo, sobrevivimos para seguir siendo quienes somos.

El pueblo autóctono, acrisolado en tantas luchas y crisis de invasiones, dominaciones y aportaciones, tomó de Roma, además de la lengua, sus estructuras políticas y económicas que se afianzaron más cuando aceptó el cristianismo, logrando superar las dispares tendencias disgregadoras tan propias nuestras. Con los visigodos se mantuvo una cierta continuidad, más por el impulso de la inercia de los hispanorromanos que se impuso, que por deseo de aquéllos. Pues tenían los visigodos en sus formas de gobierno un germen infecundo de disgregación que, unido a nuestro individualismo, hizo que fuese posible el arraigo de la aventura expansiva islámica.

Esta halló en la Península y su disgregado estado político campo fértil en que enraizarse, pero también límite a su capacidad expansiva de conquista; bien porque los centros de poder de que dependía estuviesen demasiado lejos, bien porque al remansarse del esfuerzo realizado, reaparecieron entre los conquistadores los gérmenes infecundos de individualismo que también traían ellos consigo, y que, como tales, fueron, han sido y son siempre esterilizadores de todo logro positivo.

Las querellas y hostilidades enzarzaron a árabes y beréberes, a clanes y familias, durante decenas de años, dificultando asentamientos y relaciones políticas, al crear un semillero de rencillas y luchas intestinas.

Toda la historia de al-Andalus será ésta: guerras civiles y luchas intestinas, debilitadas hasta desaparecer, cuando existe un poder central fuerte que las domine; resurgimiento automático de aquéllas cuando éste se debilita y decae.

Y entre unos momentos y otros, y como resultado, a veces, de ellos, relámpagos esplendorosos en los que el pensamiento, el arte y demás formas socioculturales alcanzan cimas insospechadas.

Es lo que vamos a ir viendo al tomar como mira cuatro focos desde los que irradia gran parte del esplendor de nuestra historia islámica medieval: **Córdoba,** que en su califato constituye el gran momento creador en todos los órdenes. De entre los reinos de Taifas elegimos como sus herederos a **Toledo** y **Sevilla.** Esta disputará la capitalidad, sobre todo cuando dominen los imperios africanos. Por último, **Granada** que, desde su vega, se tiene por la cifra de todo el pasado y se erige y se alza como una de las cimas más altas y perfectas de la cultura de todos los tiempos.

CORDOBA

¡Oh, excelso muro! ¡Oh, torres coronadas
de honor, de majestad, de gallardía!
¡Oh, gran río, gran rey de Andalucía,
de arenas nobles, ya que no doradas!

¡Oh, fértil llano; oh, sierras levantadas
que privilegia el cielo y dora el día!
¡Oh, siempre gloriosa patria mía
tanto por plumas cuanto por espadas!

Si entre aquellas ruinas y despojos
que enriquece Genil y Darro baña,
tu memoria no fue alimento mío,

nunca merezcan mis ausentes ojos
ver tu muro, tus torres y tu río,
tu llano y sierra, ¡oh, patria! ¡Oh, flor de España!

Luis de Góngora

Cuando Abderramán ben Moavia ben Hixén, nieto del último califa omeya de Damasco, huyendo de la matanza de toda su familia en la Siria natal, desembarcaba en Almuñécar el 14 de agosto de 755, no podía imaginarse que todos sus sueños de poder y dominio, por muchos que éstos fuesen, iban a verse satisfechos. Y que la nueva dinastía de los Omeyas que él iba a fundar daría muchos días de gloria al país más occidental del Islam que, ya desde 716, era llamado al-Andalus. Término que siempre fue equivalente al de España musulmana y contrapuesto al de Spania, Hispania, la cristiana, fuesen cuales fuesen los contenidos territoriales de ambas zonas en cada momento histórico.

No fueron fáciles las circunstancias al principio para Abderramán y sus aliados, pero después de entrar en Sevilla en marzo del siguiente 756, derrotó a sus oponentes a las puertas de Córdoba, y aquel 15 de mayo en la mezquita se hizo proclamar emir independiente en al-Andalus del enemigo califato abbasí. Iba a cumplir veintiséis años.

Abderramán «al-Dájil», «El Emigrado», nuestro Abderramán I, tenía por delante un largo reinado de treinta y tres años; un reinado difícil de ir apagando tanto foco de rebelión, tantas disidencias, tantas rivalidades entre musulmanes y no musulmanes, árabes y no árabes. Carlomagno hizo su famosa entrada y sitió a Zaragoza en 788 vanamente. En la retirada las guerrillas vasconas deshicieron a su retaguardia en Roncesvalles. El episodio, fantaseado, daría lugar, más tarde, a la «Chanson de Roland», el cantar de gesta por antonomasia. Abderramán ganó Zaragoza, pero perdió para siempre Gerona, incorporada entonces al reino franco.

Al morir en 788 Abderramán dejaba muchos problemas internos

por resolver, pero la dinastía de los Omeyas españoles quedaba asegurada. Dejaba también un estado organizado política y administrativamente, fiel reflejo, aunque reducido, de lo que había sido el perdido califato damasceno; perduraban aquí las tradiciones sirias, tanto en lo militar como en lo administrativo, que, en definitiva, es tanto como decir que perduraban las aprendidas tradiciones del imperio bizantino: las que el primer califa omeya, Moavia, había dado a su califato un siglo antes.

Con todo lo que Abderramán dejaba ya para siempre en Córdoba, a España y a la Humanidad era su mezquita, el núcleo originario del magno edificio que sus sucesores irían ampliando y enriqueciendo. Y que es el monumento representativo del poder califal español y también el edificio en uso continuado más antiguo de España: doce siglos.

Edificio lleno de originalidades técnicas y estéticas, orientales y occidentales, en el que ya, en pleno siglo VIII, aparece cristalizado y maduro uno de los caracteres del genio artístico español: dar nuevo espíritu y soluciones nuevas que respondan a aquél, a sumas de elementos dispares y heterogéneos. Porque la mezquita que Abderramán I levanta en Córdoba de 785 a 786 es eso: una suma de elementos dispersos y heterogéneos de origen diversísimo y de cuya conjunción surge algo tan nuevo, tan original como es esta mezquita, fuente de inspiración, no sólo para el arte del califato cordobés, sino también para gran parte del islámico y cristiano subsiguientes.

Esta mezquita encierra un espacio elemental y, a la vez, complejo, sencillo y comprensible, pero también trascendente y pleno de espiritualidad. Se trata, en realidad, de un simple cuadrado de unos 76 metros de lado dividido en dos partes sensiblemente iguales: una para patio y la otra para sala de oración; distribuida ésta en once naves paralelas y perpendiculares al muro del fondo, el cual mira al Sur como en las mezquitas de Siria, pues se creyó en un principio que ésta era la orientación ritual hacia La Meca, por falta de medidas astronómicas precisas.

Las naves se separan por arquerías soportadas por columnas con sus basas, fustes, capiteles y cimacios, todos reaprovechados de edificios romanos y visigodos de Córdoba y fuera de Córdoba.

Para poder elevar más la techumbre para más diafanidad y respiro, se colocaron sobre los cimacios (piezas troncopiramidales) pilares de sección rectangular y sobre éstos se voltearon los arcos semicirculares que sostienen los muros en que se apoyan la techumbre y las cubiertas. No parece que éstas fueran planas, sino tejados a dos aguas, dada la climatología de Córdoba con otoños e inviernos de abundantes lluvias.

Las elevadas arquerías así obtenidas daban diafanidad al edificio, pero estaban también sujetas a presiones y a los consiguientes movimientos que podían provocar su derrumbe. Para contrarrestar este peligro evidente, en vez de unir los pilares con sencillas vigas de madera que los atirantasen, como era lo usual, se unieron por arcos de herraduras, es decir, de mayor curvatura que el semicírculo, los cuales, además de contrarrestar los empujes embebiéndolos, tenían la ventaja de facilitar la construcción, al encajar en sus arranques las cimbras o armaduras de madera para el volteo de los arcos, sin necesidad de apoyos verticales; con la consiguiente facilidad de movimientos y economía de trabajo y de material, siempre escaso, como es la madera en los países meridionales.

Además, estos arcos de herradura de la nueva mezquita tienen sus dovelas, o piezas que los forman, alternativamente de piedra y ladrillo; técnica que contribuye a embeber los movimientos de los arcos al prestarles mayor elasticidad.

En planta, la mezquita de Abderramán I, como otras mezquitas, es una basílica de muchas naves paralelas, en este caso once, que conserva de sus hermanas cristianas el subrayar la importancia de la nave central, dándole mayor anchura que las laterales, y que adapta también, como las otras mezquitas que le han precedido, las estructuras de los antiguos edificios, al aumentar el número de las naves laterales a las nuevas necesidades de la religión musulmana, de obtener una sala de oración común, igualitaria, sin distinción de clases, pues todos allí son fieles convertidos, sometidos, religados con el mismo vínculo al Islam.

Al exterior, los muros, reforzados por unos no muy necesarios contrafuertes prismáticos cuadrangulares, que le dan un cierto aspecto militar, iban coronados por almenas escalonadas de aire muy oriental.

En el alzado, ya elementalmente descrito, es donde se logra la mayor originalidad, porque, aunque los elementos sustentantes sean los normales: pies derechos, léase columnas con todos sus elementos, y sobre ellos pilares que soportan el peso de techumbre y cubiertas por medio de arquerías, es en la duplicación de los arcos, con la novedad de servir el más bajo, el de herradura, de arco de contrarresto y entibo —apoyo que evita el derrumbe por excesivo peso—, lo que hace que la mezquita de Abderramán I alcance con esta novedad un puesto singular en la historia de la arquitectura. El hallazgo fue utilizado en todas las sucesivas ampliaciones de la mezquita, las cuales pusieron de manifiesto sus posibilidades, casi ilimitadas, de utilización en un mismo edificio.

Resumiendo, pues: en la mezquita de Abderramán I los principales elementos constructivos como basas, fustes, capiteles y cimacios provendrán del acarreo de edificios anteriores; la idea de los arcos dobles y la alternancia de piedra y ladrillo tendrá su origen en los acueductos y otros monumentos de época romana o bizantina; la multiplicación de soportes será de origen semejante u oriental; la ordenación de fachadas y muros exteriores se hallará en castillos sirios o bizantinos; las portadas en arquetipos romanos del Bajo Imperio; los arcos de herradura en el uso en decoración funeraria hispana y constantemente en la arquitectura y arte visigodas, las mezquitas omeyas de Siria estarían actuando como dechados en el nuevo emir..., pero no puede negarse que los arquitectos de Abderramán, reuniendo tantos elementos tan dispares, lograron un edificio perfectamente adaptado a la oración del creciente pueblo musulmán cordobés, con una simplicidad de medios y un racionalismo constructivo que pocas veces se dan en las creaciones arquitectónicas, y entonces es cuando se logran los monumentos señeros que constituyen el patrimonio del devenir cultural humano. Y la nueva mezquita —no digamos con las sucesivas ampliaciones, y aun tal como ha llegado hasta nosotros— es uno de tales monumentos y pocos le alcanzan en tal grado.

A la muerte de Abderramán, su hijo y sucesor Hixén I (788-796) fue el que terminó lo poco que quedaba por hacer en la mezquita y levantó el primer alminar que ésta tuvo, para desde él pregonar la oración. Sólo conocemos sus cimientos, hoy señalados en el patio de los Naranjos por un resalte al SO. de la torre actual. Era de planta cuadrada, medía seis metros de lado y se servía de una sola escalera para alcanzar la terraza, la cual se alzaba a unos veinte metros. Mandó también Hixén construir galerías altas para la oración de las mujeres en las naves laterales y trajo conducciones de agua para las obligadas abluciones.

Si el reinado del piadoso Hixén fue tranquilo, no ocurrió lo mismo con el de su hijo Alhaquen I (796-822), pues estuvo lleno de revueltas internas y luchas exteriores. Entre las revueltas internas destacan «La jornada del foso» toledana, matanza de notables rebeldes alevosamente engañados, y «La revuelta del arrabal» cordobesa, un sangriento motín tan ferozmente reprimido por Alhaquen, que por él fue llamado «El Rabadí», el del arrabal.

No promovió este soberano obras en la mezquita; ello estaba reservado para su hijo Abderramán II (822-852), quien, acogido con simpatía desde el momento de su proclamación —poco antes de la muerte de Alhaquen—, no tuvo que padecer luchas internas, ni revueltas de importancia que debilitasen o dificultasen el poder de su largo reinado, que fue tan grande como lo demuestra su brillante corte de filósofos, literatos y poetas al modo de la corte de Bagdad, y entre los que Abderramán distinguió al músico Ziryab, que traía a Córdoba los gustos y las modas bagdadíes.

La prosperidad económica, iniciada por Alhaquen I, fue aún más desarrollada por su hijo Abderramán II, con lo que el tesoro real, la hacienda de entonces, llegó a estar rebosante. Paz y prosperidad eran, como siempre, buenas fuentes para actividades artísticas. Entre ellas, como manifestación del poder real y el económico, estuvieron la acuñación de moneda, no sólo de bronce y plata, sino incluso de oro; el establecimiento del Tiraz: talleres palatinos en los que, al modo bizantino y también bagdadí, se tejían telas preciosas en seda y metal con el nombre del soberano, tapices y colgaduras, y trajes de honor que se regalaban a los altos dignatarios en algunas solemnidades, como la celebración de la Pascua, proclamaciones de herederos, o servían para las embajadas. Pues entonces empiezan las relaciones diplomáticas con el Oriente bizantino y el Occidente europeo. Adopta Abderramán en su vida oficial la pompa y el aparato de un verdadero monarca, al organizar el complicado protocolo por el que se rige la vida de la corte, el de los documentos de la cancillería y aun el orden del despacho diario con sus ministros.

En esta situación de prosperidad se edificó la alcazaba de Mérida para defensa del puente romano sobre el Guadiana, hacia donde confluían los caminos que desde Córdoba llevaban al norte y noroeste peninsulares; se elevaron las murallas de Sevilla, y su alcázar, tras un raid vikingo que asoló la ciudad y que fue rápidamente renovada; se fundó de nueva planta la ciudad de Murcia y se levantaron las mezquitas mayores o aljamas de Baena, Jaén y Sevilla.

Córdoba seguía creciendo, no sólo por el desarrollo de industrias y actividades nuevas, sino también por el aumento de la burocracia civil y militar. El viejo alcázar fue renovado y construido otro nuevo, lo mismo que la calzada que desde el puente iba entre el río y el alcázar. Nuevas mezquitas de barrio se edificaron en la ciudad; de ellas subsisten aún algunos de sus alminares convertidos en campanarios.

Pero la gran obra, realizada en 848, fue la ampliación de la mezquita de Abderramán I que, con el crecimiento de la ciudad, era insuficiente para contener a todos los fieles, lo que daba lugar a que muchos no acudiesen a la oración de los viernes. Si en la primera mezquita podían caber unos 10.000, ahora con la ampliación su capacidad aumentó hasta sobrepasar los 16.000.

Esta ampliación primera de las que experimentaría la mezquita aljama, catedral o del viernes cordobesa, consistió en rasgar el muro de la quibla, hacia donde se dirigen los fieles en su oración por marcar la orientación, errónea por lo que arriba se ha dicho, hacia

La Meca, con grandes arcos de la anchura de las naves existentes, es decir, once y quedando como testigos del antiguo muro unos gruesos pilares que por una cara seguían apeando las últimas arcadas de las trece crujías antiguas, y por la otra, las primeras de las ocho crujías nuevas. Apeos directos sobre el muro, sin apoyo de columnas, al contrario de lo que se había hecho en el muro norte primitivo o frontero con el patio.

Se repitieron las estructuras de los dobles arcos: semicircular o de medio punto el más alto y de herradura el de abajo o de entibo. Seguían las mismas once naves con las mismas dimensiones, y la central seguía marcando, con su mayor anchura, el eje que llevaba al mirhab desde donde el imán dirigía el rezo común. El muro de la quibla tuvo al exterior unos contrafuertes semejantes a los del anterior y el mirhab, también semejante al antiguo, iba adornado por parejas de columnas elogiadísimas por los cronistas. Nosotros las conocemos, pues fueron trasladadas más tarde al mirhab de la ampliación de Alhaquen II, no sólo por su riqueza, sino también, y sobre todo, como símbolo de la santidad del lugar. Son cuatro, iguales dos a dos: los fustes en brechas de mármol rojo fuerte y verde intenso, basas proporcionadas y capiteles interesantísimos que forman serie con otro semejante que lleva el nombre de Abderramán, hoy en el Museo Arqueológico Nacional de Madrid, y otros más en la propia mezquita; pues agotados los de acarreo, hubieron de hacerse nuevos y colocarse en las nuevas naves. Ellos, con sus novedades decorativas y exquisito arte, redimen del achaque de repetición imitativa atribuido a la parte nueva de la mezquita.

Esta es la principal obra arquitectónica de las realizadas en tiempo de Abderramán II y quedó terminada en 885, ya en el reinado de su hijo Muhammad I, quien añadió años más tarde ante el mirhab una maqsura o lugar acotado, en previsión de atentados, para la oración del monarca y unido mediante un pasadizo en comunicación directa con el alcázar.

Había de pasar más de un siglo para que le llegase la hora a Alhaquen II de renovar, ampliar y dar su máximo esplendor a la aljama cordobesa. Pero no adelantemos hechos, pues antes hay que hablar de las obras de su padre en Córdoba y fuera de ella. Y el padre es nada menos que el gran Abderramán III.

Con Abd al-Rahman al-Nasir li Din Allah —el que combate victorioso por la religión de Allah—, la dinastía omeya alcanza la cumbre de su poderío. Había nacido en 861 de Muhammad, el primogénito del emir Abdala (888-912), y de una cautiva vascona llamada Muzna. A su vez, Muhammad era hijo de la princesa Iñiga, nieta de Iñigo Arista. Abderramán, que más tarde se proclamaría califa y Príncipe de los Creyentes, no puede decirse que no llevase sangre hispana, pues, además de los dichos, tenía otros ascendientes hispanos en las madres de los emires Alhaquen I, Almundir y Abdala.

A los pocos días de nacer Abderramán, su tío al Mutarrif asesinó al padre, Muhammad. Lo cual hizo que el abuelo, el emir Abdala, tomara al niño tan directamente bajo su protección, que fue siempre su predilecto; se ocupó en persona de su educación, teniéndole constantemente a su lado, incluso en las fiestas de la corte, y le proclamó en seguida su sucesor. Así que cuando murió el abuelo, nadie pensó en más y el mismo día, el 15 de octubre de 912, en que se celebraron las exequias, el joven Abderramán fue proclamado emir. Tenía veintiún años.

En sus primeros tiempos Abderramán III tuvo que emplear todas sus energías en poner orden y reprimir los movimientos separatistas: acabó por fin con la insurrección musulmano-cristiana de Omar ben Hafsún, que había traído en jaque a su abuelo y bisabuelo, los emires Muhammad y Abdala, y sometió a gran número de ciudades semi-independientes, fruto de las insurrecciones heredadas de aquéllos. Tal vez por causa de las preocupaciones de orden interno que ellos tuvieron por maquinaciones de harén y familiares para conseguir el trono.

Las ciudades sometidas fueron nada menos que Jaén, Elvira, Sevilla, Valencia, Orihuela, Niebla, Santarén, Mérida, Zaragoza, Tudela, Huesca, Santaver, Játiva, Sagunto, Beja, Badajoz, Toledo, por último, Tarragona, en un largo rosario de ciudades y territorios, recuperados al efectivo dominio en campañas, muchas veces personales, para sujetar a gobernadores rebeldes, reglamentar el desorden de las tributaciones y prestaciones, la hacienda y el equilibrio del Estado tan maltrechos.

También el orden se impuso con los vecinos del Norte y del Sur, con cristianos y con musulmanes, hasta convertirse en el árbitro de los reinos cristianos peninsulares, haciéndoles tributarios suyos y dominando el otro lado del Estrecho al hacer suyas Ceuta y Tánger en 927 y 951. Y para librarse de las asechanzas de los califas fatimíes de Ifriquiya, la Túnez de hoy, atrajo a su esfuera de poder a idrisíes y beréberes, apoyándose en sus disensiones, con lo que logró la seguridad del norte de Africa.

El ejemplo de los fatimíes, también disidentes de Bagdad, de nombrarse a sí mismos califas, hizo que Abderramán se proclamase «emir al-muminin», es decir, Príncipe de los Creyentes, y se añadiese el sobrenombre de «al-Nasir li-Din Allah», el que combate victorioso por la religión de Allah, y así poner el fundamento del califato cordobés.

Su reinado (912-961), uno de los más largos de los monarcas españoles, sólo superado por el de Pedro IV de Aragón que reinó dos años más, si glorioso, no fue muy tranquilo para el monarca; pero sí para sus súbditos, tanto musulmanes como cristianos —mozárabes— y judíos, pues él fue el más tolerante de todos los de la dinastía. La prosperidad y la riqueza fueron aumentando con el buen gobierno, y llegaron a ser tales que se traslucieron en obras públicas en las que se manifestó la capacidad creadora del califa Abderramán el Nasir.

En la gran mezquita aljama el patio era insuficiente para contener a la multitud que cabía en la sala de oración ampliada por Abderramán II. Era el primitivo patio de Abderramán I, pues la ampliación de Abderramán II no había llegado a él.

Ahora con Abderramán III se alargó hacia el Norte casi 22 metros, de modo que el alminar de Hixén I quedaba dentro de él. Pero éste fue derribado y construido otro nuevo que, en vez de quedar exterior al patio como el viejo, fue embebido por las galerías que le rodeaban y que, como las anteriores, fueron también destinadas para lugar del rezo de las mujeres.

El nuevo alminar se componía de dos cuerpos superpuestos, de planta cuadrada, de distinta anchura y altura, y rematados los dos por almenas escalonadas; el superior, además, por una cúpula sobre la que se alzaban varias esferas metálicas ensartadas en largo vástago de hierro para componer el yamur, que, a modo de pararrayos, protegía de tormentas. Alcanzó así la torre 34 metros de altura, diez más que la anterior.

El cuerpo inferior, de 8,50 metros de lado, albergaba dos escaleras paralelas e independientes que desembocaban en la terraza, sobre la que se alzaba el cuerpo superior, en el que estaba la habitación de los almuédanos de turno que, tres veces al día, llamaban a los fieles a la oración.

Todo el alminar era de piedra, la blanda arenisca usual en Córdoba, labrada con todo cuidado en grandes sillares que asentaban en hiladas regulares, y al mismo nivel en todas sus cuatro fachadas, las cuales presentaban dos grupos de dobles ventanas germinadas, y a dos alturas en las fachadas norte y sur, y vanos

Fotografías

1. Paisaje andaluz: Costa mediterránea desde el Cerro Gordo (Granada) (p. 33).
2. Córdoba: Puente romano y Mezquita (pp. 34-35).
3. Mezquita y Patio de los Naranjos (pp. 36-37).
4. Mezquita: ampliación de Alhakem II (pp. 38-39).
5. Mezquita: una de las portadas de la ampliación de Almanzor (p. 40).

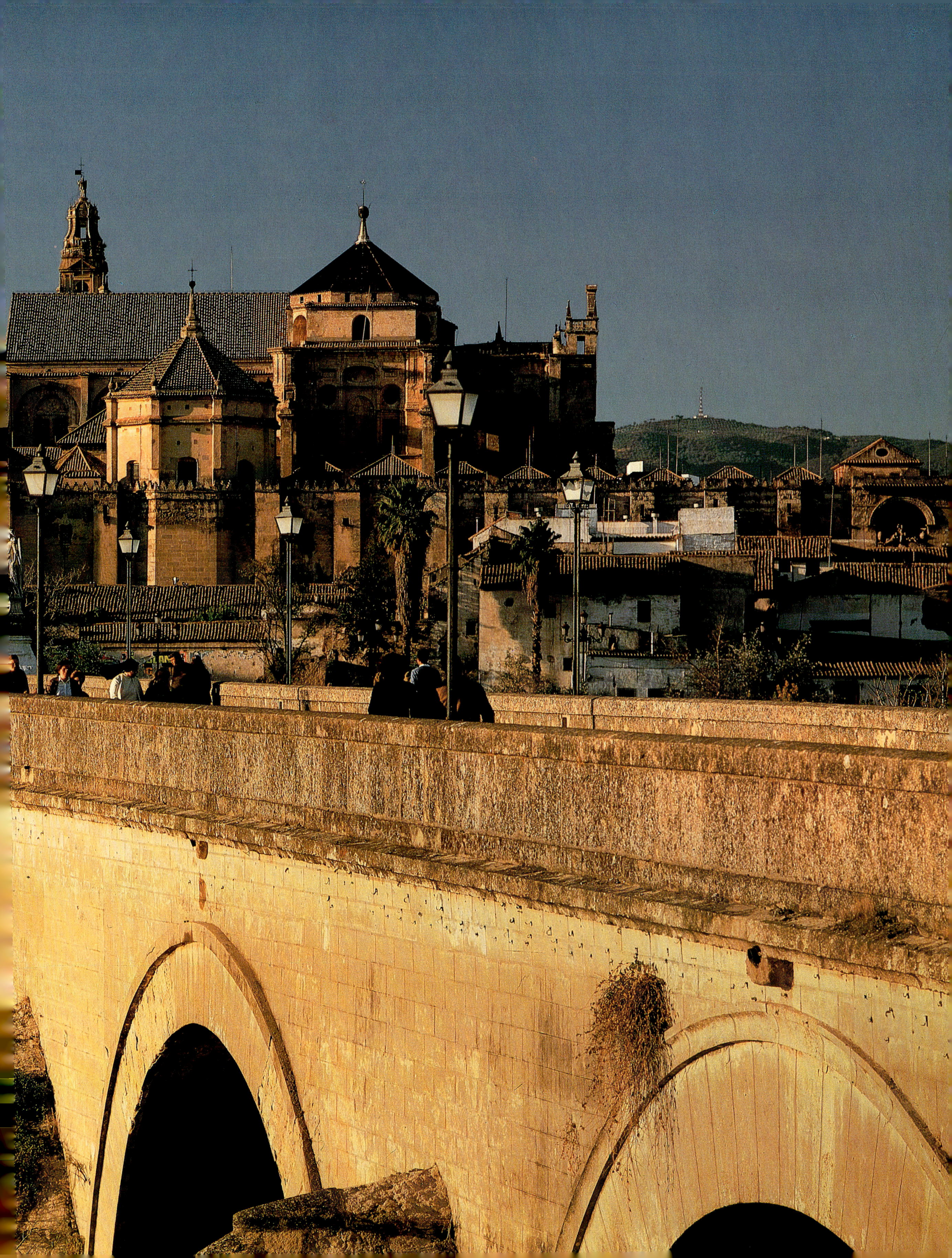

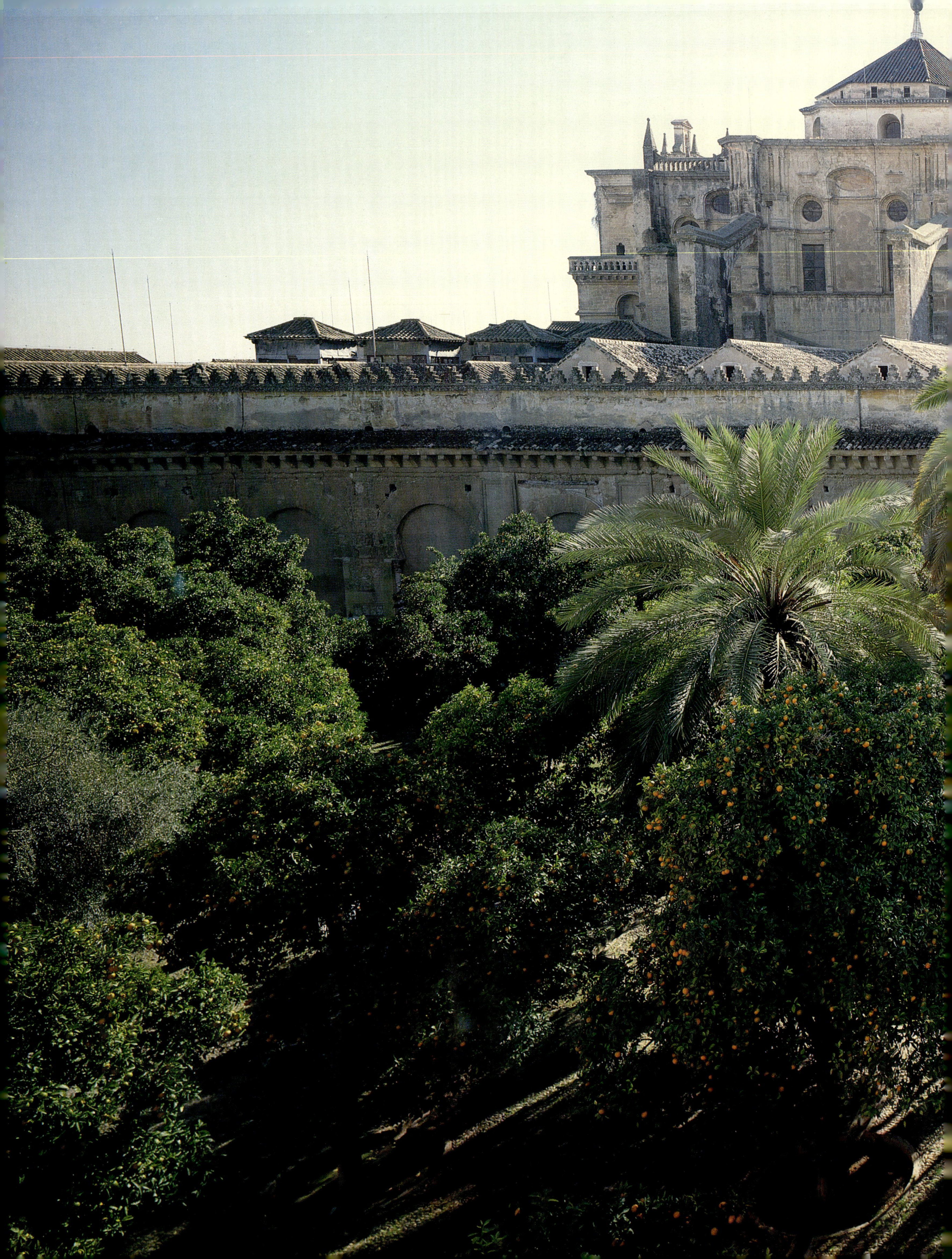

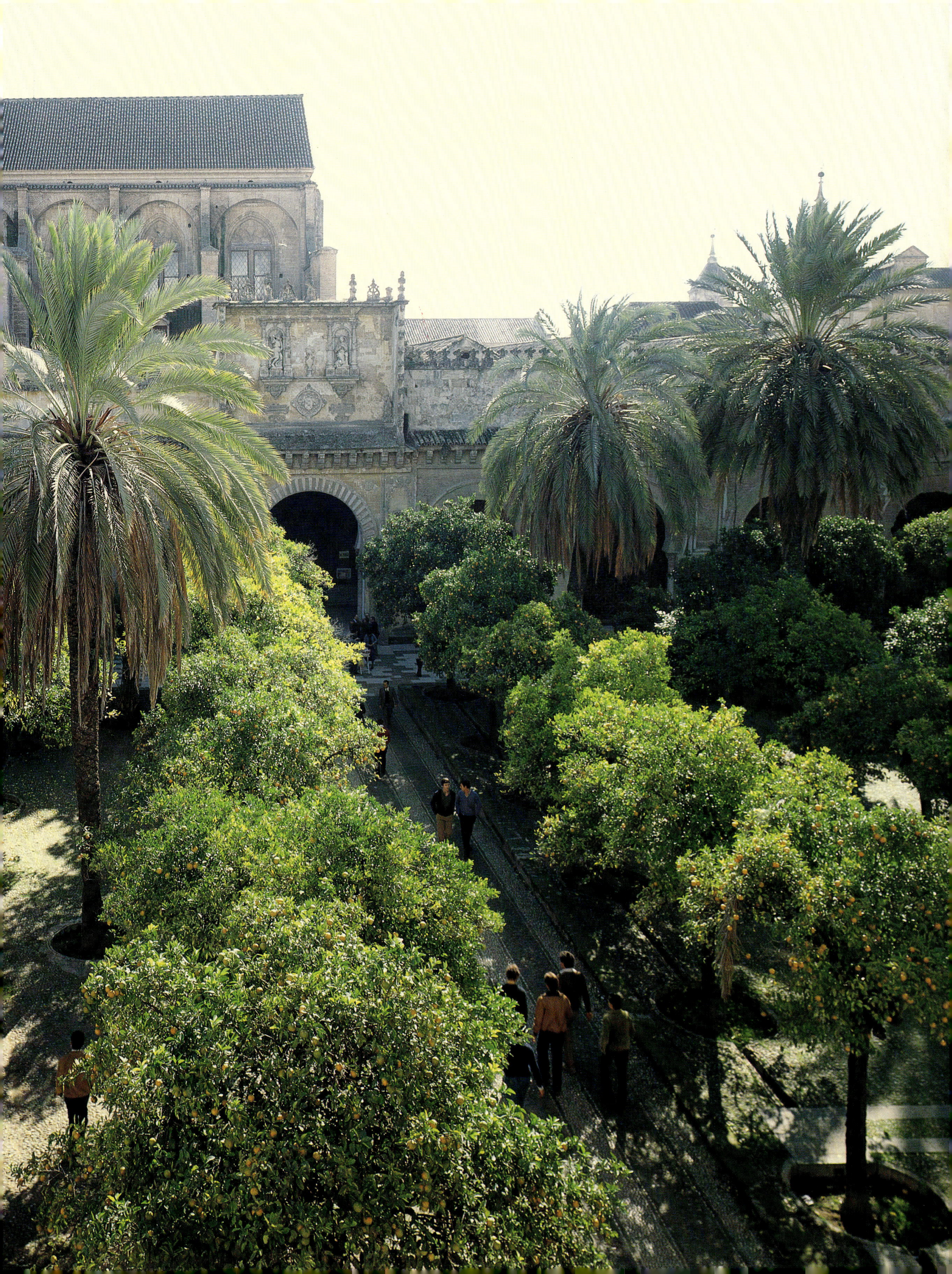

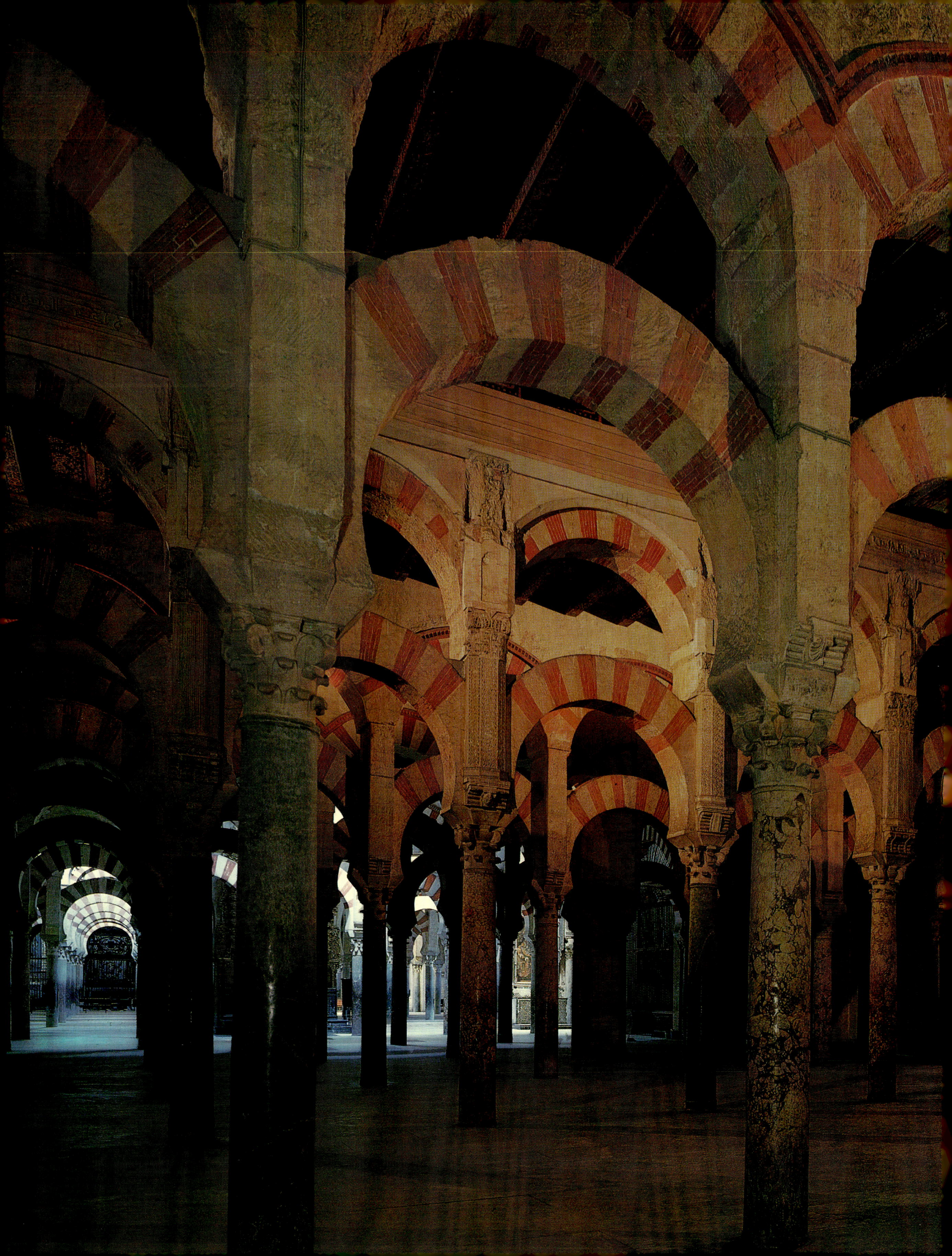

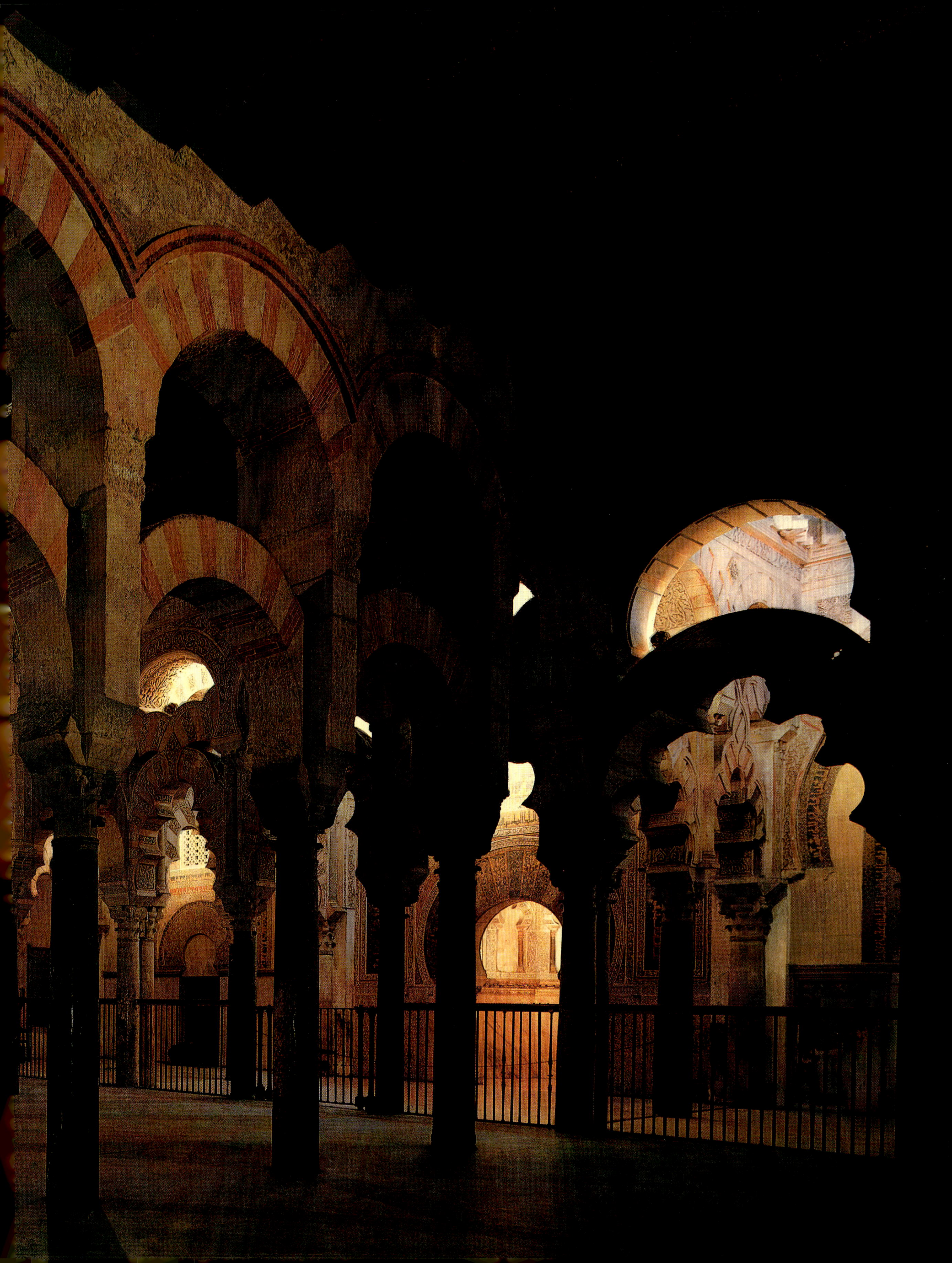

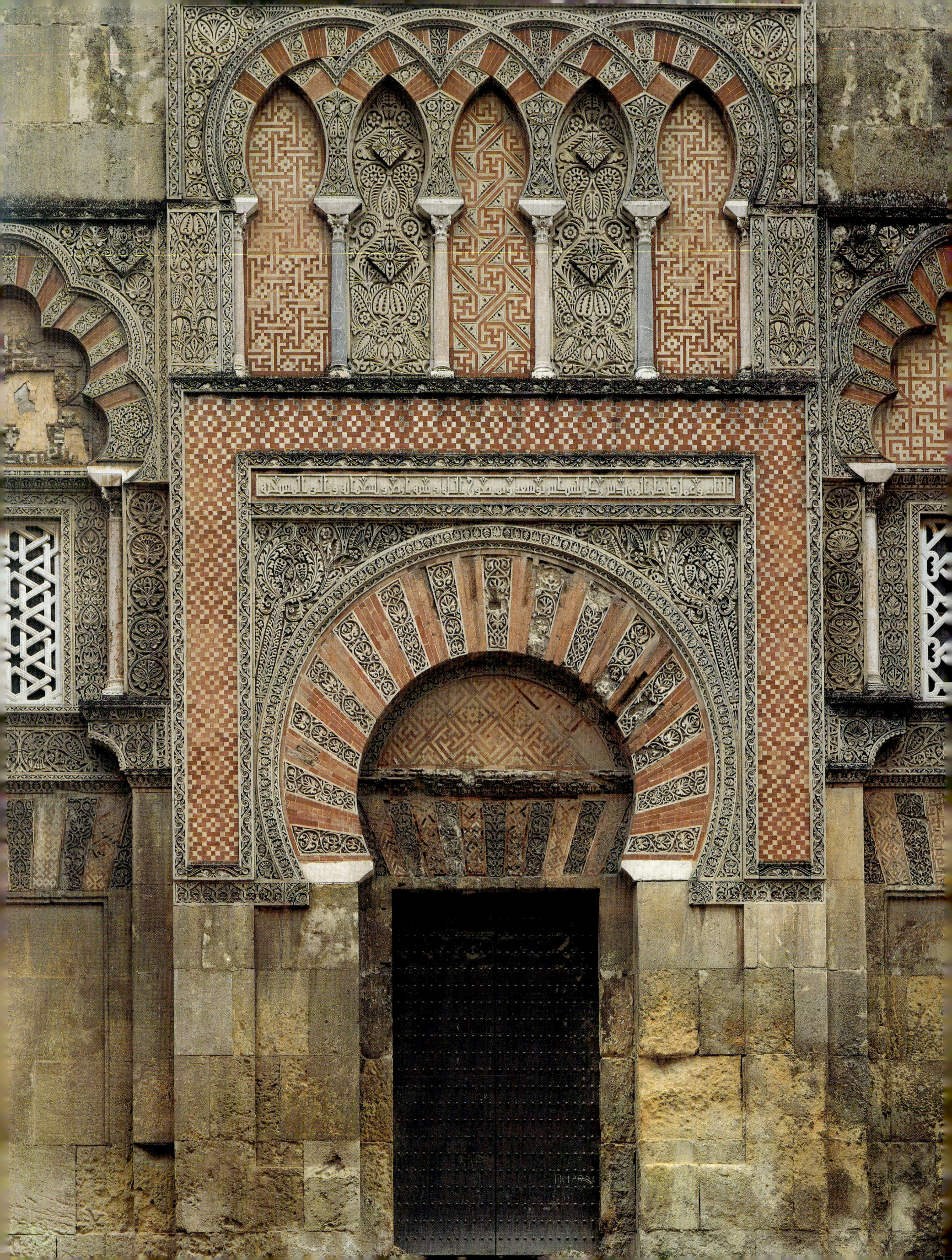

triples, también en dos órdenes, en las fachadas este y oeste. Eran todos fingidos, menos los del sur que daban luz a las escaleras.

Los vanos, tanto los fingidos como los reales, se hallaban a las mismas alturas en las cuatro fachadas, formando series horizontales y sus arcos de herradura apeaban en columnas de mármol rojo y azul con sus bases, capiteles y cimacios en mármol blanco. Esta policromía alternativa será la usual empleada más tarde en otras construcciones, como en la ampliación de Alhaquen en la mezquita y en Medina Azzahra. El dovelaje de los arcos era al exterior puramente decorativo sobre chapados de piedra en los que se seguía la alternancia de rojo y blanco, común a todo el arte cordobés, mientras que al interior el dovelaje obedecía a estructuras más simples.

Esta organización del alminar de Abderramán III se ha podido reconocer recientemente, gracias a los trabajos de exploración hechos bajo los grandes recrecidos, realizados a partir del siglo XVI, en que empezaron las reformas, ampliaciones y elevaciones de la torre, hasta dar con la silueta que ha llegado hasta nosotros y es la que presenta hoy.

Toda esta detenida descripción era necesaria, pues el alminar de Abderramán III fue el prototipo y arquetipo de los alminares de muchas de las mezquitas construidas a partir de entonces, y también de muchas torres y campanarios cristianos, mudéjares o no, durante bastantes siglos, dentro y fuera de España.

Terminaré señalando las obras de Abderramán III en la mezquita: fue reforzada la fachada al patio que acusaba las sobrecargas de la primera ampliación, amenazando derrumbarse con sus desplazamientos, con otra fachada sobrepuesta, y es perceptible aún en los dobles arcos de ingreso a la sala de oración; hoy la mayoría de ellos cegados para dar lugar a capillas. Otra mejora fue dotar al patio de un gran toldo para hacer más soportable el rezo de los fieles que, ya de nuevo, no cabían dentro de la sala ampliada y que hizo que se pensase en hacerla mayor otra vez.

Esta idea la hizo realidad el hijo de Abderramán III, su sucesor como califa, Alhaquen II (915, 961-976), quien tomó como sobre-

← Fotografías 4 (doble) y 5

nombre al-Mustansir Bi-llah, «el que busca la ayuda victoriosa de osa de », en el que observó un matiz más pasivo que en el audazmente combativo de su padre al-Nasir: «el que combate victoriosamente por la religión» y que, a mi ver, muestra cómo habían cambiado los tiempos. Abderramán recibe de su abuelo Abdala un reino en situación difícil, sometido a los vaivenes de las rencillas enconadas de propios y extraños. Alhaquen es señor de un país próspero, pujante, lleno de vida. Otra cosa será cuando a él le llegue el turno de resignar el poder. No tendrá alguien semejante en quien hacerlo, como su padre lo tuvo en él.

Era este monarca un hombre físicamente fuerte, sabio, erudito y piadoso que llegó a ser califa, Príncipe de los Creyentes, en plena madurez, dada la duración del reinado anterior, y con una preparación muy grande para el gobierno, al que se vio asociado desde joven por decisión expresa de Abderramán, quien procuraba así que no se produjese corte alguno en la sucesión. Es en este reinado de Alhaquen II cuando se alcanza el culmen del esplendor de la cultura islámica española. Y Córdoba, como capital de ella, se convierte en la capital del saber y la cultura de Occidente.

El mismo día de su proclamación reunió Alhaquen en Medina Azzahra a sus arquitectos para proponerles el estudio del proyecto de ampliación de la mezquita. Este se produjo aceptando el eje norte-sur que aquélla tenía, y, aunque ya se conocía que la orientación hacia La Meca no era en España la misma que en Siria, la obra anterior aconsejó no modificar lo ya construido. Se aceptó, pues, lo inevitable, pero desde el primer momento se manifestó la intención de aquel erudito, sabio y piadoso nuevo califa de hacer algo donde se vertiese todo su saber y también toda la experiencia recogida y acumulada en la edificación de Medina Azzahra, en la que él había sido ya largos años el gran colaborador de su padre y aun realizador de las ideas y gustos propios.

Al prolongar de nuevo 46 metros el oratorio, el muro de la quibla alcanzaba el límite prudencial que el lugar permitía: más allá estaba el río y era necesario dejar algún espacio para la circulación antes de llegar a él y para acceder al puente que lo atraviesa. Condicionante éste importantísimo siempre para la vida cordobesa. El número de naves, sus anchos, altos, formas constructivas y organización fueron los mismos primitivos, ya descritos, marcando así el conservadurismo prudentemente evolutivo del arte cordobés. Sin embargo, las novedades, en parte obligadas por la necesidad, iban a ser muchas.

Un espacio tan alargado y que sólo recibiría la luz que entraba por los accesos del patio y las reducidas celosías de los dos lados de las escasas portadas laterales, necesariamente resultaría oscurísimo. Así que para marcar el comienzo de la prolongada nave central, se elevó un gran lucernario, sobre planta cuadrada, sostenido por ocho arcos que no se cruzan en el centro, sino que cuatro voltean diagonalmente entre los puntos medios de cada lado, dejando cuatro espacios triangulares en los ángulos y un rombo en el centro, dentro del cual se inscribe el cuadrado que forman los otros arcos, paralelos dos a dos y que dividen cada espacio triangular en otros tres. Estos se cubren por boveditas o de nervios cruzados, o de gallones. En los muros que sostienen tal bóveda se abren 16 ventanas: cuatro por lado. Se lograba con este artificio arrojar un gran chorro de luz cenital y refleja en medio de la sombra de las naves.

El efecto se hizo aún mayor al final de la nave central, elevando otra cúpula lucernario, acompañada de otras dos semejantes a sus lados delante del centro del muro de la quibla, que acogió parte del trasladado mihrab de Abderramán II. Con las tres cúpulas, además de derramar luz en gran medida, se acentuaba el sentido jerárquico de la quibla, el mihrab, la maksura y el mimbar o púlpito portátil de madera, desde donde se pronunciaba la jutba o sermón ritual en la oración del viernes.

La bóveda que está ante el mihrab y sus dos adyacentes, el mihrab mismo y las fachadas de estos tres tramos del muro de la quibla, así como la nave central que unía ambos lucernarios, fueron objeto de especial atención, tanto en la disposición de sus estructuras arquitectónicas, como en la ornamentación que éstas sustentaron. Es aquí, y sin duda por deseo del califa, donde sus colaboradores, y con ellos el arte califal cordobés, dieron el do de pecho en riqueza exquisita de formas arquitectónicas y decorativas y en expresión de creatividad artística.

La conjunción de tantos elementos positivos —a pesar de las mutilaciones que el conjunto ha sufrido en tantas modificaciones y adaptaciones a otras necesidades en su vida milenaria— es verdaderamente abrumadora. No se sabe a qué atender más: si a la exuberancia y riqueza decorativas, al estallido y armonías de color de los mosaicos que cubren cúpula y fachadas, o a la valentía, audacia y novedades técnicas con que se cubren los espacios y se desplazan y contrarrestan los empujes del peso de las bóvedas, haciendo de la necesidad virtud con el empleo del entrecruzamiento de arcos. Estos sabiamente juegan y transforman lo que debió ser un sólido muro, en un enrejado sutil y feliz que parece no sustentar nada y no tener otra función que la de deleitar el sentido con el recreo de sus curvas y contracurvas.

Los arquitectos y geómetras se han vuelto poetas, y juegan y se divierten con los paramentos, los espacios, el color y la luz, y, de todo olvidados, se elevan a escuchar la celestial música de las esferas acordadas, y parecen decir ya los versos que Ibn Hazam compondría unos años más tarde:

«¡Bendito sea El, que contrapesó el modo de ser de sus criaturas e hizo que,
por naturaleza, fueses maravillosa luz!
No puedo dudar que eres un puro espíritu atraído a nosotros
por una semejanza que enlaza a las almas.
No hay más prueba que atestigüe tu encarnación corporal, ni otro argumento
que el de que eres visible.
Si nuestros ojos no contemplaran tu ser, diríamos
que eres la Sublime Razón Verdadera» [1].

EL COLLAR DE LA PALOMA

El sabio juego del entrecruzamiento de arcos en función de muros se empleó también para sostener el lucernario primero, como puede verse en lo que de ellos queda en la capilla de Villaviciosa. En su cúpula, como en las demás, las nervaduras y arquerías soportan el peso sin parecerlo y cubren los espacios creando un nuevo sistema articulado y armónico de tan gran valor que puede decirse que en él está el origen y el germen del arte que, siglos más tarde, sería el ogival. Deuda trascendental de la arquitectura europea que todavía no hemos reconocido bastante.

Los arquitectos de Alhaquen, sin duda conocedores del arte bizantino, de sus técnicas y métodos y también de sus riesgos, conocían, cómo no, las tentativas de otros compañeros suyos en mezquitas anteriores. Aquí en la de Córdoba lograron un arte nuevo, funcional, arriesgado, cuya evolución y desarrollo fueron lejos, muy lejos, en el arte islámico y más aún fuera de él. Ante su pujanza, valentía y novedad, fueron pocas, con ser tantas, las galas con que vistieron a su arquitectura, que dejó de ser como hasta entonces, sólo basilical, es decir, arquitrabada, horizontal, para mezclar, unir o yuxtaponer a ésta cúpulas y bóvedas.

Y de la unión de arquitrabe con cúpula o bóveda no hemos salido aún. El ingenio humano no ha encontrado más que estas dos fórmulas: o cubre el espacio con elementos horizontales o con curvos. Lo mismo que para expresarse con la palabra no tiene más que prosa o poesía. La armonía de ambos elementos constructivos, jugando sabia y alegremente con ellos, pocas veces se ha logrado, como en la mezquita de Alhaquen, de manera más feliz.

La última ampliación de la mezquita fue la que se hizo en tiempo de Almanzor, en 987. Como no había otra solución posible que la de ir hacia el Este —al Sur estaba el río, al Oeste el palacio califal—, hacia el Oriente se materializó el pío propósito del primer ministro. Y fue aumentando el número de naves en ocho y de pies a cabecera; siguiendo en todos lo prescrito y que ya conocemos. Pero dejando descentrado el mihrab con la consiguiente incomodidad para los fieles.

Todo fue igual, menos las columnas, ahora todas iguales y del mismo color, sin la alternancia de rojo y azul observada en la de Alhaquen, sin basas y las dovelas de los arcos todas en piedra; así que para mantener las diferencias de color se arbitró pintar de rojo las dovelas que debieran haber sido de ladrillo. Para conseguir iluminar y ventilar algo las naves, se rasgó el muro de la quibla con ventanas que se cubrieron con celosías de mármol semejantes a las de los lucernarios y a las de las portadas de los costados oriental y occidental. El costado oriental antiguo se abrió a la parte nueva por medio de grandes arcos y el ritmo de arcadas imitó las separaciones entre las diversas ampliaciones. Hasta esto llegó el espíritu imitativo en esta ocasión.

Las portadas del nuevo muro oriental, el actual, repetían las suprimidas del antiguo muro oriental de la mezquita de Abderramán I y de las ampliaciones de Abderramán II y Alhaquen II. Hoy las vemos excesivamente restauradas, como otras del costado occidental, en un intento de mostrárnoslas como en un principio fueron.

Como también se amplió el patio con sus galerías en la misma medida, el antiguo eje que, desde el pasadizo bajo el alminar, iba a la maqsura y el mirhab por la nave central quedó en gran manera desplazado.

Toda la ampliación almanzoreña fue un tanto mecánica, repetitiva y falta del gran aliento creador, que había constituido el espíritu de toda la obra anterior, en progreso creciente hasta los hallazgos de Alhaquen II. El fuego se iba apagando y pronto lo sería trágica y definitivamente.

* * *

Antes de despedirnos de Córdoba, es preciso decir unas palabras de la gran obra constructiva, aparte de la mezquita, del califato cordobés, ideada por Abderramán III y por la que su fama de mecenas quedará imperecedera. Y fue el erigir fuera de Córdoba, a unos cinco kilómetros al noroeste y en las últimas estribaciones de la sierra, sobre la campiña, una nueva ciudad que fuese sede para él, su familia, su corte, servidores y todo el aparato del Estado.

La nueva ciudad palatina englobaba dentro de su recinto, casi rectangular de 1.500 metros de largo por 750 de ancho, tres grandes plataformas escalonadas: la primera, y más alta, con la residencia del monarca, su familia, servidumbre, corte y altos funcionarios. La segunda, jardines, entre ellos un zoológico, y pequeños palacetes. La tercera llevaba la mezquita mayor, departamentos del gobierno, cuarteles, almacenes, talleres y barrios de viviendas para la población aneja a todos estos servicios. Tomó la ciudad el nombre de Azzahra, una esclava favorita del califa.

Se encargó al príncipe heredero Alhaquen, que tenía en aquel momento veintiún años, la dirección de las obras, las cuales comenzaron el 19 de noviembre de 956 y que consumieron enormes cantidades de sillares de piedra labrada. Eran casi 2.000 las bestias de carga que se empleaban diariamente en el transporte de materiales. Pasaron mucho más de 4.000 las columnas procedentes de Cartago, Sfax, Tarragona, Málaga, Almería y aun algunas de Constantinopla regaladas por el emperador con otras piezas preciosas. Trabajaron en la construcción 10.000 obreros, que colocaron 15.000 hojas de puerta, chapadas todas de hierro o bronce pulido.

Comenzada la obra en 936, a los cinco años ya estaba en servicio la mezquita mayor y en 945 residía allí el califa con toda su corte. Las obras duraron cuarenta años: veinticinco en vida de Abderramán y quince, los mismos que reinó, en la de Alhaquen. Todavía se dieron los últimos retoques con Hixén II.

Todo en Azzahra fue admirable: la situación en las faldas de la sierra, su distribución en terrazas, los materiales, protocolo y etiqueta; fiestas y recepciones de musulmanes y embajadas de reyes y emperadores, como el alemán y el bizantino. En ocasiones, los reyes cristianos llegaron a ir ellos mismos a resolver sus dificultades, ya políticas, como Ordoño IV de León, ya de salud, como Sancho el Craso para curarse de su obesidad.

Recordada por cronistas y cantada por poetas hasta el ditirambo, como todo lo esplendoroso y brillante, la vida de Azzahra fue efímera como un relámpago. Todavía en vida de Hixén II, que había sido proclamado allí califa en 976, el mismo año de la terminación oficial de las obras, Azzahra fue asaltada, saqueada e incenciada en 1010 por las tropas beréberes sublevadas; sus riquezas puestas en venta, y de allí a poco totalmente abandonada, para convertirse durante siglos en cantera de materiales reaprovechados por propios y extraños. Fragmentos decorativos y aun grandes piezas emigraron a Sevilla, Málaga, Granada o Marruecos. No digamos a la cercana Córdoba: las ruinas de «Córdoba la Vieja» sirvieron para levantar murallas, casas, palacios, conventos e iglesias.

Fotografías

6. Mezquita: arco de ingreso al Mihrab de Alhakem II (p. 49).
7. Mezquita: nave central de la ampliación de Alhakem II desde la capilla de Villaviciosa (p. 50).
8. Mezquita: la Nacsura y el Mihrab de Alhakem II (p. 51).
9. Mezquita: cúpula sobre el vestíbulo del Mihrab de Alhakem II (pp. 52-53).
10. Mezquita: Torre de la Mezquita-Catedral en su estado actual (p. 54).
11. Alcázar de los Reyes Cristianos (p. 55).
12. Mezquita: Puertas del Perdón y de las Palmas (p. 56).

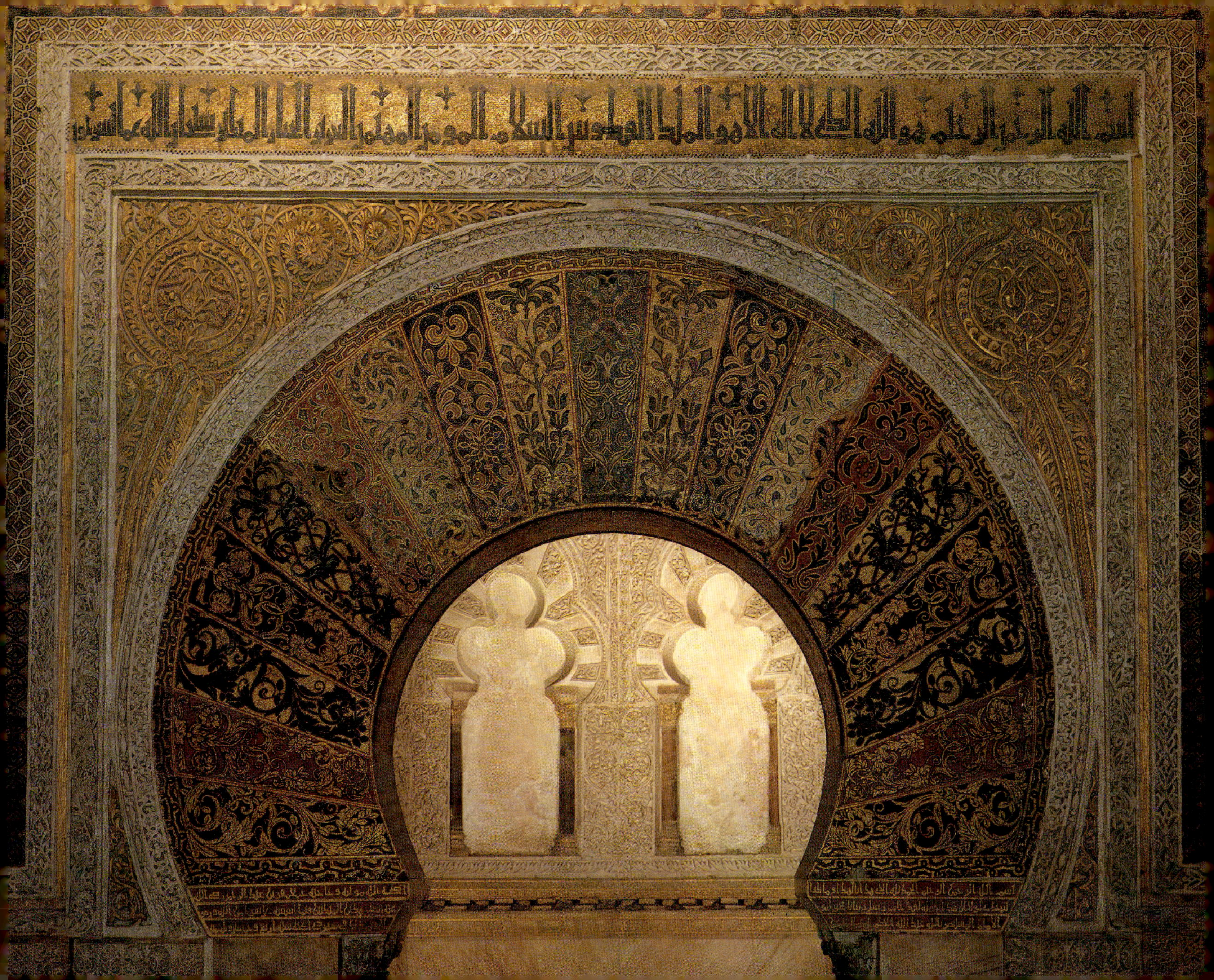

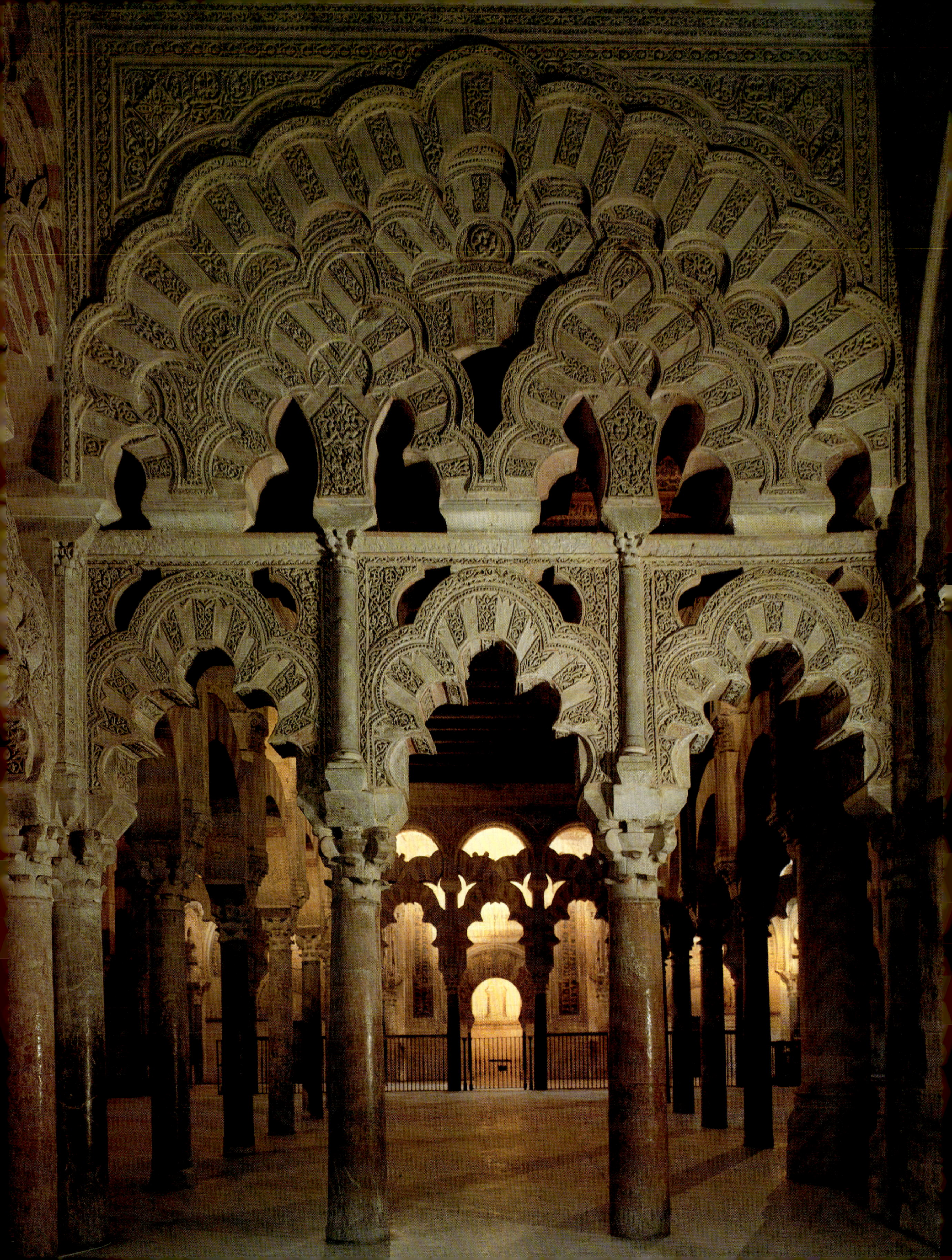

8

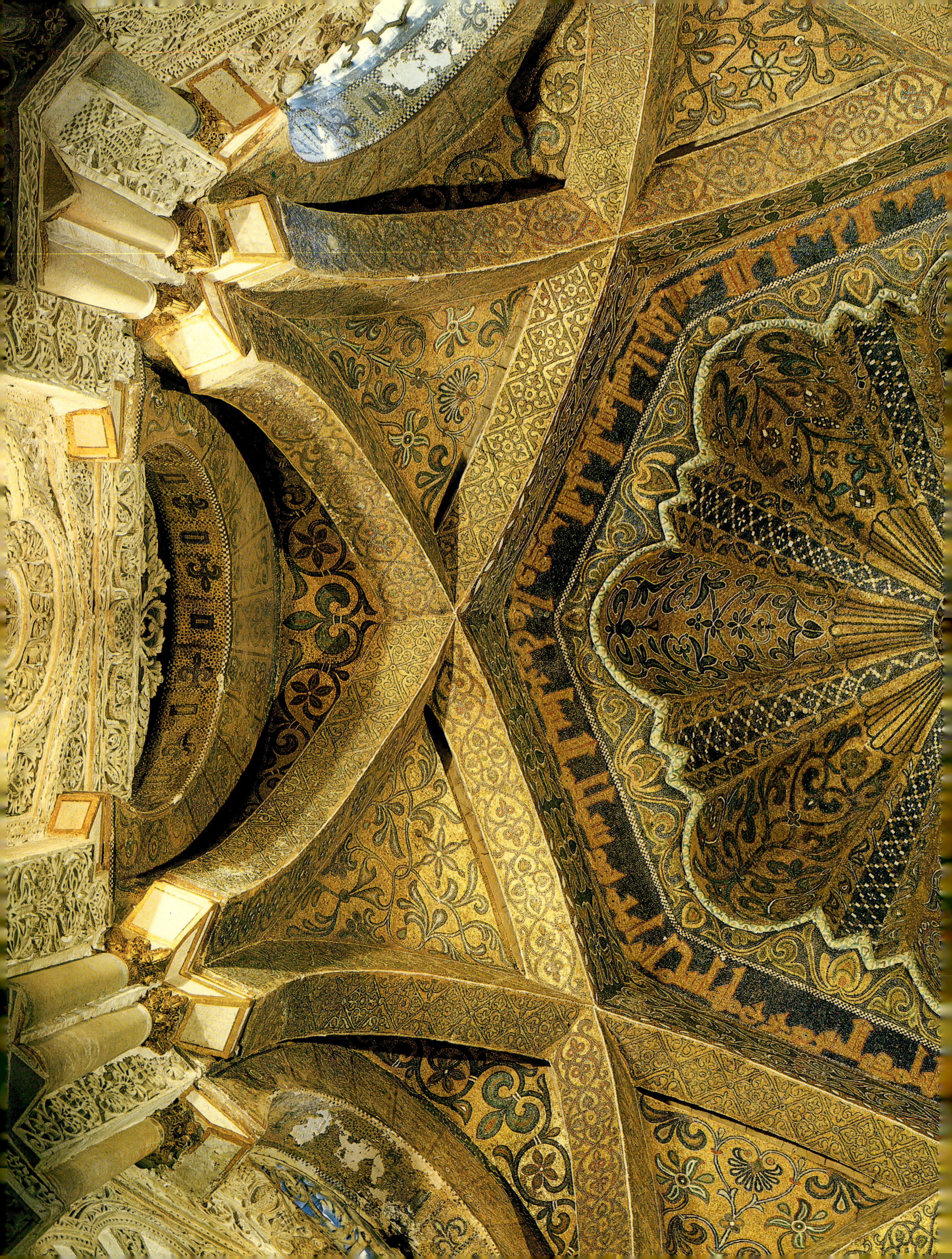

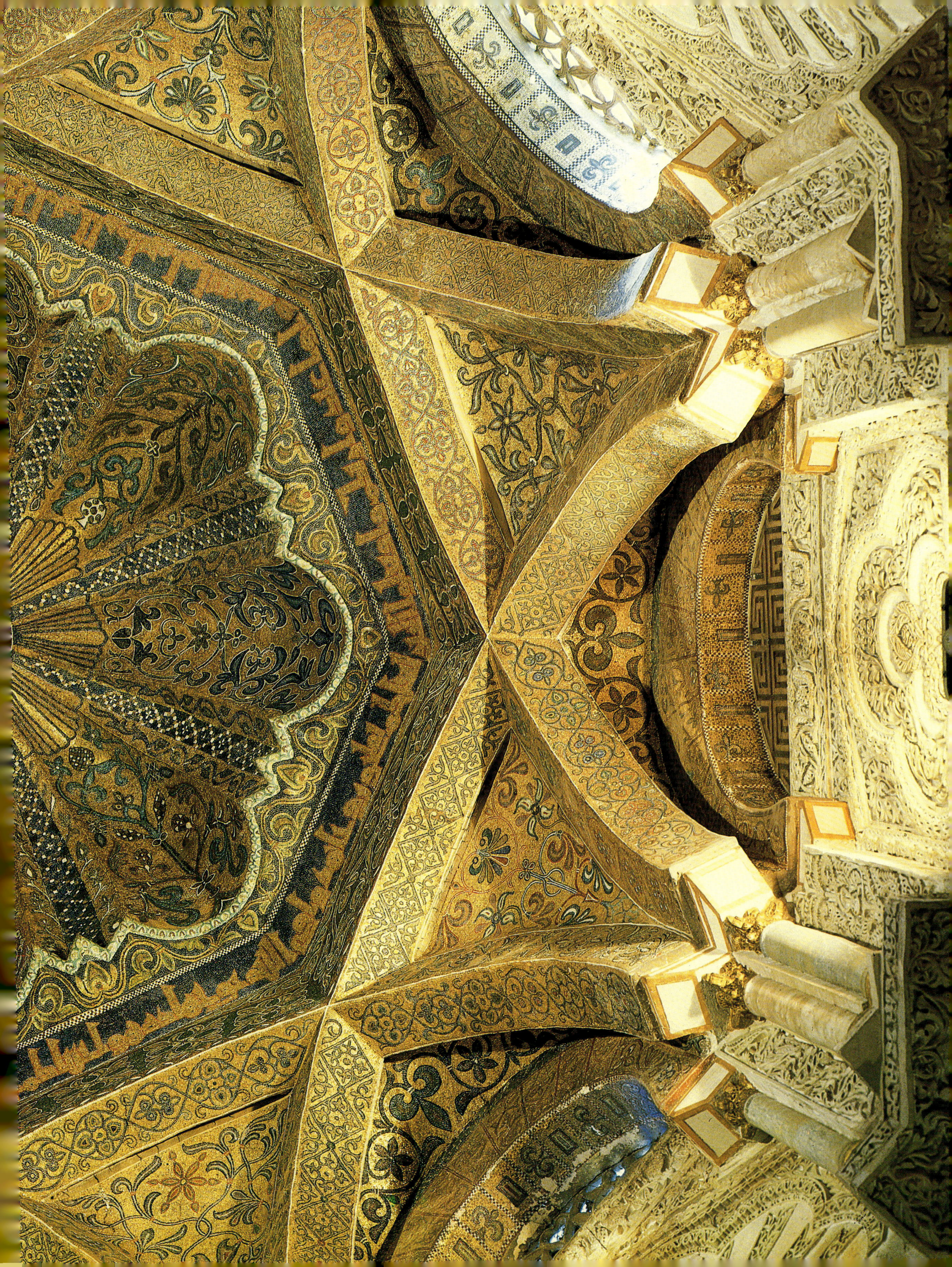

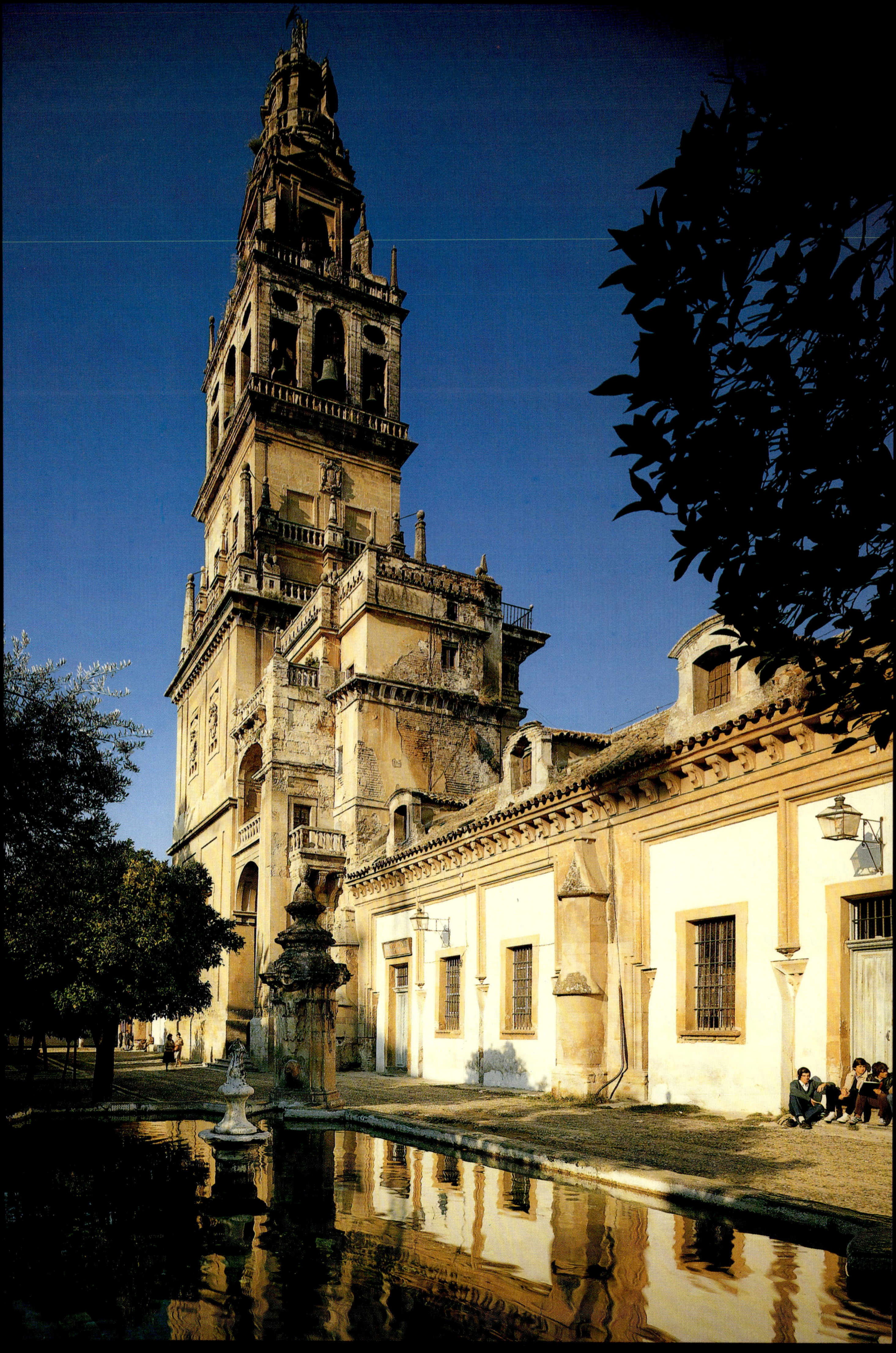

◁ 9

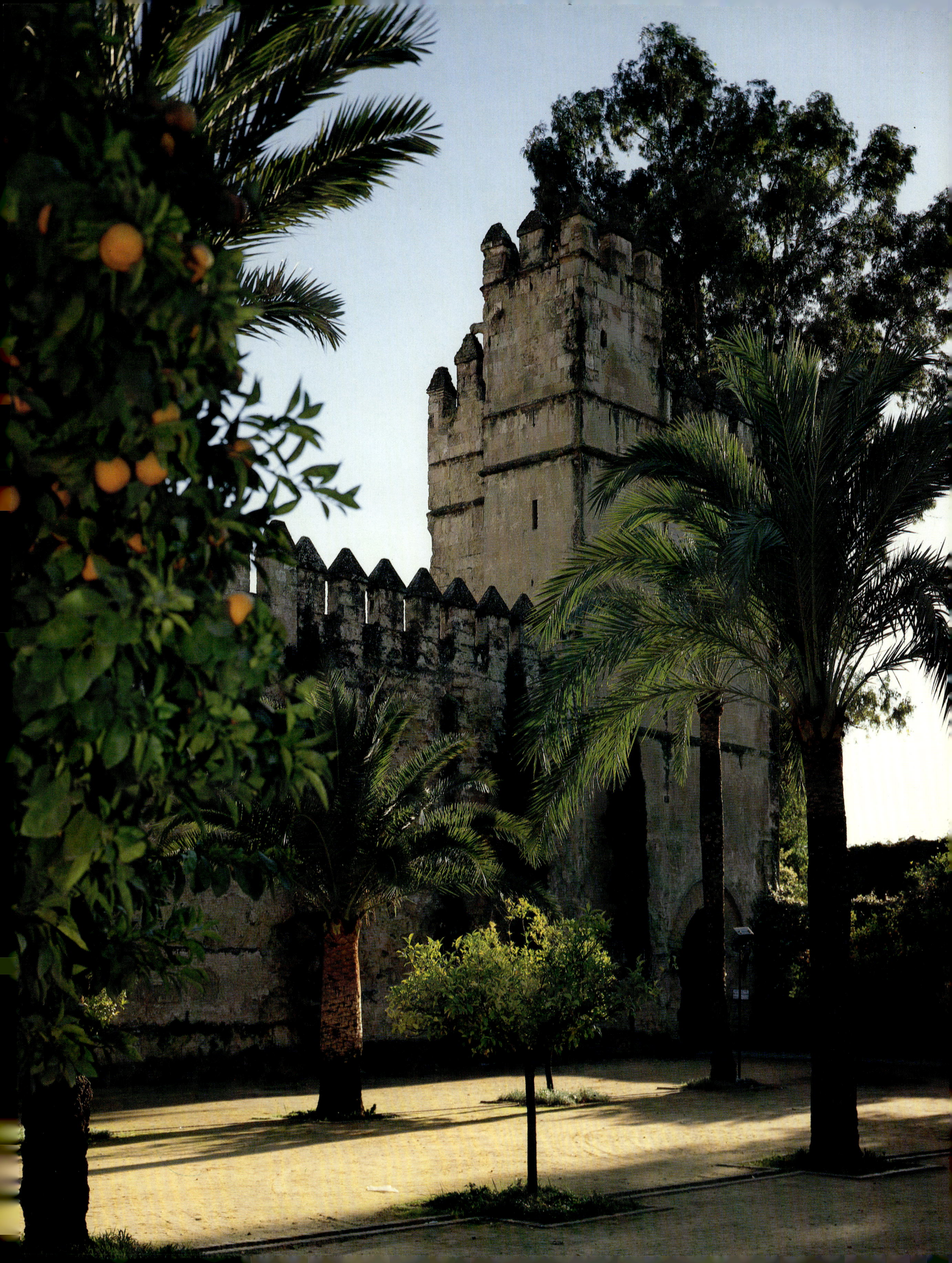

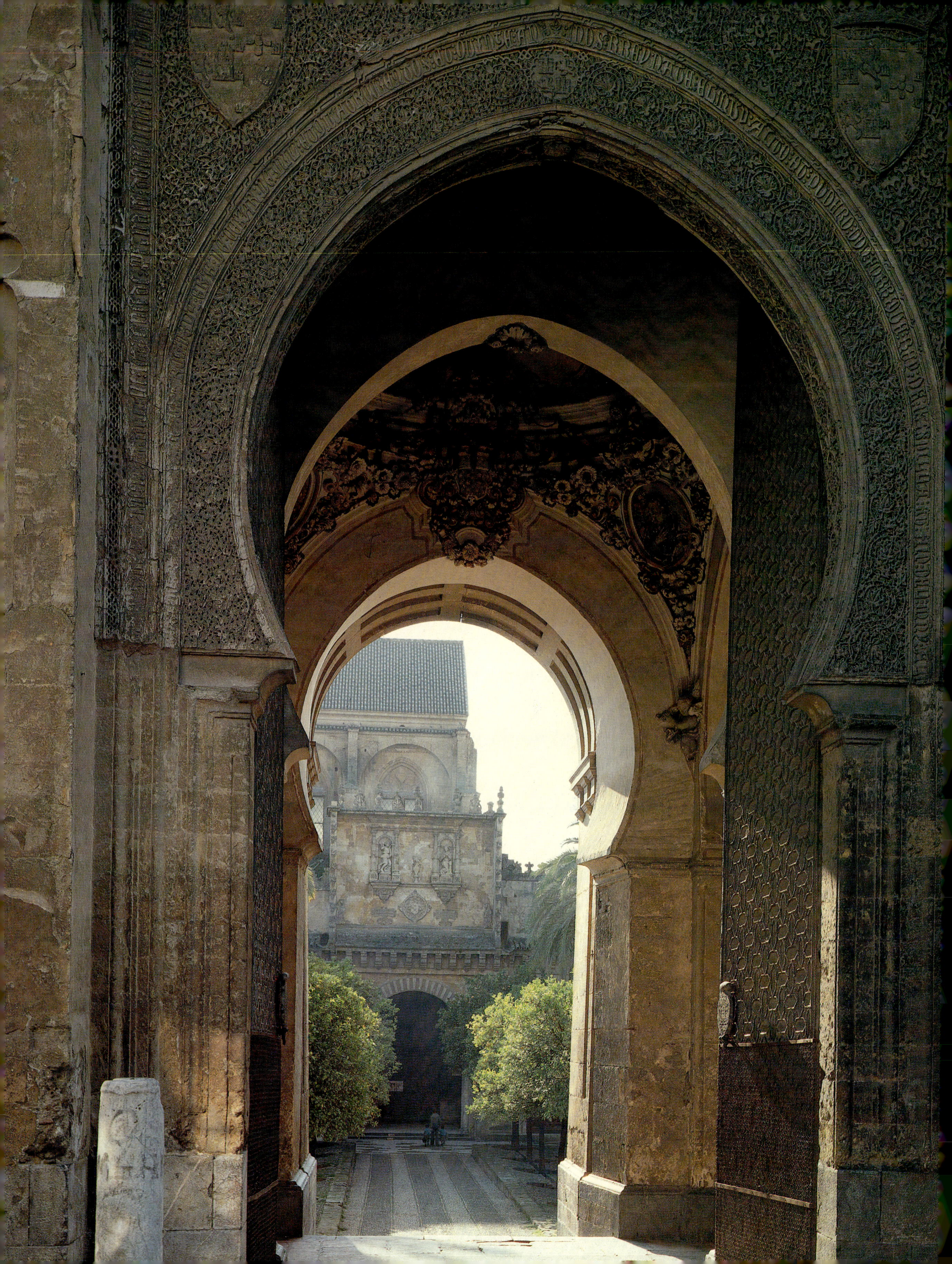

Hoy su resurrección científica, aunque lenta y laboriosa, nos va dando tales hallazgos que desmienten a quienes juzgaron que las descripciones encomiásticas de los cronistas contemporáneos eran fruto de las exageraciones aduladoras hacia sus señores y monarcas.

Entre los talleres de obras artísticas de Azzahra, es el más conocido, por habernos llegado de él más pruebas que de otros, el de marfiles tallados. La calidad, arte exquisito y preciosísimo en la ejecución, nos hacen entrever cuál sería el de los muebles, tejidos, tapicerías, alfombras, bordados, miniaturas, cristales, joyas, objetos de metales preciosos, no preciosos que sirvieron para el uso y el ornato de aquellos palacios y sus moradores. Lo poquito conservado nos hace añorar lo mucho perdido. Pensemos también en los miles y miles de libros y códices de la maravillosa biblioteca del bibliófilo Alhaquen, totalmente perdida, en parte a poco de su muerte, por fervores hipócritas e interesados de Almanzor, que organizó una quema pública de libros «heterodoxos».

De la orfebrería de Azzahra queda como símbolo la arqueta de plata repujada, cincelada, nielada y dorada que Alhaquen II mandó labrar para su heredero Hixén el fausto año de su proclamación como tal de 976. Probablemente recogida en Córdoba por los mercenarios catalanes en el infausto año de 1010, hoy se conserva en el tesoro de la catedral de Gerona, loado sea Dios, para admiración nuestra y testigo de lo que aquello fue.

En Medina Azzahra se reveló el poder y el lujo y la magnificencia del califato cordobés con tal despliegue de manifestaciones como no se ha vuelto a dar con esplendor semejante en la historia de monarca alguno de España. Al Nasir concibió y realizó, seguido de Alhaquen, una ciudad palatina que emuló a las grandes concepciones orientales. Luego, desgraciadamente demasiado pronto, todo fueron ruinas, abandono, desolación.

Al-Sumaysir, el poeta de Almería, a fines del siglo XI nos habla así de las ruinas de Medina Azzahra:

Me he detenido en al-Zahra llorando y meditando
como si me lamentara sobre miembros dispersos.

← Fotografías 10, 11 y 12

¡Oh, Zahra!, he dicho, ¡vuelve!, y ella me ha contestado:
¿Es que vuelve lo que está muerto?
No he cesado de llorar, de llorar en ese lugar;
pero, por desgracia, ¿de qué pueden servir las lágrimas?
¡Se diría que los vestigios de aquellos que partieron
son plañideras que se lamentan sobre los muertos! [2]

Tras las rencillas de los reyezuelos de los Taifas, beréberes y no beréberes que se vistieron con «los despojos de la púrpura» y mantuvieron en sus cortes y palacios ecos del esplendor pasado, tuvo, luego, que quedar España dentro de la órbita de los imperios africanos de almorávides y almohades, para que se elevasen en nuestro suelo obras trascendentales, de las cuales algunas perduran y de ellas hablaremos más adelante.

Mientras tanto aquella Córdoba, faro de la ciencia y sede del poder, que trascendía más allá de las orillas mediterráneas y elevaciones pirenaicas, quedaba reducida a poco más que su término, viviendo de los brillos del pasado. Pensando en ella y desterrado de ella, Ibn Hazam, que tanto allí había vivido, escribiría en su *Collar de la Paloma* páginas inmortales de lo que Córdoba fue.

Tal vez la riquísima personalidad de Ibn Hazam sea una de las que mejor representan a la Córdoba califal y su caída. Hijo de un alto funcionario de la corte y destinado, como tantos otros jóvenes de la aristocracia burocrática, a ocupar los más brillantes cargos, recibió una educación esmeradísima que sirviese a los altos destinos a los que, por su condición, estaba destinado y, al parecer, le esperaban.

Pero la vida de Ibn Hazam no iba a ser tan fácil para escalar a grandes puestos, como lo había sido para su padre Ahmad en los días de los fulgurantes ascensos de Almanzor. Este había necesitado colocar alrededor de sí a hombres sacados de una oscuridad aún mayor que la suya, y que se lo debieran todo a él y le fuesen, por esta causa, lo más fieles y adictos posible, sin dejar la apariencia de ser a la vez, y como él, servidores de un califa más nominal que real.

En el medio fastuoso y brillante de al-Zahira, la ciudad émula de Medina Azzahra que el gran primer ministro se había hecho construir para oscurecer, aún más, la débil sombra de poder que era el anulado califa Hixén II, fue donde transcurrió la vida juvenil de nuestro poeta.

Vida fácil, sonriente, brillante, de joven rico y de grandes esperanzas como era la del hijo del visir de Almanzor a quien sustituía en las frecuentes ausencias de éste, cuando iba de aceifa: las rápidas y políticas expediciones contra los más o menos sometidos reyes cristianos.

Vivían en gran casa, vecina de al-Zahira, en el barrio selecto de los nuevos grandes funcionarios palatinos, sometidos a las tensiones normales en esta clase de cortes: por una parte, mantener el bien logrado mediante la fidelidad al nuevo poder constituido, por otra, ser también fieles a la apariencia de la continuidad de la dinastía.

Apariencia, apariencias, apariencias. Este era el destino del hermoso castillo de naipes creado por Almanzor y los suyos en el que vivían el visir Ahmad, su hijo Hazam, Córdoba entera y el califa Hixén y los Omeyas reducidos a ser una apariencia del poder perdido. Todo por una intriga de harén, en la que Almanzor basó y logró colmar, y calmar, su gran ambición.

Intrigas de harén que nuestro Ibn Hazam, dadas las costumbres de retener en ellos a los niños, conoció muy bien desde muy pronto. Su despierta inteligencia y su fina sensibilidad hicieron de él un refinado escéptico que aspiró todos los perfumes, bebió en todas las copas, amó todos los amores, conoció todas las filosofías, trascendiéndolo todo, y sin quedarse prendido, ni prendado, en nada, ni nadie.

Por si fuera poco, los vaivenes políticos de sus amigos, los hijos de Almanzor, disputándose el poder, los califas y seudocalifas ascendidos y destronados, hasta un ensayo de república municipal, y, para colmo de males, el gran desastre de la guerra civil con sus muertes, saqueos, incendios y destrucciones le hacían decir a él, huido, en la paz de la Játiva encontrada, le hacían decir de la para siempre perdida Córdoba:

«Deteneos... y preguntad a las ruinas dónde están sus antiguos moradores.
¿Es que el día y la noche, al pasar sobre ellos, los han consumido?
Todo está borrado, abandonado, desnudo.
Parece que las moradas se han esfumado y se han vuelto quimeras.»

Veamos cómo él mismo nos lo explana:

«Uno de los que hace poco que han venido de Córdoba, a quien yo pedí noticias de ella, me contó cómo había visto nuestras casas de Balat Mugit, a la parte de poniente de la ciudad. Sus huellas se han borrado, sus vestigios han desaparecido y apenas se sabe dónde están. La ruina lo ha trastocado todo. La prosperidad se ha cambiado en estéril desierto; la sociedad, en soledad espantosa; la belleza, en desparramados escombros; la tranquilidad, en encrucijadas aterradoras. Ahora son asilo de los lobos y cubil de las fieras los parajes que habitaron hombres como leones y vírgenes como estatuas de marfil, que vivían entre delicias sin cuento. Su reunión ha quedado deshecha, y ellos esparcidos en mil direcciones...

»Todo esto me ha hecho recordar los días que pasé en aquellas casas, los placeres que gocé en ellas y los meses de mi mocedad que allí transcurrieron entre jóvenes vírgenes como aquellas a que se inclinan los hombres magnánimos...

»Se ha presentado ante mis ojos la ruina de aquella alcazaba, cuya belleza y ornato conocí en tiempos, pues en ella me crié, en medio de sólidas instituciones, y la soledad de aquellos patios que eran antes angostos para contener tanta gente como por ellos discurría...

»Antes la noche era en ellos prolongación del día por el trasiego de sus habitantes y el ir y venir de sus inquilinos; pero ahora el día es en ellos prolongación de la noche en silencio y abandono» [3].

EL COLLAR DE LA PALOMA

SEVILLA

Sevilla cuenta entre sus excelencias lo templado de su clima, la magnificencia de sus edificios, el ornato, tanto de su recinto como de los alrededores. De su río dijo Ibn Safar:

El céfiro rasgó la túnica del río, al volar sobre él, y el río se desbordó por sus márgenes para perseguirle y tomar venganza. Pero las palomas se rieron de él, burlándose al abrigo de la espesura, y el río, avergonzado, tornó a meterse en su cauce y a ocultarse en su velo.

Supera a todos los demás este río en que sus riberas están bordadas de quintas y de jardines, de viñedos y de álamos, que se suceden sin interrupción con una continuidad que no se encuentra en ningún otro río.

Acerca del Aljarafe de Sevilla, dijo uno en alabanza de al-Mutadid ibn Abbad:

> *Sevilla es una novia*
> *cuyo esposo es Abbad:*
> *el Aljarafe es su corona;*
> *y su collar es el río.*

El aceite que se prensa en sus olivares es exportado hasta la propia Alejandría. Sus aldeas las cuidan sus habitantes por dentro y por fuera, hasta el punto que parecen, de encaladas que las tienen, estrellas blancas en un cielo de olivos.

Al-Saqundi: ELOGIO DEL ISLAM ESPAÑOL

Y ocurrió lo que tenía que ocurrir. Lo que ocurría cuando llegó a Almuñécar Abderramán I. Y cuando Abderramán III sucedió a su abuelo y a su bisabuelo. Que no había poder y el poco que quedaba se lo arrogaban y repartían las facciones y banderías. Ahora, caído el califato, tampoco lo hubo y las facciones y banderías se llamaron por su nombre: «taifas». Y Reinos de Taifas los que los jefes de aquéllas formaron con lo que cada uno pudo atrapar en el desbarajuste de la guerra civil.

Y Sevilla se quedó con la mejor parte. Y era natural, pues le correspondía: asentada en lo mejor de la campiña y dominando la salida del Guadalquivir, las comunicaciones con el mar y los caminos del interior, Sevilla tenía que ser en Andalucía el reino principal.

El dominio del Ebro dio a Zaragoza ser la cabeza del reino taifa de los Banu Hud; el del Tajo a Toledo la del de los Banu Di-l-Num; el del Guadalquivir y la Andalucía Baja y Media, a Sevilla la del de los Abbadíes. Hubo muchos más Taifas: algunos casi momentáneos, como Carmona, Ronda, Jerez, Morón, Huelva, Niebla..., que fueron pronto absorbidos por Sevilla, quien se hizo con Córdoba y hasta con La Mancha y Cuenca. Otros, como Almería o Málaga, pasaron a ser de Granada. Y alguno, como Denia, que tomó las Baleares, pudo resistir a Valencia.

Pero no resistiría ninguno demasiado tiempo al empuje de castellanos y leoneses, y unidos todos los Taifas, llamaron en su ayuda a nuevos correligionarios musulmanes, los intransigentes almorávides, que en su fervor arrasarían con los taifas sometiéndolos a su africano imperio.

El reino taifa de Sevilla fue fundado por Abulquasim ibn Abbad, que era gobernador en ella en el momento de la guerra civil, circunstancia que aprovechó para hacerse independiente y fundar una nueva dinastía, la única genuinamente árabe de todas ellas, la de los abbadíes que duraría como todas las establecidas al final del califato, hasta la invasión de los almorávides africanos (1091).

En Sevilla hubo desde muy antiguo una fortaleza que perduraba en el lugar de edificaciones de la Sevilla romana y visigoda, separada con muralla propia del resto de la ciudad, y en la cual residían sus gobernadores; que eran más o menos independientes según las circunstancias; es decir, según la fuerza y poder que tuviese el emir o califa que gobernase en Córdoba. En ella pusieron su residencia los nuevos monarcas abbadíes, como era conveniente y aun necesario, y levantaron palacios rodeados de jardines, siguiendo viejas tradiciones mediterráneas.

De ellos, elogiosos y ponderativos, como antes lo hicieran de Medina Azzahra, nos hablan los cronistas y poetas; entre ellos no es el menor el mismo Mutamid, el último rey abbadí, desde su destierro y prisión marroquíes, tras la derrota que los abbadíes, juntamente con los demás Taifas, sufrieron de sus apetecidos aliados los almorávides; se lamenta el añorante Mutamid de tanto bien perdido, con imágenes antropomórficas, en las que, personificados, son los palacios mismos quienes se lamentan:

> *Llora al-Mubarak por el recuerdo de Ibn Abbad,*
> *llora por el recuerdo de los leones y las gacelas.*
> *Llora su Turayya porque ya no le cubren sus estrellas*
> *que se parecen al ocaso de las Pléyades cuando llueve.*
> *Llora al Wahid, llora al-Zahi y su cúpula;*
> *el río y el Tay; todos están humillados* [5].

De lo que fueron estos alcázares abbadíes —los hallazgos arqueológicos en los alrededores sevillanos no han sido muy afortunados hasta el día de hoy— podemos rastrear algo en lo que de entonces aún conserva el actual alcázar, cuyas construcciones no en vano aún se denominan los Reales Alcázares.

Era estancia preeminente y singular en el alcázar abbadí un salón cubierto por cúpula. De ambos, salón y cúpula, es recuerdo el actual e impropiamente llamado Salón de Embajadores, también cubierto por una cúpula, que es la última de las que allí han existido. Se abre en tres de sus lados por vanos de triple arco de herradura sobre columnas de mármol veteado con sus basas y capiteles. Columnas y capiteles son reaprovechados y de origen cordobés, como lo atestiguan las fechas que algunos de ellos llevan, pertenecientes a los reinados de Abderramán III y Alhaquen II. No así los cimacios, que son ya del siglo XI, de claro perfil taifal. Por si esto fuera poco para anudar con las tradiciones del arte cordobés, lo mismo que se intentaba hacer a lo pequeño con la política, las líneas generales de la decoración obedecen también a esquemas del siglo X y comienzos del siglo XI. Es decir, que persiste la tradición cordobesa y se inicia el arte de los primeros taifas. Por todo ello, aunque la estancia fue renovada y remozada en varias ocasiones, podemos asegurar que, como otros elementos del alcázar sevillano, pertenece en sus líneas generales al palacio que los reyes abbadíes levantaron como manifestación de su poder. También es muy posible que estuviesen los jardines más próximos al salón que hoy lo están, ya que esto era lo usual en esta época.

La gran extensión del alcázar, bastante mayor que la actual, estuvo limitada por una muralla con torres cuadradas y algunas poligonales, pues su cerca incluyó después torres como la del Oro. Con lo que el recinto de la llamada ya a fines del siglo XII «Alcazaba Vieja» encerraba varios palacios, además del visto, el que tenía dentro de sí el Patio del Yeso y el recientemente descubierto bajo el solar de la Casa de Contratación. Pero lo que siempre dio su carácter peculiar e hizo célebre lo mismo que hoy al alcázar sevillano fueron la calidad y la cantidad de sus jardines, por desgracia en número cada vez menor, dada su situación, cada vez más dentro del casco de la ciudad. Tendencia que persiste en nuestro tiempo y por ello les sigue amenazando.

Estos jardines fueron concebidos como estancias independientes las unas de las otras, de ahí sus distintos nombres, Jardín del León, Jardín de la Galera, Jardín del Laberinto..., y en los que dada la bondad del clima sevillano, se podía residir buena parte del año. En ellos se elevaban elementos arquitectónicos, como fuentes adosadas a muros o en medio de glorietas, solas o centrando cenadores y pequeños pabellones, como el actual llamado de Carlos V, que, sin duda, repite, renovándolo, otro anterior, o alimentando albercas. Podemos pensar que estos jardines, que han llegado hasta nosotros como una de las mayores realizaciones del jardín mediterráneo, recogido y recoleto, doméstico y aun casero, son hoy el último eslabón de una cadena que comienza en la Sevilla romana, sigue por la visigoda y, a través de la islámica emiral, califal, abbadí, almorávide y almohade, a través de la Sevilla cristiana fernandina y alfonsí, de don Pedro y los Trastamaras, renacentista, barroca, neoclásica y romántica, llega hasta nosotros de la mano de Vega-Inclán, Forestier, Romero Murube y Manzano Martos. Pocos jardines en España, que tantos y tan buenos ha perdido por abandono, pueden presentar una continuidad tal.

El alcázar abbadí pasó de manos almorávides a manos almohades, y éstos también dejaron su muestra del interés por el jardín: el recientemente descubierto entre los restos de la Casa de Contratación bien lo prueba. Es un gran patio-jardín de los llamados de crucero, en el que dos ánditos que se cruzan perpendicularmente determinan cuatro partes con su suelo a un nivel inferior y en los que las flores y pequeños arbustos formaban como cuatro tapices enmarcados por las arquerías de ladrillos policromados que decoraban y resolvían las diferencias de nivel. Sobre los ánditos iban las acequias que al cruzarse en el centro daban lugar a una alberquilla. En los lados menores del patio se alzaban pórticos con arquerías, cuyos lóbulos al prolongarse formaban sobre sí un ritmo de rombos calados; decoración que se denominaba de «sebka» y es muy característica del arte almohade, pero también es muy abundante después en el arte nazarí, e incluso en el posterior mudéjar y marroquí.

Este esquema de jardín de viejísima tradición oriental recordaba al de los cuatro ríos que regaban el jardín del edén de las cosmogonías mesopotámicas y persas. Otro patio de este tipo es el llamado todavía del Crucero, aunque está muy desvirtuado por reformas posteriores. Es tal vez por manos de los almohades cuando penetra en España, o, por lo menos, son éstos los testimonios más claros y antiguos que de este tipo de patio-jardín hasta ahora se han encontrado.

Por lo que respecta al llamado Patio del Yeso, tenemos en él uno de los primeros ejemplos de patio con alberca rectangular alargada que tanto ha de utilizar el patio jardín posterior. La veremos enseñorear el jardín granadino por excelencia en las albercas de la Alhambra.

El Patio del Yeso en uno de sus lados mayores conserva una arquería muy singular, formada por un gran arco central flanqueado por dos grupos de arcos triples; todos son agudos y formados por lóbulos de perfil muy almohade; apean el central en pilastras de ladrillo, y los triples en columnas y capiteles del siglo X, reaprovechados. Sobre ellos, al prolongarse sus arcos, se forman sendos paños de sebca que suben hasta alcanzar la altura del arco central, y semejantes a los ya vistos del patio de la antigua Casa de Contratación; estos últimos se han podido reconstituir no hace mucho, recogiendo sus elementos de las escombreras a donde habían sido arrojados cuando la brutal demolición de aquélla, gracias a la sabiduría y perspicacia de su entonces arquitecto conservador y restaurador, don Rafael Manzano Martos.

Entre el Patio del Yeso y el de Montería, adosada a uno de los lados menores de aquél, se halla una sala de planta cuadrada llamada de la Justicia, porque en ella, se dice, se ejecutó la muerte de don Fadrique, uno de los ambiciosos hermanos bastardos del rey don Pedro.

Del alcázar de Alfonso X nos queda el llamado Palacio Gótico rodeado de su muralla, en gran parte conservada. Entre él y los restos del Salón de las Pléyades del Alcázar de la Bendición abbasí se encajó la obra de don Pedro, creando el actual Patio de Doncellas con sus estancias en los lados mayores del rectángulo, pues en los menores estaban la muralla del Palacio Gótico por un lado, y por el otro, el Salón de las Pléyades, que con las reformas que ahora tuvo, se convirtió en el actual Salón de Embajadores conservando sus elementos sustentantes, como ya hemos visto, y las líneas generales de la decoración; que fue cambiada para ponerla a la moda del momento: soplaban, además de los granadinos, vientos toledanos. Las hermosas puertas de madera con labores de lazo ensamblado policromadas son de este momento.

El alcázar del rey don Pedro tuvo una gran fachada. La misma que hoy vemos desde el patio llamado de la Montería: un ejemplar soberbio y monumental de fachada, casi sin igual en todo el mundo islámico. Aunque se ha dicho que está inspirada en la del Cuarto de Comares de la Alhambra, las concomitancias son más aparentes que reales.

Fotografías

13. Sevilla: Fachada del Alcázar del Rey Don Pedro (p. 69).
14. Alcázar: Patio de las Doncellas (p. 70).
15. Alcázar: Salón de Embajadores (p. 71).
16. La Giralda y la Catedral desde el Alcázar (pp. 72-73).
17. Casa de Pilatos (Palacio de los Duques de Alcalá) y patio principal o de recepción (p. 74).
18. Casa de Pilatos: ventana y reja al jardín (p. 75).
19. La Giralda desde el Patio de Banderas del Alcázar (p. 76).

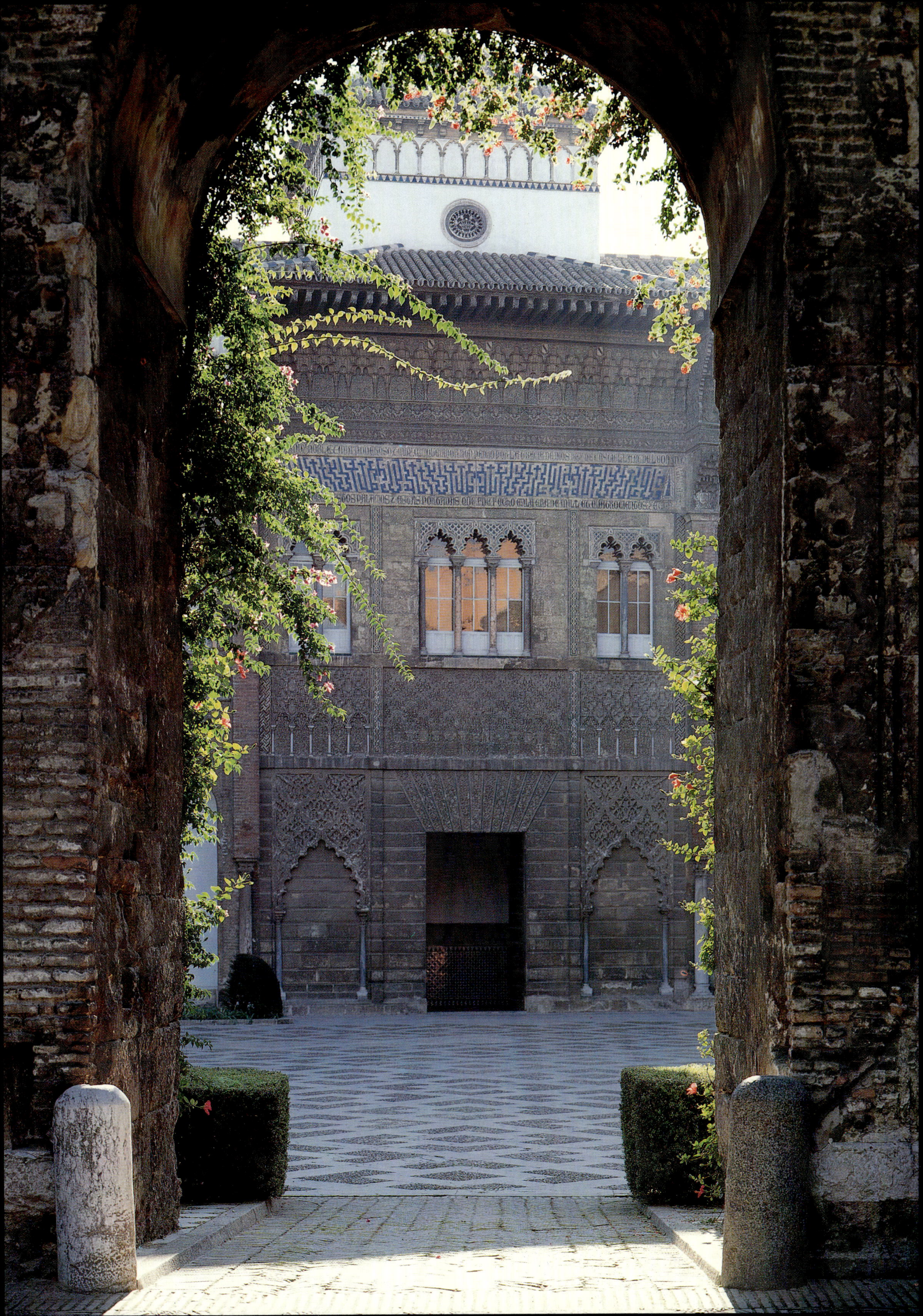

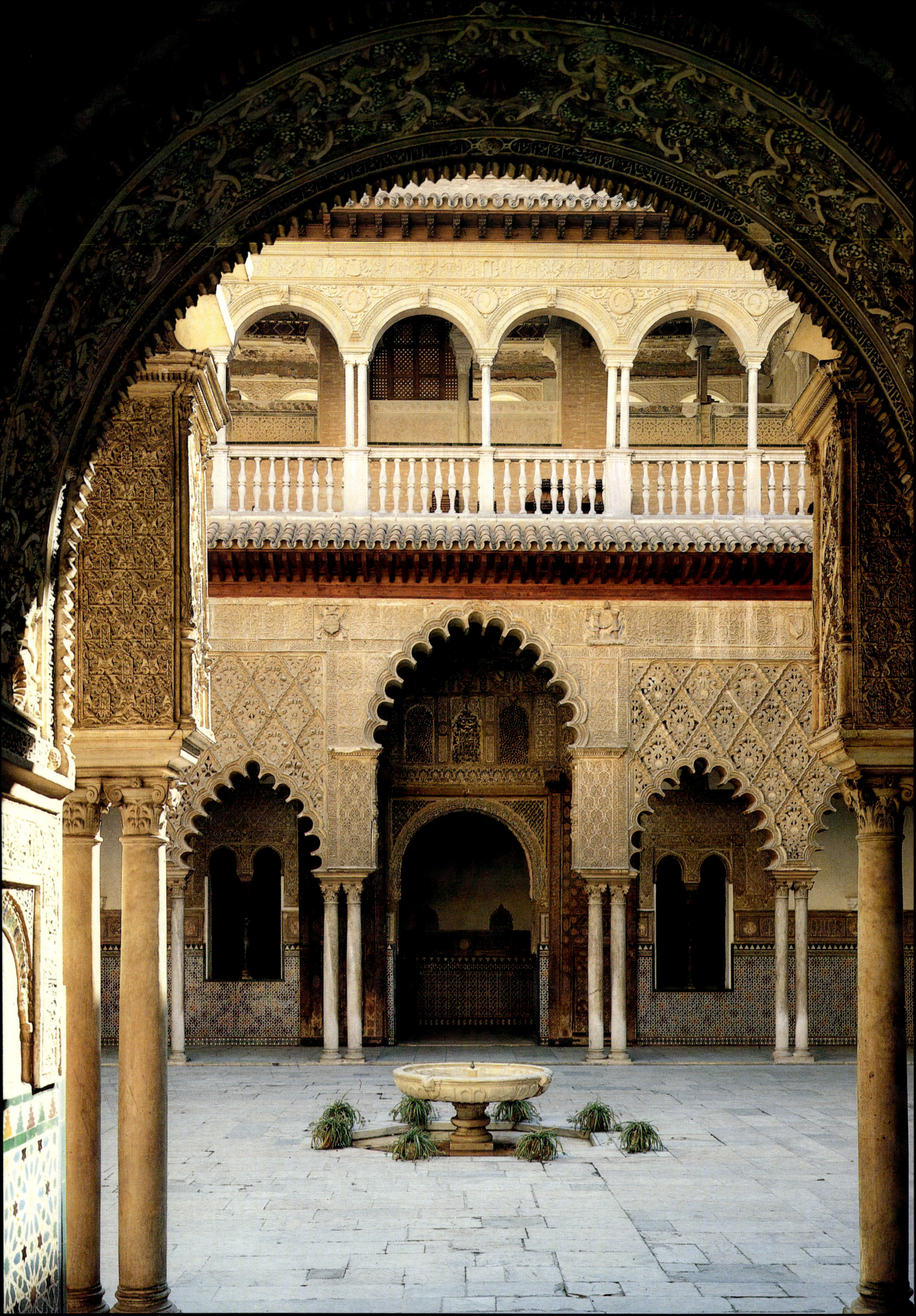

14

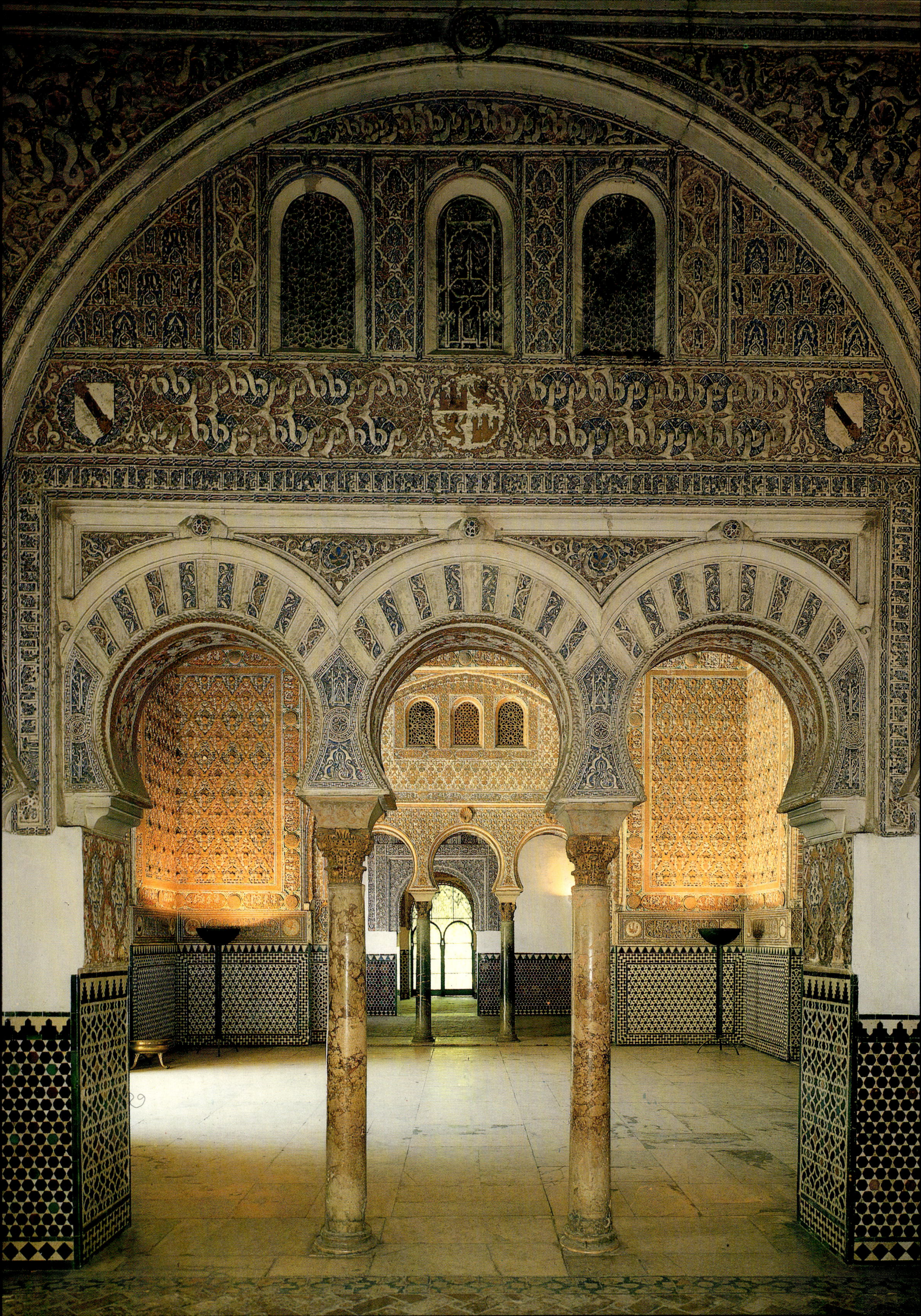

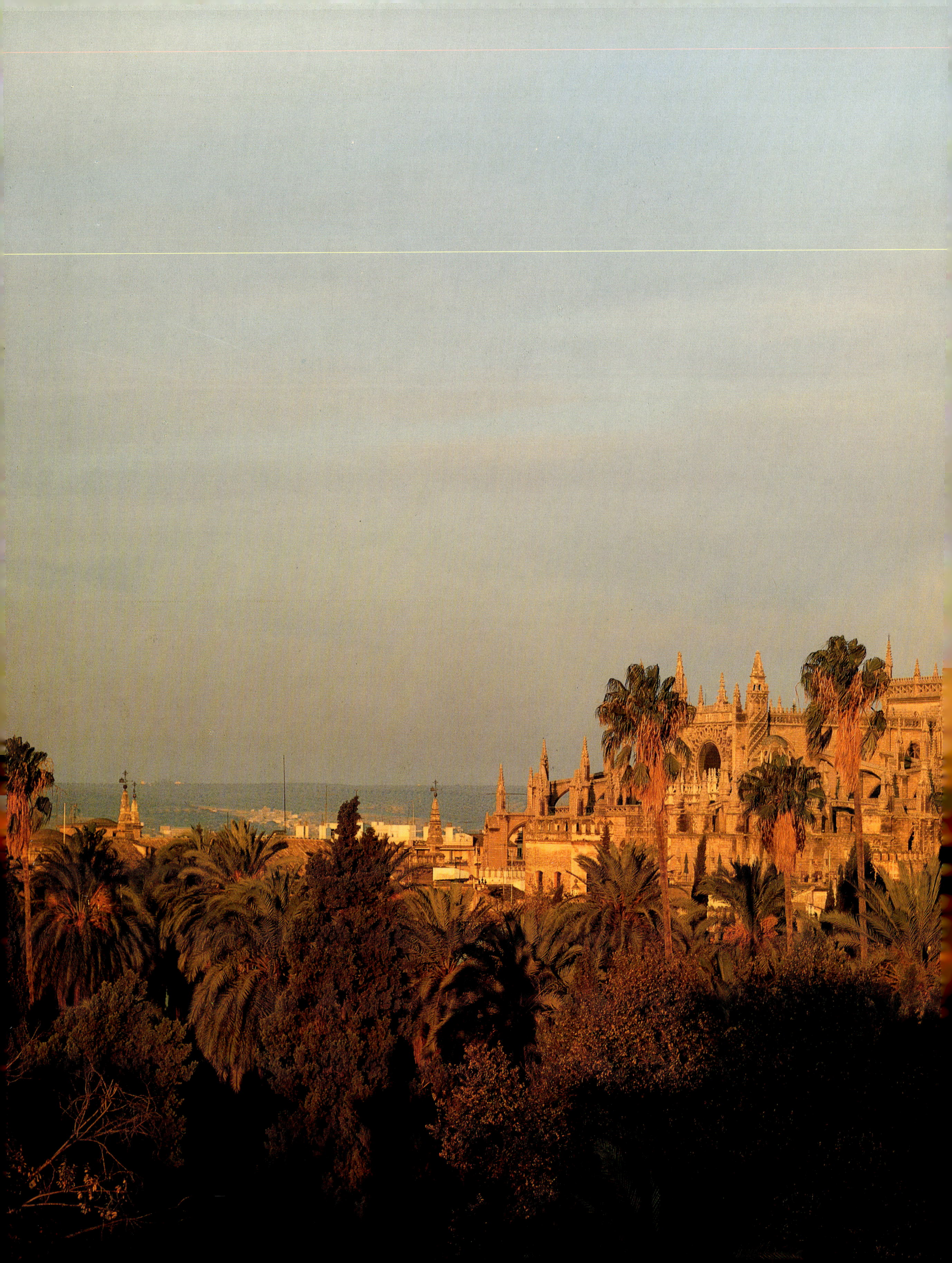

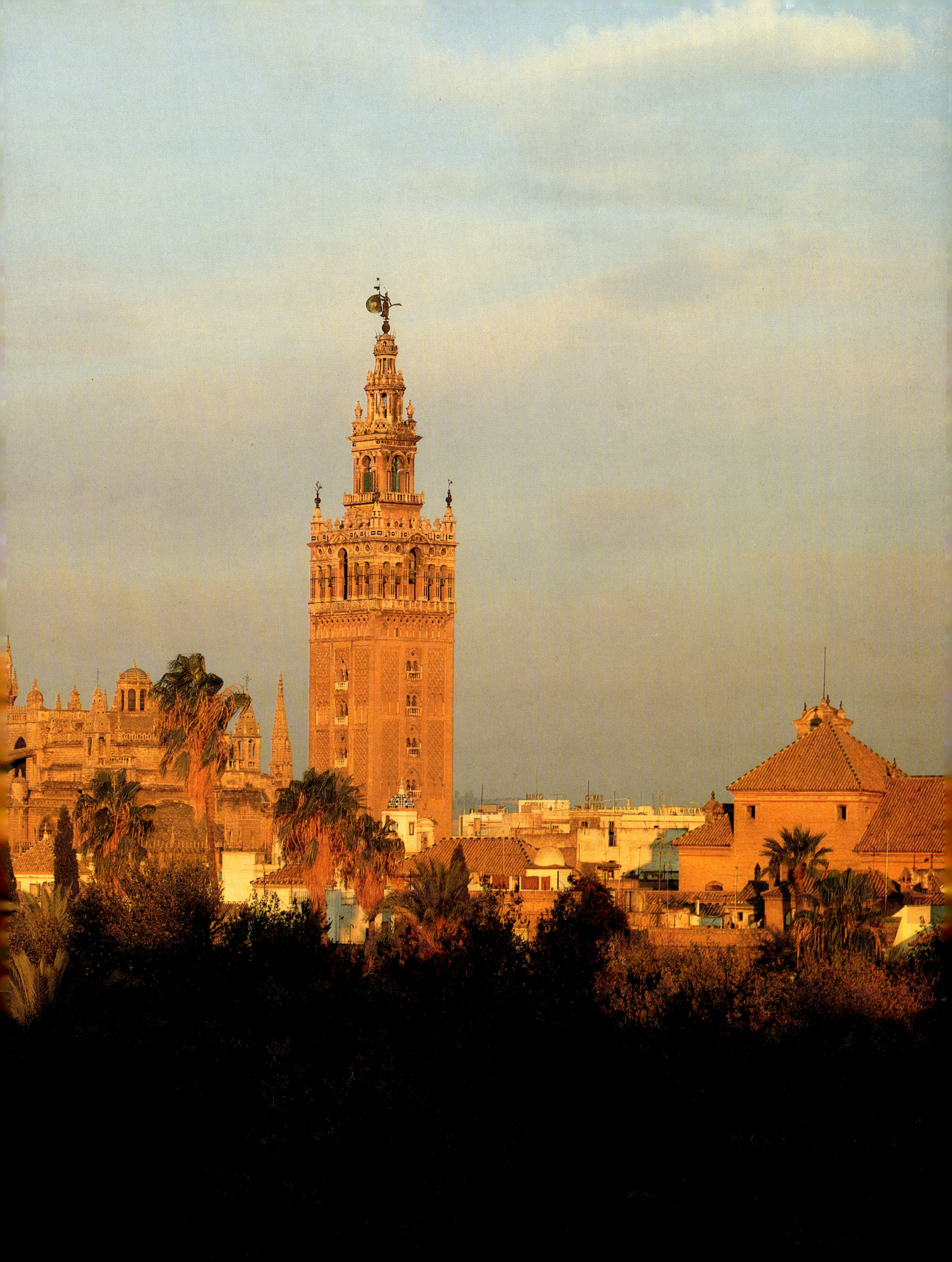

17

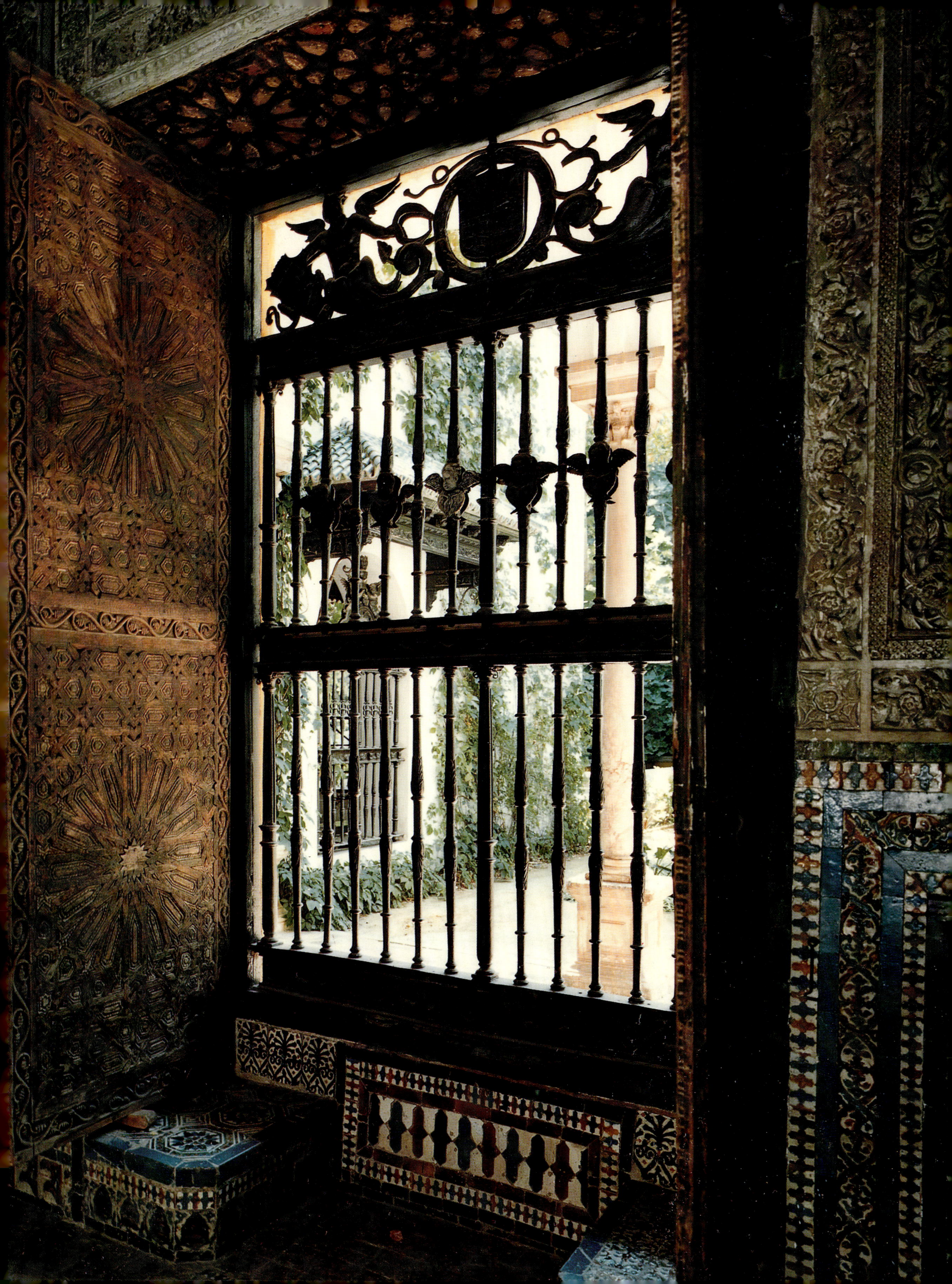

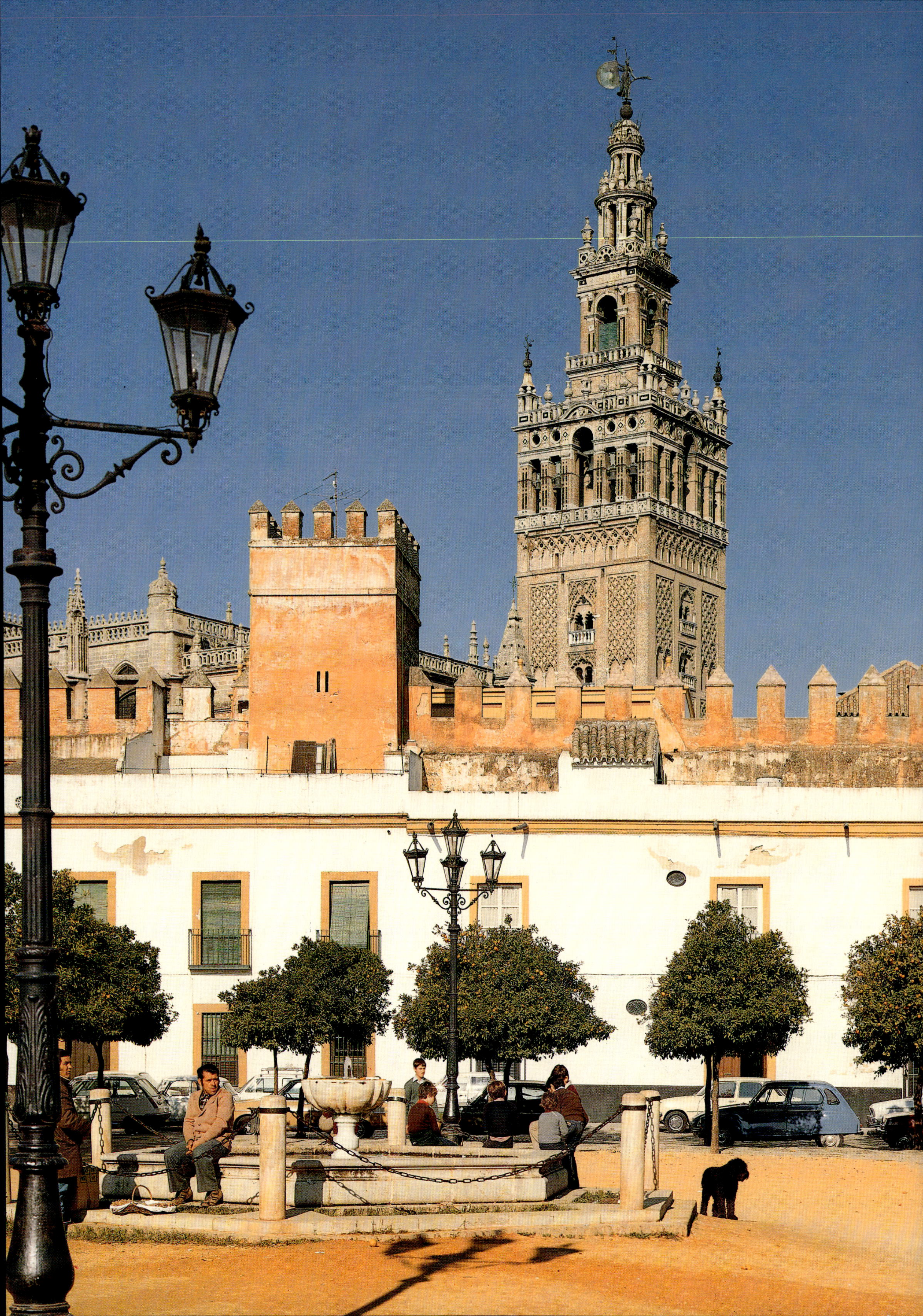

19

Entre dos galerías de época de los Reyes Católicos que forman los laterales del patio, y al fondo del mismo se desarrolla una extensa fachada, que es, sin duda, la obra maestra del arte mudéjar. Se destaca sobre el fondo liso de los muros bajos la parte central muy decorada: dos columnas de mármol blanco con sus capiteles apean dos altas pilastras de ladrillo visto, que, a la vez que sirven de límite, recogen el vuelo de un alero de salientes canecillos; bajo él un gran friso de mocárabes, bovedillas escalonadas de planta semipoligonal, sostenidos por parejas de columnillas en un ritmo que es aún el de un friso clásico de metopas y triglifos.

El gran paño que se extiende debajo, se divide verticalmente en tres calles, la central más ancha y cada calle también en tres partes, por medio de fajas horizontales. Desde abajo hacia arriba la parte primera alberga en la calle central la puerta de entrada al palacio, cuyo dintel lo forman largas y estrechas dovelas decoradas, mientras que en las dos laterales van sendos arcos ciegos polilobulados; sus lóbulos al prolongarse forman una red de sebca principal que se sobrepone a otras secundarias y de labor más menuda.

Componen la parte segunda tres paños horizontales de sebca sobre arquillos ciegos: el de la calle central es de muy poco relieve, y entre inscripciones cúficas o de caracteres rectangulares, simétricas, los arquillos albergan escudetes de Castilla, León y de la orden de la Banda y rellenan los vanos de la sebca composiciones de ataurique, vegetales estilizadas; los arquillos de los paños laterales no cobijan escudos, sino inscripciones cúficas de largos ápices entrelazados como las del paño central y composiciones de ataurique; en los vanos de las sebcas respectivas van castillos, leones y escudetes de la banda.

La parte tercera la ocupan ventanales de arcos polilobulados, triple el central y dobles los laterales; sus enjutas se decoran con mosaico cerámico al igual que las fajas que determinan las distintas partes. Es igualmente de mosaico cerámico la doble inscripción que va encima: la de mayor escala la forman piezas cerámicas en blanco y azul turquesa, y repite simétricamente cuatro frente a cuatro, ocho veces el mote heráldico de los sultanes nazaríes: «No hay vencedor

← Fotografías 17, 18 y 19

sino Dios» en caracteres cúficos del arte de los turcos selyuquíes. Enmarcando a esta inscripción, otra, en un recuadro con menudos y alargados caracteres góticos mayúsculos, dice: «El mui alto et mui noble et mui poderoso et mui conqueridor don Pedro por la gracia de Dios rey de Castilla et de Leon mando fazer estos alcazares et estos palacios et estas portadas que fue fecho en la era de mill e quatrocientos y dos» (1364).

Traspasada la puerta, se accede por la izquierda a la zona de aparato y recepción centrada en el Patio de Doncellas y por la derecha a la privada alrededor del de Muñecas; los ejes de ambos se cruzan en el Salón de Embajadores. Nombres todos que, como mucho, se remontan sólo al siglo XVI, aunque la mayoría son del XIX, época en que el filoarabismo romántico realizó grandes reformas, restauraciones y creó literarias leyendas sobre el pasado del alcázar. La nuestra más prosaica y positivista querría encontrar todo lo que de cada época queda y dar a cada uno lo suyo, y creo que lo está logrando.

En el Patio de Doncellas son admirables los zócalos de alicatado, mosaico de piezas cerámicas recortadas en losetas de colores diversos y ensambladas como labor de marquetería; pertenecen a la época del rey don Pedro; en cambio, los arcos polilobulados, cuyas columnas fueron sustituidas en el siglo XVI, parecen más antiguos, o, por lo menos, repiten modelos anteriores de tipo almohade con vanos centrales más altos que los laterales, como en el Patio del Yeso.

Los Reales Alcázares fueron testigos de las dichas y las desdichas del Rey Sabio, que tuvo allí su real «scriptorio», del que salieron algunos de los códices más bellos de nuestra Edad Media; de los amoríos de Alfonso XI, cuyos frutos, tantos Guzmanes, dieron tan malos días a Castilla; también de las dichas y desdichas de don Pedro; estas últimas, las desdichas, consecuencia de las dichas de su padre «El Onceno». Entre ellas, la muerte del bastardo don Fadrique, maestre de Santiago. Luego de las estancias de Enrique II y Enrique IV, que preparó allí su boda con Juana de Portugal.

Pero fueron los Reyes Católicos quienes más frecuentaron el

alcázar: allí fue concebido y allí nació el último día de junio de 1478 la esperanza de España, el malogrado príncipe don Juan. Allí el 18 de abril de 1490 se celebró con grandes fiestas el matrimonio de la hija mayor, Isabel, con el heredero de Portugal, Alfonso, que fue preludio de la de los nietos, Isabel, hija de María y don Manuel «o Venturoso» y Carlos, de Juana y el hermoso Felipe. Boda que se celebró «en la quadra grande que llaman la Media Naranja», es decir, en el Salón de las Pléyades, nuestro Salón de Embajadores. Y disfrutaron, en palabras del embajador de Venecia Andrea Navagiero, de «un palacio muy bello y rico, labrado a la morisca. Tiene por todas partes hermosos mármoles y agua de pie abundantísima, baños y salas y cámaras por las que pasa el agua con artificio. Tiene un patio lleno de naranjos y limoneros hermosísimos y dentro otros apacibles jardines, y en ellos un bosque de naranjos donde no penetra el sol y es quizás el sitio más apacible que hay en toda España».

El hijo, Felipe II, también vendría al alcázar. Y Felipe V, de 1729 a 1733; larga estancia olvidándose de sus melancolías. Durante ella saldría el 20 de octubre de 1731 un joven príncipe de quince años, después de recibir la espada de Luis XIV para ser duque de Parma y Placencia primero; más tarde, rey de Nápoles y Sicilia como Carlos VII, y finalmente volver a España para ser nuestro gran Carlos III.

El influjo de estos alcázares en la arquitectura doméstica sevillana no fue pequeño, y de ello quedan no pocos ejemplos. El más sobresaliente es la famosa «Casa de Pilatos», llamada así por creerse entonces que reproducía el Pretorio de Pilatos en Jerusalén, y que fue construida por don Fadrique Enríquez de Ribera, primer Marqués de Tarifa y su sobrino don Perafán de Ribera, primer Duque de Alcalá. En la Casa de Pilatos se hermanan las esculturas de la antigüedad con los mármoles italianos de nuevo encargo; las galas del renacimiento y las rejas plateresques con las labores mudéjares en yeserías, maderas, y, sobre todo, en azulejos que tapizan paredes en proporciones insospechadas, lográndose con la reunión de elementos tan dispares uno de los conjuntos más fastuosos del palacio español del Renacimiento en el que, como en los Reales Alcázares, habitaciones, patios y jardines forman un conjunto doméstico habitable de un mismo modo.

Hay que volver unos siglos atrás, pues quedan grandes testimonios de la Sevilla musulmana que no se pueden olvidar.

Y son los restos de la gran mezquita almohade, cuyo solar ocupa la magna catedral hispalense. Restos de tal magnitud que nos permiten sospechar lo que fue aquélla.

Era un inmenso rectángulo de más de cien metros por casi noventa, repartidos en sala de oración que tenía unos sesenta metros de fondo, y patio, el actual Patio de los Naranjos, y el alminar justo en la intersección de las dos partes. El alminar es la Giralda, la torre más hermosa de España.

Se comenzó a construir la mezquita en 1172, y conocemos el nombre de su arquitecto, un hispano llamado Ahmad ben Baso; apellido que a través de mozárabes se remonta hasta época romana. A los diez años, en 1182, ya estaba abierta al culto. Era enteramente de ladrillo, enlucido y encalado, y sustentada su techumbre, no por columnas, sino por pilares del mismo material. Las arquerías eran de herradura apuntada y se adornaban con labores de yeso tallado, como aún quedan en un rincón del patio y en el arco de ingreso a éste en el eje del mihrab, hoy llamado Puerta del Perdón y que conserva las puertas chapadas de placas de bronce, las cuales componen un lazo muy simple; son extraordinarios los llamadores o aldabones, sin rival en todo el arte hispánico, tan abundante en ellos su decoración de dobles palmas elegantísimas es aún recuerdo de composiciones clásicas a través del mundo tardorromano y bizantino.

Según el modelo cordobés ante el mihrab, se elevaban tres cúpulas lucernarios, de las que tenemos un rastro en la que cubre la Capilla Real de la mezquita de Córdoba. De la techumbre y arquerías quedan restos en la nave y Capilla del Lagarto, adyacente al alminar, tales que permiten la reconstrucción de la mezquita en sus elementos esenciales.

Al exterior aparecía como un muro seguido, pero interrumpido por contrafuertes prismáticos de sección cuadrada, y coronado por almenas escalonadas, como en Córdoba. El ejemplo estaba demasiado cerca para ignorarlo.

El alminar se compone de dos primas de planta cuadrada uno sobre otro: el mayor, alto de más de cincuenta metros, tiene de lado algo más de trece y el menor o linterna, de casi siete de lado, se alza algo más de catorce. Ambos se coronaban por almenas escalonadas desaparecidas en las reformas. La linterna se remataba en un chapitel de azulejos; en él se insertaba un gran vástago de hierro para sostener las cuatro enormes manzanas de bronce dorado, en disminución de tamaño, que componían su yamur. Elemento éste que tenía fines protectores contra rayos e inclemencias y que no podía faltar en alminar alguno.

Guarda la Giralda la mayor parte de su decoración original, sobre todo el prisma mayor, con ligeras reformas, que apenas modifican su organización primitiva: sobre una parte inferior de ladrillo sin decoraciones, y apenas rasgada por las ventanas que dan luz al interior, se alza otra dividida en dos semejantes y que recuerda la disposición de las fachadas de los patios y palacios almohades, como la del Patio del Yeso del alcázar. Dobles arcos lobulados que se prolongan en sendos paños de sebca, flanquean a los vanos centrales de iluminación del interior; sólo que la necesidad de dar a cada tramo su luz obliga a superponer los vanos y prolongar la sebca. Este esquema se repite en las cuatro fachadas y se duplica sabiamente evitando la monotonía que hubiese resultado si la sebca hubiese sido única y toda seguida. Las ampliaciones del siglo XVI envolvieron el cuerpo superior para crear la galería en que se colgaron las campanas y levantaron otros tres más en disminución, con lo que la silueta general ganó en esbeltez y elegancia, al casi duplicar su altura, que hoy es algo más de 94 metros.

El ascenso no se hace como en Córdoba por dos escaleras paralelas, sino por rampas que rodean un cuerpo ocupado por diversas cámaras. Era el que sobresalía sobre la terraza y sostenía al yamur, y que hoy oculta el campanario por obra de la reforma del arquitecto cordobés Hernán Ruiz entre 1558 y 1566. En 1568 se puso la estatua en bronce de la Fe, alta de tres metros y medio, como gran veleta; ésta por dar vueltas con el viento recibió el nombre popular de «el Giraldillo» y la torre que la sustenta «La Giralda», nuestra torre por antonomasia.

Antes de dejar a Sevilla, veamos algunos rasgos de la ciudad musulmana a principios del siglo XIII, tal como nos la pinta al-Saqundi en su «Elogio del Islam español».

«Sevilla cuenta entre sus excelencias ese tan alto grado de refinamiento, que hace que el vulgo diga: "Si en Sevilla se pidiese leche de pájaro, se encontraría".
Por su gran río sube la marea hasta setenta y dos millas tierra adentro, para después bajar.
Supera a todos los demás este río en que sus riberas están bordadas de quintas y jardines, que se suceden sin interrupción con una continuidad que no se encuentra en ningún otro río. Una persona, que había estado en Bagdad, ponderaba este río porque en él no falta nunca la alegría y porque no están prohibidos en él los instrumentos músicos y el beber vino, cosas que no hay nadie que repruebe o critique, mientras la borrachera no degenere en querellas y pendencias.
Los sevillanos son las gentes más espontáneas para el chiste y más dadas a la burla, y de tal suerte lo tienen por hábito, que es considerado odioso el que no da y acepta esta clase de bromas.
A uno que había visto El Cairo y Damasco, le dijeron: —¿Qué te gusta más: esas dos ciudades o Sevilla? Y contestó, después de preferir a Sevilla: —Su Aljarafe es un bosque sin leones y su río es un Nilo sin cocodrilos.
Sus mujeres, sus vehículos, tanto terrestres como marítimos, sus guisos y sus frutos, son especies que en el reparto del mérito han logrado la parte más copiosa. En cuanto a sus casas, en la mayoría de ellas no falta el agua corriente, ni árboles frondosos, tales como el limero, el limonero, el cidro y otros» [6].

Reconstrucción del primitivo alminar de la mezquita mayor de Sevilla de acuerdo con el relieve de Villasana de Mena (según A. Almagro).

TOLEDO

Pintado el caudaloso río se veía,
que, en áspera estrecheza reducido,
un monte casi al rededor tenía,
con ímpetu corriendo y con ruido;
querer cercallo todo parecía
en su volver, mas era afán perdido;
dejábase correr, en fin, derecho,
contento de lo mucho que había hecho.

Estaba puesta en la sublime cumbre
del monte, y desde allí por él sembrada,
aquella ilustre y clara pesadumbre,
de antiguos edificios adornada.
De allí con agradable mansedumbre
el Tajo va siguiendo su jornada,
y regando los campos y arboledas
con artificio de las altas ruedas.

Garcilaso de la Vega
EGLOGA TERCERA

Toledo es lo que siempre ha sido: un enclave extraordinario en un cruce de caminos naturales. Que de allí parten y que allí llegan. Y el enclave sobre una gran roca que al Tajo obliga a detener su paso en la vega que a aquélla precede, primero; a correr a un largo abrazo, después, y, finalmente, a demorarse para no olvidar, pues no puede, el abrazo perdido.

Y Toledo sigue arriba, mirándose en el río y viendo cómo la vida pasa a sus pies. Larga vida de asentamientos y poblamientos remotos, de civilizaciones, colonizaciones y posesiones de tantos y tantos que, desde la Prehistoria, han pasado y posado en y sobre su solar. Un solar arriscado y difícil; difícil de conseguir y luego fácil de mantener.

Porque quien a él llega, se queda, no se marcha. Y si tiene que irse, casi siempre a la fuerza, nunca lo olvidará. Pasarán las generaciones y la memoria de Toledo quedará, en las tradiciones familiares de los que lo poseyeron, como algo irrenunciable, como algo que permanece suyo, que les es debido. Esta es la esencia de la ciudad y de sus afortunados moradores, aunque lo hayan sido sólo por una vez.

Toledo es la señora del Tajo. Y el Tajo su esclavo. Y él lo sabe. Y por eso él corre y se detiene. Y suspira porque no puede olvidar a su señora, quien lo ostenta y lo detenta, lo domeña y lo domina.

* * *

Fue Toledo la ciudad que más sufrió en el desastre de la conquista musulmana y caída del reino visigodo.

Ella, la capital, la «urbs regia» de un reino violentamente hecho pedazos ante el avance de una tropa de arriesgados musulmanes, se vio inerme, desasistida, abandonada como un harapo por los que la señoreaban.

El hecho nos da la medida de la descomposición a que había llegado aquel flamante reino de un pueblo invasor, el visigodo, que, si alcanzó vigencia y perduración, menos de dos siglos, se debió al apoyo creciente de los invadidos hispanorromanos.

En Toledo quedó desasistida una población que fue quien recibió, soportó y asimiló al nuevo dueño y que también infundió el espíritu de independencia que allí luego se tuvo frente a Córdoba: no se podía olvidar, ni se resignaba a no ser la capital. Idea que es la motriz de la historia toledana bajo los musulmanes. Y también, de la de después, hasta recuperar, de hecho y de derecho, ser la ciudad jefe de España.

Lo cual, en la complejidad de la vida política actual, es perceptible aún hoy, cuando Toledo se nos muestra como el santuario donde se han decantado las mejores esencias de lo español, en su polifacética riqueza de manifestaciones culturales de todo orden. No hay duda posible: Toledo representa y manifiesta, mejor que nadie, todo nuestro rico y diverso pasado.

Nos toca ahora analizar lo que de época islámica allí nos queda. Que, por supuesto, se prolonga mucho más allá de la vuelta de los herederos de los godos a su renacida capital, merced a la continuidad que prestaron los antiguos cristianos sometidos: los tenaces mozárabes, quienes en Toledo han llegado hasta nosotros, gracias a la exención de tributos con que fueron honrados por abrir las puertas de la ciudad ante Alfonso VI y lograr, mediante pacto, su entrada pacífica, evitando la violencia de la conquista. No hubo «conquista, ni toma de Toledo» en 1085, sino la tranquilidad de la paz pactada por ambas partes.

Otro fenómeno de perduración que vino después, y en Toledo tiene especial importancia, es el del *mudéjar,* de signo contrario al del *mozárabe:* éste es el cristiano sometido al musulmán; aquél, el *mudéjar,* es el musulmán que se somete al cristiano que avanza. Dos actitudes de signo contrario que, con su trascendencia y expresiones culturales de orden jurídico, lingüístico, social y de arte, matizan y explican la complejidad de nuestras Alta y Baja Edad Media.

Algo nos queda de los mozárabes toledanos: algunos códices, numerosas escrituras notariales redactadas en árabe, inscripciones funerarias, y su maravillosa liturgia, compendio y perduración de la hispano-visigoda. De su arquitectura también algo se puede rastrear en varias iglesias que fueron y algunas son, todavía hoy, parroquias de los mozárabes.

De algunos de los restos mudéjares, tan abundantes en Toledo, hablaremos más tarde, pues antes nos toca ver lo más sobresaliente que de época musulmana aún existe.

La ex-ermita del Cristo de la Luz añadió para formarse, además de una leyenda maravillosa, un ábside mudéjar a una pequeña mezquita, la que llamamos de Bab al-Mardón, por estar contigua a la puerta de la muralla de ese nombre y que es la principal de las mezquitas toledanas que aún existen. Es un recinto cuadrado de ocho metros escasos de lado y que, a pesar de su pequeñez, es admirable por su disposición, tanto en planta como en alzado. Tres tramos de tres vanos que se entrecruzan, dan lugar a doce arcos de herradura, que se apoyan en los muros perimetrales y en cuatro columnas centrales, de fustes y columnas reaprovechados, lo mismo que otros materiales, sobre todo de las partes bajas de los muros. Los nueve compartimentos que resultan del cruzarse de las arquerías se cubren por nueve bóvedas de nervios de tipo cordobés, cada una de un modelo diferente; van sobre cuerpos de luces, el de la central doble, y por ello más alto, todos con ventanas muy diversas las unas de las otras.

De ello resulta un edificio singularísimo y único en la arquitectura islámica española y cuyos modelos son iglesias bizantinas extendidas desde Asia Menor a Italia y Sicilia; las proporciones son muy esbeltas, pues el alto en el tramo central es casi seis veces su ancho y casi cinco en los ocho restantes. Si desconocemos el nombre antiguo de esta mezquita, sí sabemos el de su autor, Muza el hijo de Alí, y la fecha de la construcción, diciembre de 999; según consta en la inscripción de ladrillo recortado que corona su fachada lateral, cuyo principal ornato consiste en una serie de arcos de herradura entrecruzados, también de aire muy mediterráneo.

En resumen, nos encontramos con un edificio en que lo nuestro, las cúpulas de nervios y la alternancia de color de las dovelas de algunos de sus arcos se mezclan a elementos foráneos como la disposición en planta de cruz griega, la forma del uso del ladrillo, parte de la decoración, que nos llevan al oriente mediterráneo. Pero todo ello hará escuela en el mudéjar.

De los palacios que los Banu Dil Num, los reyes taifas toledanos, tenían en la ciudad, además de las descripciones elogiosas de poetas y cronistas, subsisten algunos elementos decorativos en el mármol, repartidos por museos, que confirman con su arte las descripciones aquéllas.

Tal vez el único resto arquitectónico aún hoy en pie pueda ser la capillita de Belén, dentro del antiguo convento de Santa Fe, solar probable de un recinto romano y seguro de palacios urbanos de época goda y musulmana. Es de planta ochavada, de 3,40 metros de eje, y se cubre por bóveda de arcos cruzados, semejante a las laterales a la del mihrab de Córdoba, y pudo ser un pequeño oratorio del palacio, bien de época taifa, o, dada la persistencia en Toledo de musulmanes mudéjares, un trasunto tardío de modelos anteriores y pertenecer ya a época posterior.

Sólo nos quedan los topónimos de palacios de Galiana y Huerta del Rey, para lugares, casi siempre de propiedad real, que ocuparon los celebradísimos por historiadores y poetas, palacios de los Taifas toledanos, entre los que era renombrado el de La Noria, en la Vega. Lo que hoy queda es ya mudéjar del siglo XIV, pero conserva restos de norias y artificios para elevar aguas del próximo Tajo que servirían no sólo para regadío, sino también para el famoso pabellón de cristal en el que el agua, elevada, al resbalar sobre la bóveda, formaba una pared transparente que se irisaba con las luces que allí dentro se encendían, y que fue uno de los atractivos de aquel palacio, cuyo señor y rey, al-Mamún, era tan amigo de Alfonso VI. Este lo conoció bien en su prolongado exilio toledano, cuando huyó de su hermano Sancho. De este palacio nos dice el cronista:

«El salón de la almunia de la Noria de Toledo era la culminación de todos los deseos. Brillaba como el sol en el horizonte y la luna en la mitad de la noche; las flores fragantes bebían mañana y tarde en las aguas del río; las aceñas gemían...; el aire perfumaba con ámbar la lluvia; el jardín había sido bordado por el rocío y los leones abrían su boca y babeaban. Ibn al-Sid dijo:

¡Oh, qué paisaje! Si miras su belleza, te recordará
la del jardín del Paraíso.
La tierra es almizcle, el aire ámbar,
las nubes, incienso, la lluvia, agua de rosas.
El agua, lapislázuli en el que arrojasen
perlas las bocas de los leones...»[7].

Otra pequeña mezquita, ya de época mudéjar, es la llamada de Las Tornerías. Es una copia simplificada de la de Bib Mardón; de sus nueve bóvedas solamente la central es de nervios, dividida en otras nueve pequeñísimas, por dos parejas de nervios paralelos; los espacios que resultan son nueve modelos diferentes de bóvedas de nervios de tipo cordobés, pero casi de juguete.

* * *

En Toledo existió desde época muy antigua, por lo menos desde la visigoda, si no antes, una comunidad importante de judíos sefardíes que contribuyó en gran manera al desarrollo económico de la ciudad, favorecido por la situación central de ella en la red de caminos y antiguas vías romanas. El Toledo medieval comerciaba con minerales, hierro sobre todo, armas, maderas y tejidos preciosos, plantas aromáticas —su azafrán era muy apreciado—, objetos de lujo, algunos de ellos producto de importación, como atestiguan algunos hallazgos.

Prohibido a los cristianos por la legislación el lucrativo comercio del préstamo a interés, recayó éste en manos judías, y, a veces, también la recaudación de impuestos y diezmos eclesiásticos, los cuales se subastaban al mejor postor. Todo ello hizo que la comunidad toledana fuese muy próspera y numerosa, de modo que, a fines del siglo XIV, ocupaba un barrio muy extenso a poniente de la ciudad, y que necesitase para su desarrollo especulativo y espiritual disponer de cinco madrisas —colegios mayores de estudios rabínicos— y diez sinagogas, perdidas muchas de ellas en los trastornos y desórdenes de 1391. De ellas se conservan dos de trascendencia y renombre universal: la llamada de Santa María la Blanca, seguramente la Sinagoga Nueva de los documentos, y la mandada construir por el príncipe Samuel ha-Leví, conocida hoy como la del Tránsito.

La Sinagoga Nueva fue edificada por Yosef ben Susan a fines del siglo XII. De apariencia exterior modestísima, nada prenuncia lo que es su interior. La entrada actual no es la primitiva, y se hace por lo que fue la galería de las mujeres, hoy derruida. La planta es basilical, de cinco naves, la central más ancha y más alta que las restantes. Se ordena por arquerías de herradura sobre pilares ochavados. Toda la

Fotografías

20. Toledo: Santa María la Blanca (antigua Sinagoga) (p. 93).
21. Toledo abrazado por el Tajo (pp. 94-95).
22. Mezquita del Cristo de la Luz (p. 96).
23. Típico patio hispano-árabe (p. 97).
24. Paisaje: La campiña donde «por el amarillo rojizo de los trigales se ve correr la brisa suavemente» (Azorín) (pp. 98-99).
25. Detalle decorativo del Palacio de los Taifas toledanos (p. 100. Dibujo).

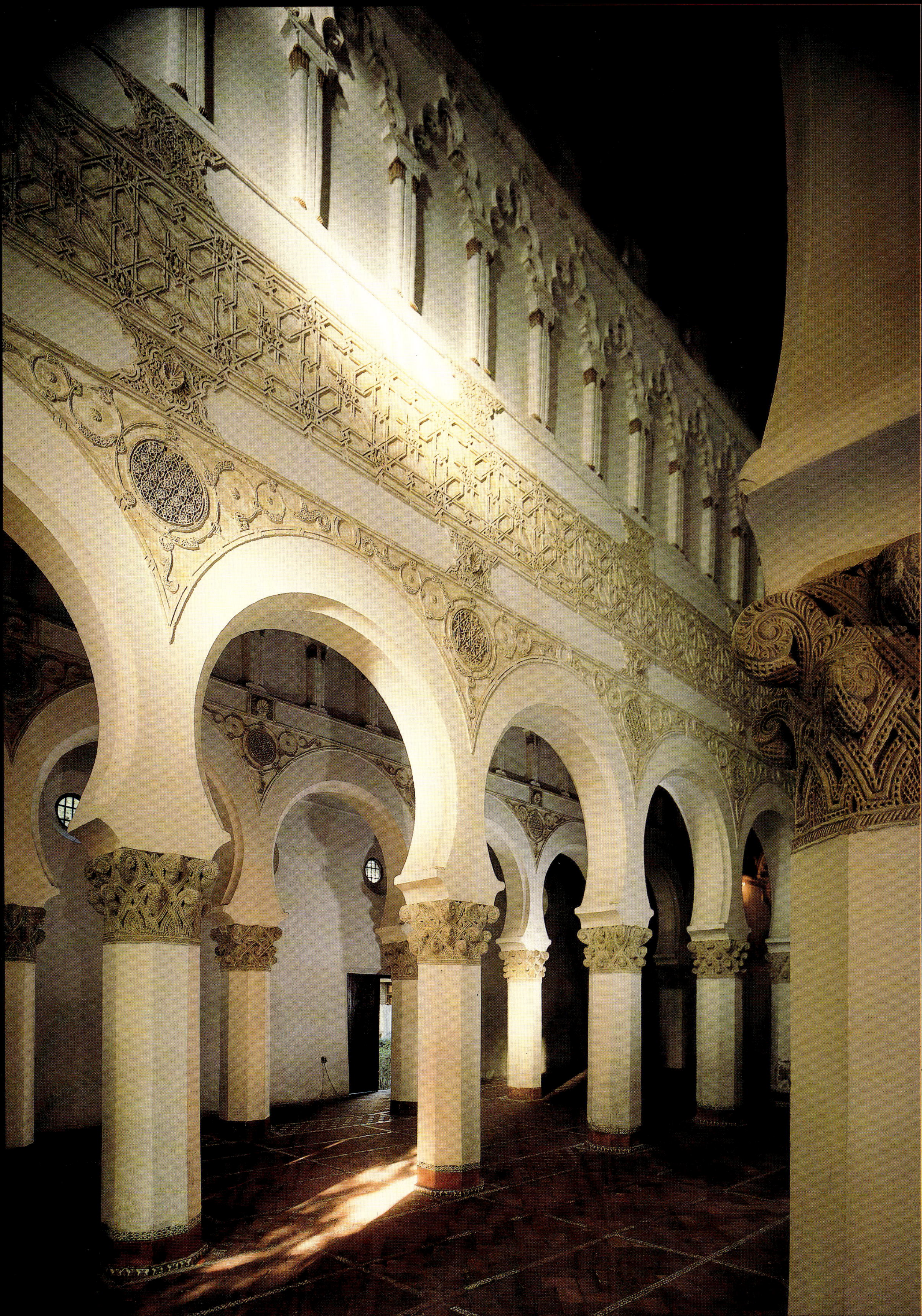

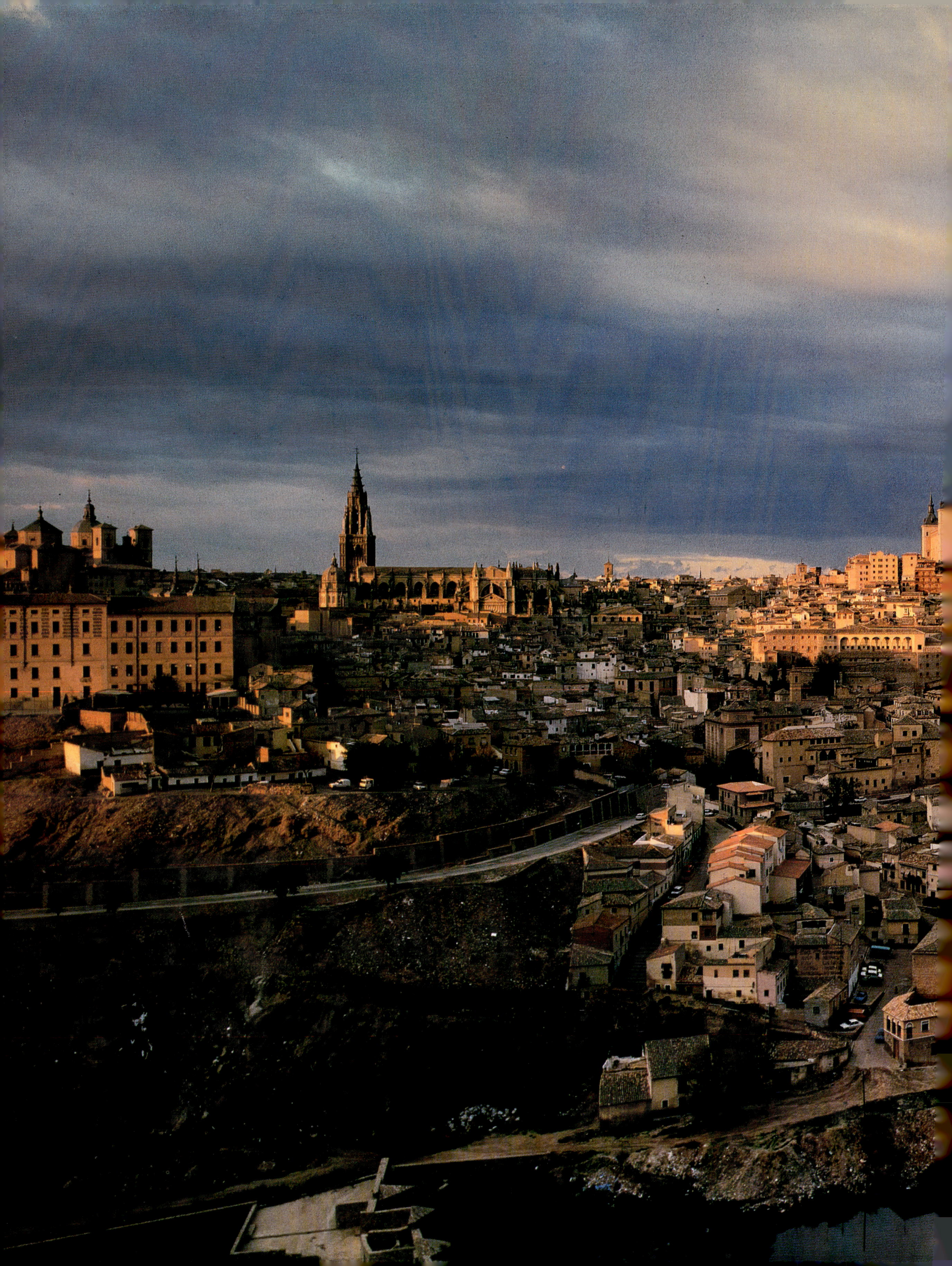

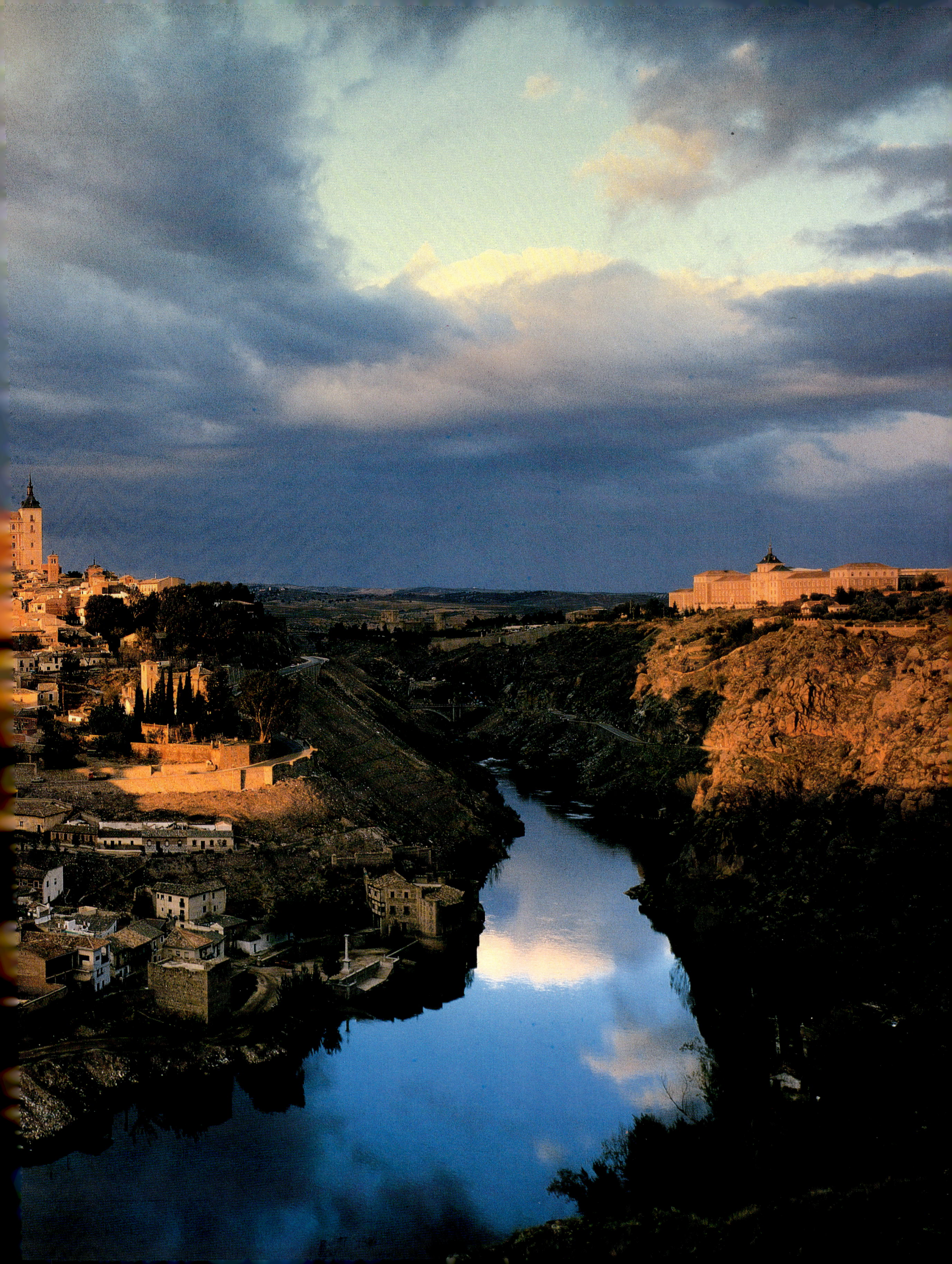

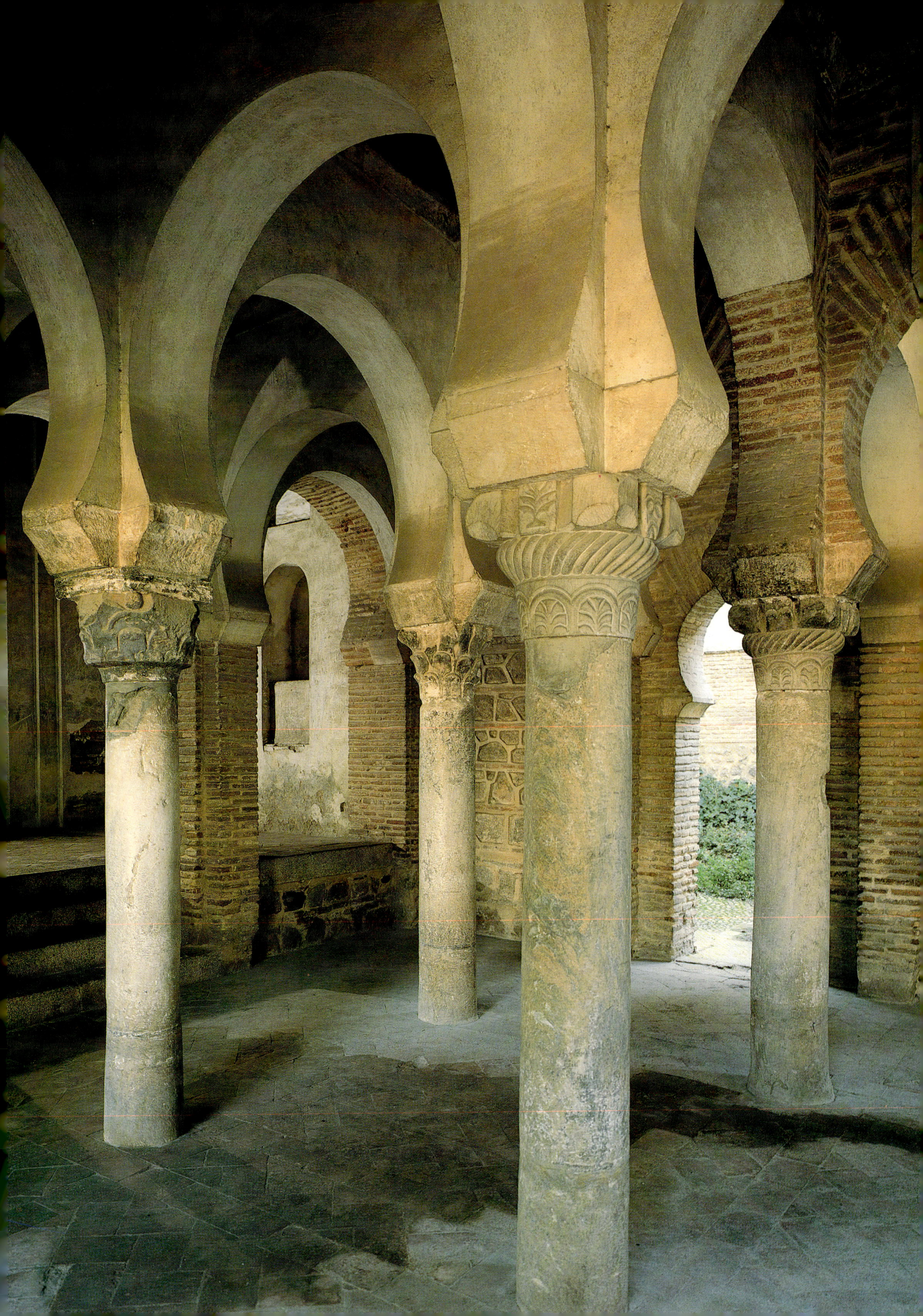

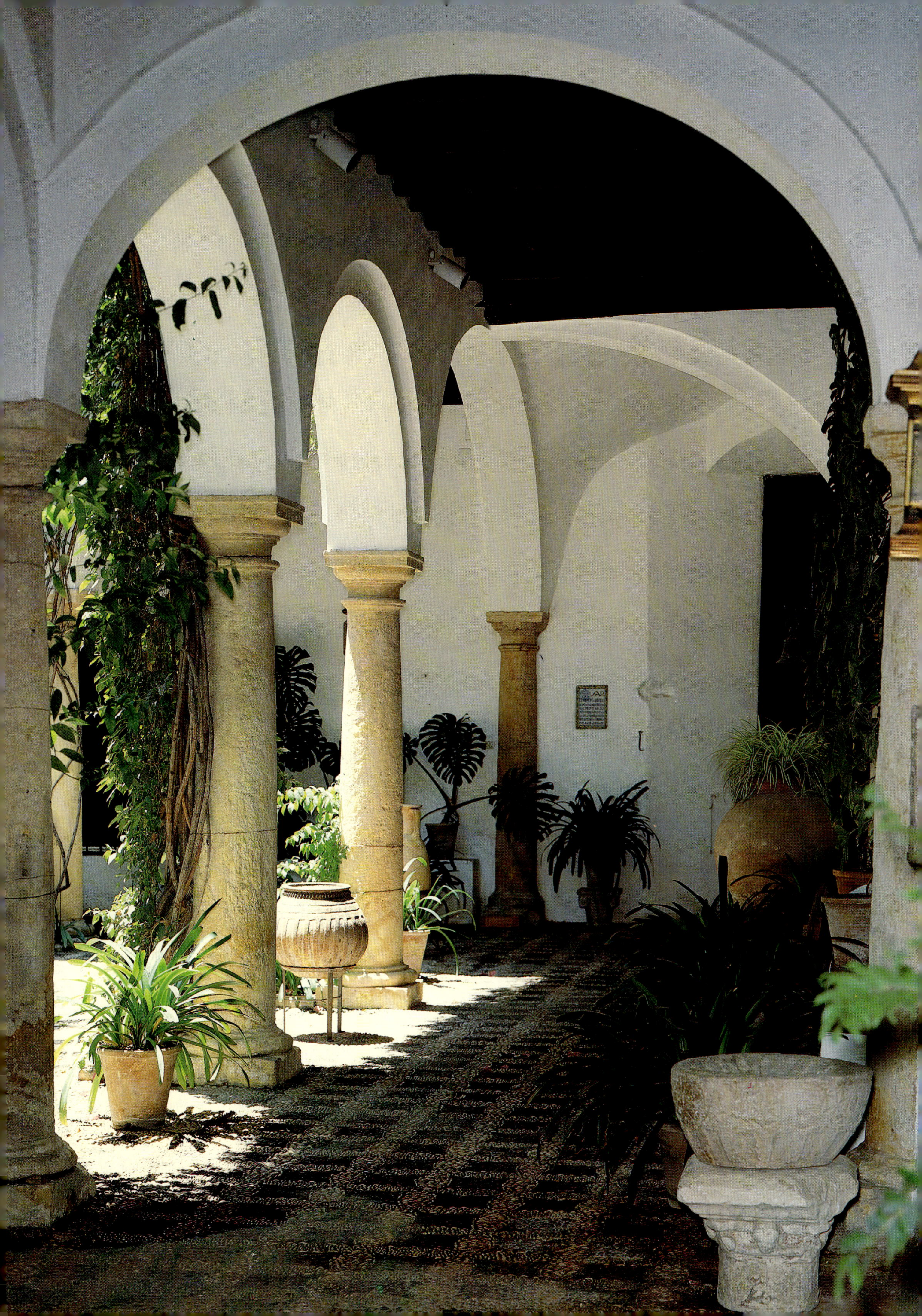

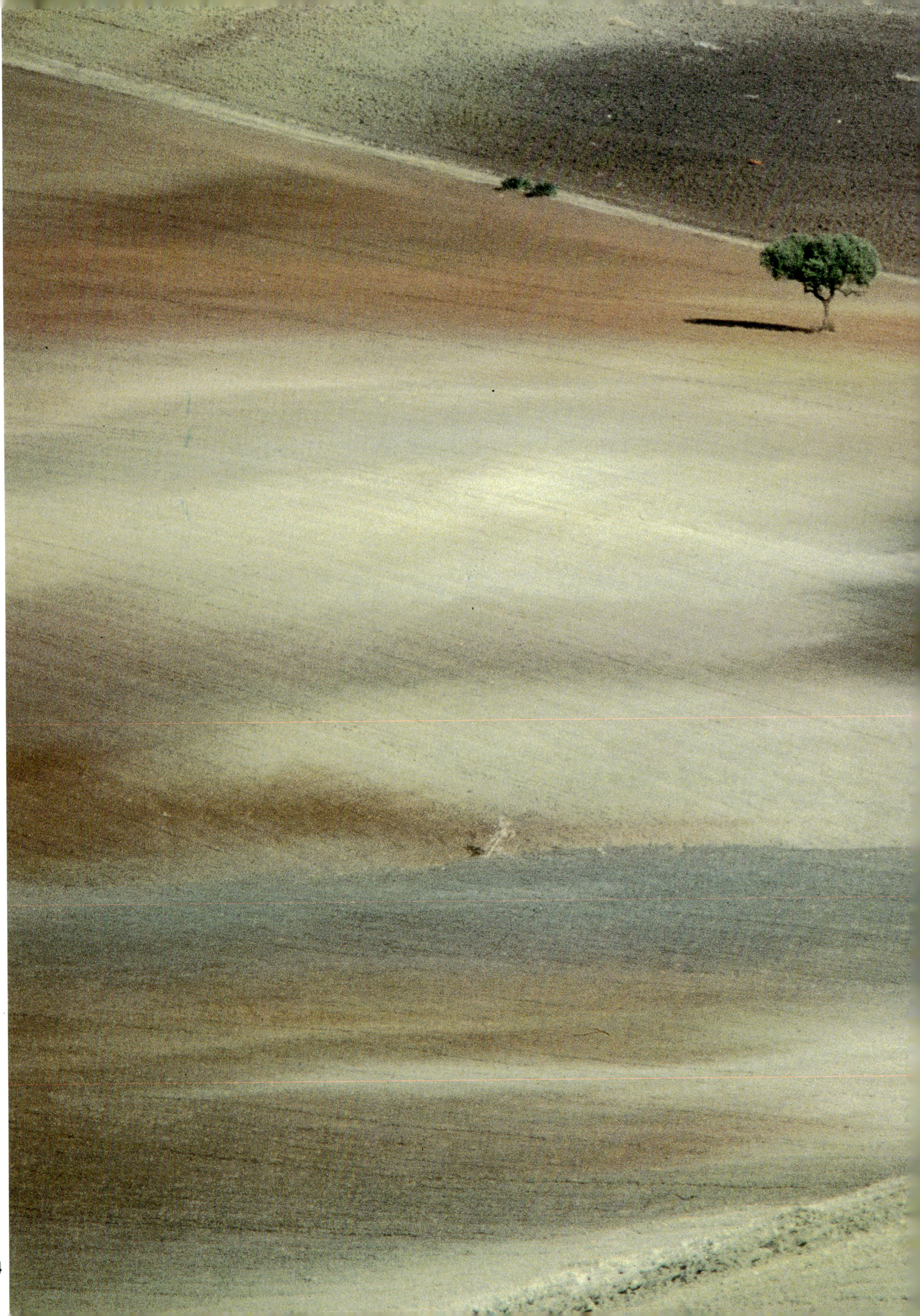

25. Detalle decorativo de una jamba del Palacio de los Taifas toledanos (de *Ornamentación mudéjar toledana*, por Manuel Gómez Moreno).

← Fotografías 22, 23 y 24 (doble)

obra es de ladrillo enlucido y encalado, como fue siempre lo mudéjar, pese a la moda actual de ciertos restauradores empeñados en desvirtuar su estética por pruritos intelectos de mostrarnos estructuras que se concibieron para no ser vistas.

Recibía la luz por una serie de ventanas que se dispusieron en lo alto de cada nave, aprovechando sus diferencias de altura y que hoy están cegadas por ser muy distintos los tejados de los primitivos. Con todo, la impresión de infinitud e irrealidad son tales que desaparece la sensación de pequeñez y modestia exteriores. Unese a ello la sorprendente e innegable novedad de sus capiteles, con su riqueza decorativa en contraste con la limpia desnudez de los encalados arcos y pilares. La elegante sobriedad decorativa, junto a la creatividad insólita, hacen que esta sinagoga sea uno de los monumentos capitales de nuestro más genuino arte medieval.

La otra sinagoga toledana es todavía más célebre, por ser la que mandó construir en 1357, don Samuel ha-Leví, el famoso ministro de Hacienda del rey don Pedro. También de apariencia externa modesta, se presenta como un cuerpo de planta rectangular con muros de mampostería y ladrillo y cubierto por tejado a cuatro aguas. Un pequeño zaguán da entrada a la fastuosa e inesperada sala de oración, ideada como la de recepciones de un gran palacio: la del Rey Sumo y Todopoderoso.

De entre las numerosas inscripciones tomadas de las Santas Escrituras que enmarcan las decoraciones de esta sinagoga, recogeré este salmo 122, que decora parte de la tribuna de las mujeres:

Me alegré cuando me dijeron: Iremos a la casa de Yahveh.
Ya se posan nuestros pies, Jerusalén, en tus puertas.
Jerusalén, construida cual villa de trabado caserío.
Allá ascienden las tribus, las tribus de Yah, según ley de Israel
por dar gracias al nombre de Yahveh.
Pues allí están los tronos para el juicio,
los tronos de la casa de David.
Pedid la paz para Jerusalén: gocen prosperidad tus amadores.
Reine la paz dentro de tus murallas,

y la prosperidad en tus palacios.
Por mis hermanos y mis compañeros, diré, pues:
Reine paz dentro de ti.
Por la morada de Yahveh, Dios nuestro, todo bien para ti yo pediré[8].

* * *

Al hablar de Toledo y de la coexistencia pacífica de comunidades de orígenes muy diversos, fenómeno socio-político y cultural que en ella se dio como tal vez en parte alguna, no podemos olvidar a los repobladores que se fueron allegando después de 1085. Los más importantes, naturalmente, ocuparon los sitios mejores en la ciudad vieja, pero otros llegados bien desde las cercanías —mozárabes de los lugares, vecinos—, bien desde puntos lejanos peninsulares o europeos, —éstos fundamentalmente francos—, apoyados en las facilidades que Alfonso VI alentó con su política europeizante, se asentaron fuera de las murallas más antiguas, en las partes más bajas y cercanas hasta constituir un nuevo arrabal. Este tuvo sus murallas propias y sus iglesias propias.

La perla de estas iglesias y la mejor y mayor de las mudéjares toledanas es la de Santiago del Arrabal: es una pequeña catedral de ladrillo, sencilla y elegantísima, que ha sufrido de excesivas limpiezas y que si tiene ciertos influjos góticos, la ausencia absoluta de canterías y la perfección en el manejo del ladrillo y la madera, no dan lugar a dudas de que sus alarifes fueron mudéjares al servicio de sus nuevos señores y sus necesidades. Bien lo atestigua la torre exenta que, con su apariencia de alminar de mezquita, ha despertado filiaciones insólitas e inadecuadas. Nos despediremos de Toledo con unas palabras del maestro Gómez Moreno, buena cita de esta ciudad en su época medieval:

«Conquistada por Alfonso VI en vísperas de tocar su decadencia definitiva la España islamizada, en 1085, transformóse de pronto en cabecera del reino cristiano más espléndido de Occidente. Allí la rudeza castellana se afinó al

choque de tradiciones, que harían revivir en deseo el antiguo poderío visigodo, y bajo el incentivo de lujos y refinamientos nunca gustados de cristianos por acá; el amor a la vida con todos sus goces desató una fuerza de superioridad desbordante, como satisfecha de sí, y abrióse un ciclo de convivencias entre latinos y arabizados, al que sirvieron de estímulo y nexo los mozárabes, allí poderosos, y, con más eficacia, tal vez, los judíos. Toledo se constituyó así en una Alejandría occidental durante los siglos XII y XIII»[9].

Motivo decorativo toledano de enjutas.
(*Arte toledano*, de Basilio Pavón).

GRANADA

*¡Abenámar, Abenámar
moro de la morería.*

....

*¿Qué castillos son aquéllos?
¡Altos son y relucían!
—El Alhambra era, señor,
y la otra la mezquita;
los otros los Alijares,
labrados a maravilla.*

....

*El otro Torres Bermejas,
castillo de gran valía;
el otro Generalife,
huerta que par no tenía.
Allí hablara el rey don Juan,
bien oiréis lo que decía:
—Si tú quisieras, Granada,
contigo me casaría;
daréte en arras y dote
a Córdoba y a Sevilla.
—Casada soy, rey don Juan,
casada soy, que no viuda;
el moro que a mí me tiene
muy grande bien me quería.*

ROMANCE MORISCO

Bien supo el anónimo romanceador dar con la clave de Granada. Los musulmanes nazaríes bien quisieron a su ciudad, pues aún hoy se le nota que fue bien querida, bien amada, bien mimada.

Porque si no hubiera habido mimo, amor, dedicación cariñosa, no hubiera existido, ni hubiera llegado hasta nosotros aquella encumbrada ciudadela que puede competir con otra a la que llamamos la Acrópolis. Ambas, la ateniense y la granadina, son los dos polos del eje sobre el que gira la cultura mediterránea de casi tres milenios.

Las dos resumen lo mejor de Occidente; en las dos se entremezclan lo propio, lo autóctono con lo mejor que Oriente tenía en cada uno de los momentos que una y otra compendiaron. Atenas, Granada. Cifras y expresión de una misma y sola cultura.

Allí se exponen los presupuestos; aquí se recogen las conclusiones. Y en medio se desarrolla el encadenado silogismo que nos lleva de una a otra. Si Atenas pronuncia axiomas y teoremas, Granada les da cima y nos ofrece quintaesencias.

Por eso nuestra época, de abstracciones artísticas e intelectuales, ha comprendido tan bien lo que Granada es: la última consecuencia de un proceso depurador que se hace filosofía pura, abstracción perfecta. Pero sin alquitararse, sin perder un ápice de humanidad, de comprensión amorosa por todo lo sensible.

Y así el mármol, definición perfecta de la forma, se reviste de agua que sobre él resbala, para confundirse con ella y llegar a no saber quién es el sólido y quién es el líquido. No se puede llegar a más.

Y la geometría euclidiana tan extensa, tan natural, elevándose más y más, en Granada se convierte en la suma expresión de la infinitud divina. Que no otra cosa son las abstractas composiciones geométricas a las que llamamos lazo, y cuyo entendimiento es llegar a la

Fotografías

26. Granada: La Alhambra y la Vega desde el Generalife (p. 109).
27. La Alhambra y Sierra Nevada desde la placeta de San Nicolás en el Albaicín (pp. 110-111).
28. La Alhambra: Patio del Cuarto Dorado y la Fachada de Comares con fuente agallonada (p. 112).
29. La Alhambra: Patio de la Alberca y Torre de Comares desde el Palacio de Carlos V con su imagen reflejada en el estanque (iluminación nocturna) (p. 113).
30. La Alhambra: una de las alcobas del Salón de Embajadores (p. 114).
31. La Alhambra: Patio de la Alberca desde la Sala de la Barca (p. 115).
32. La Alhambra: vista del Albaicín desde el trono de Yusuf I en el Salón de Embajadores (p. 116).

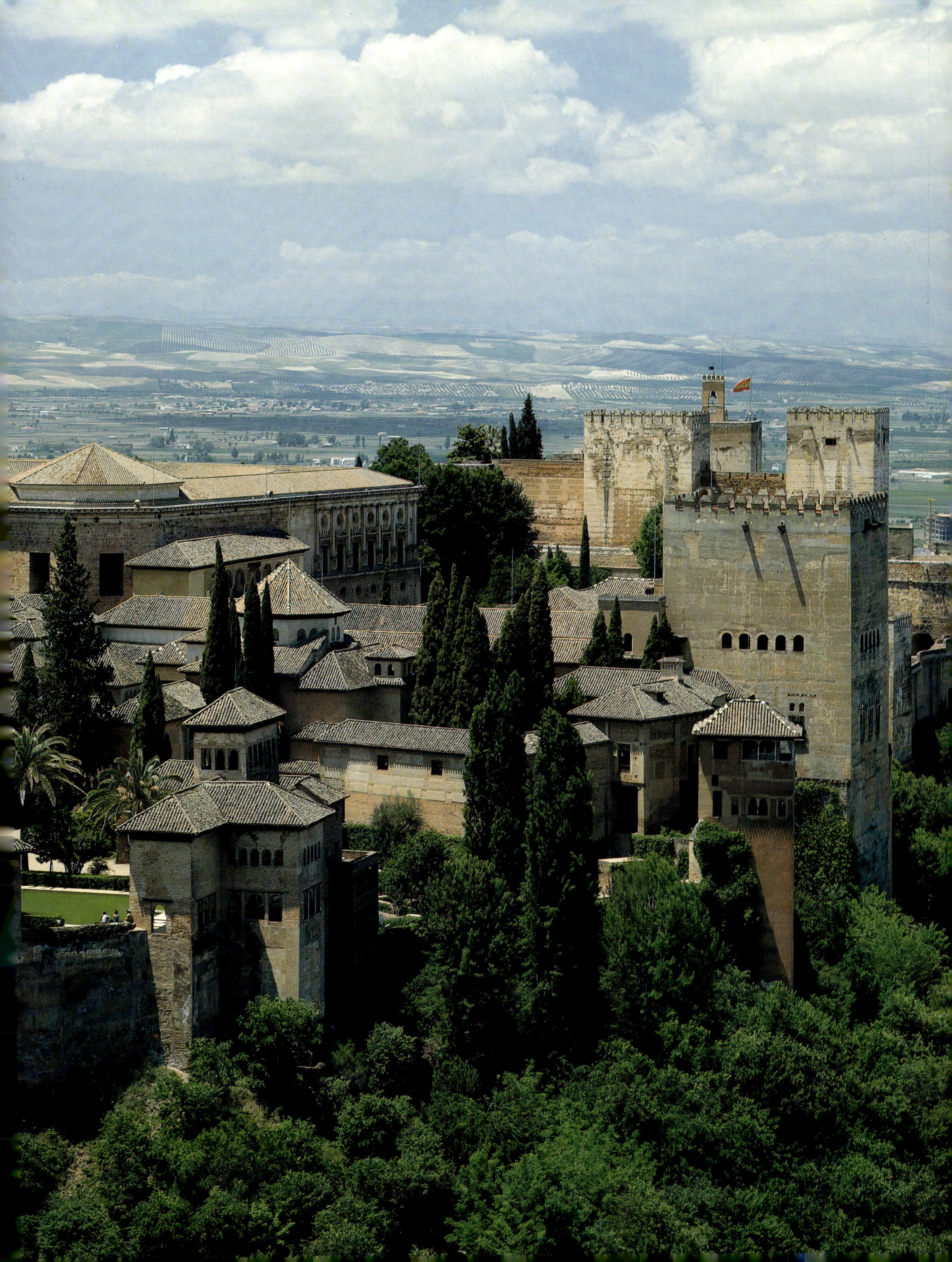

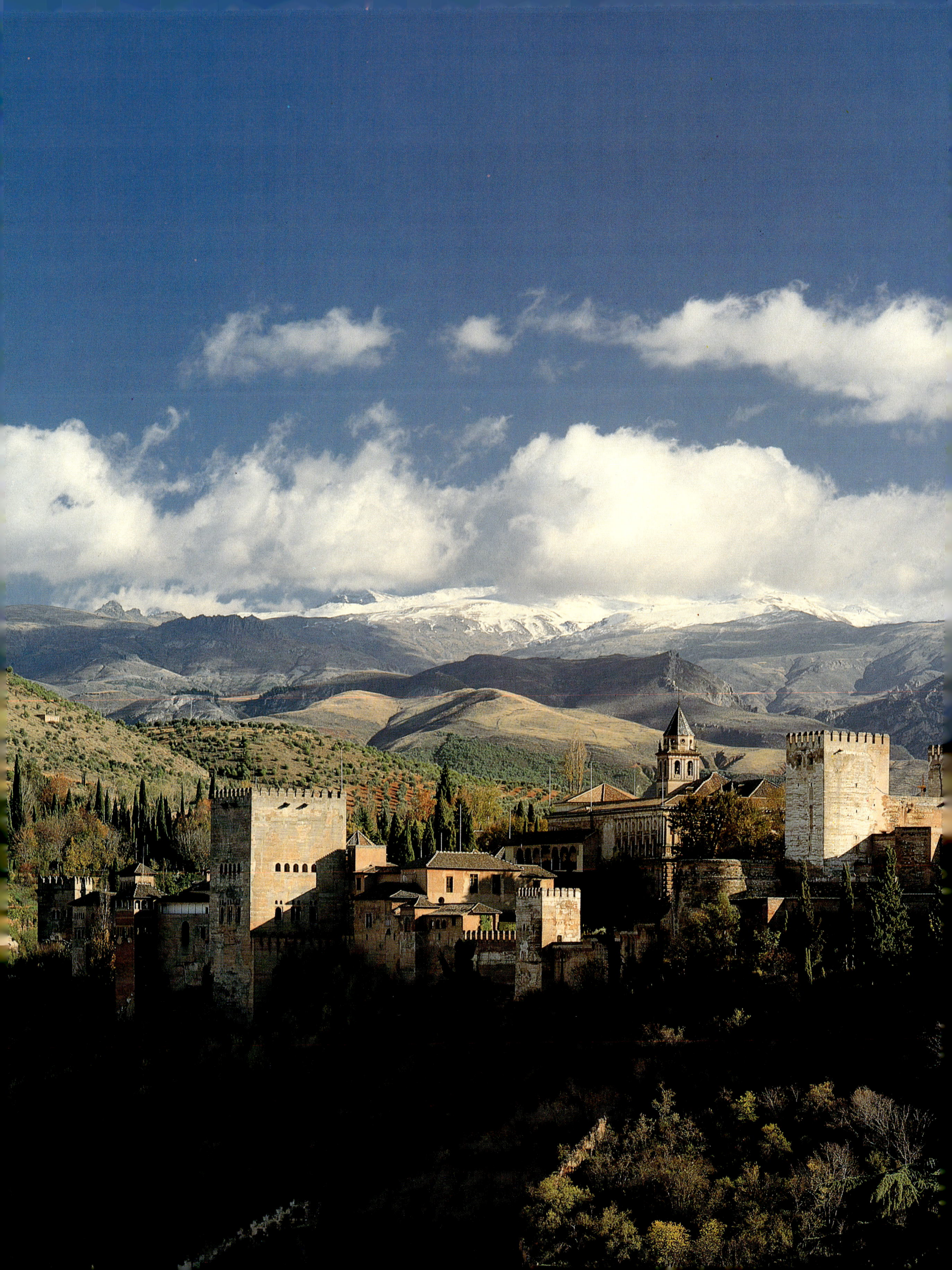

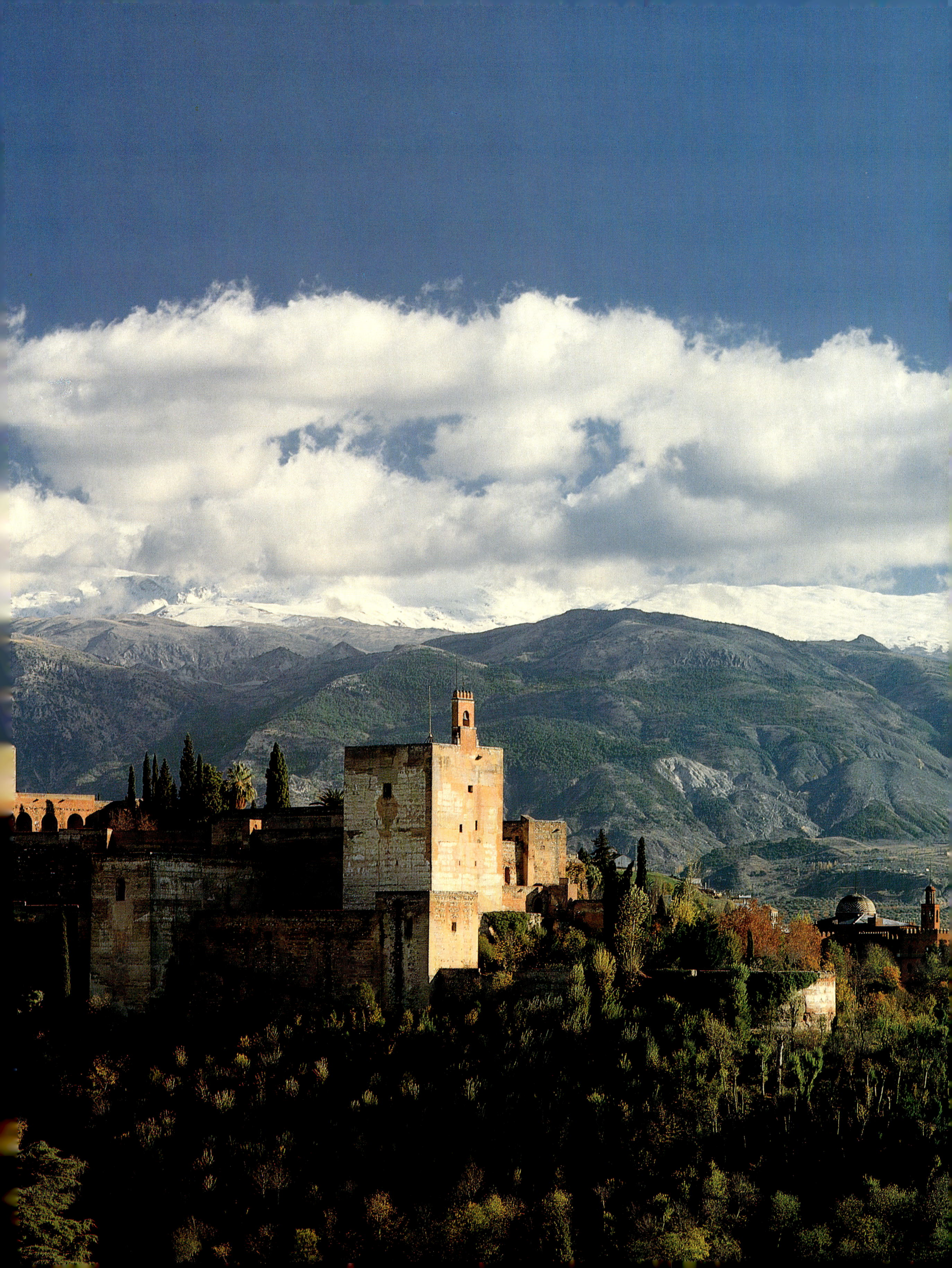

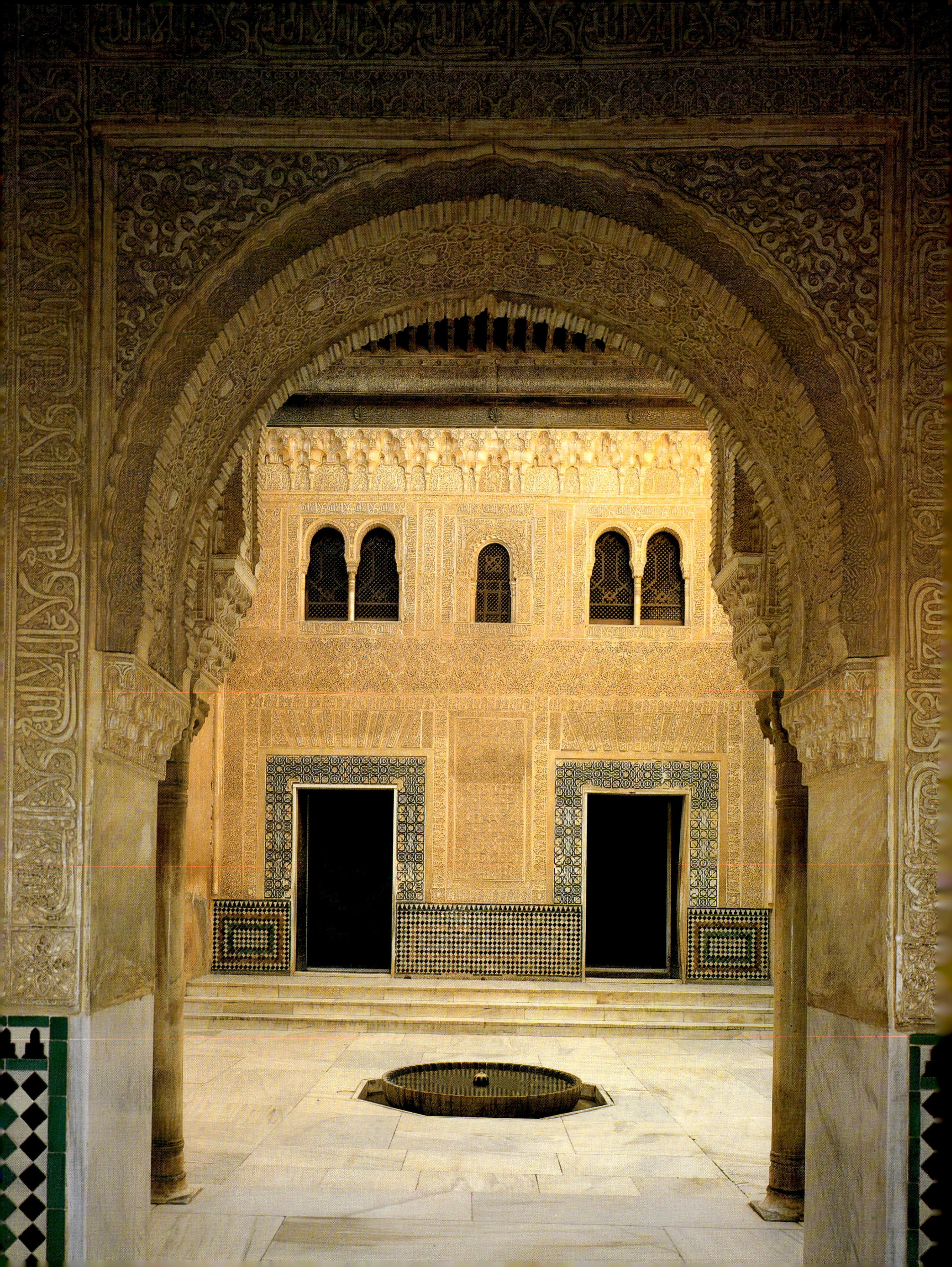

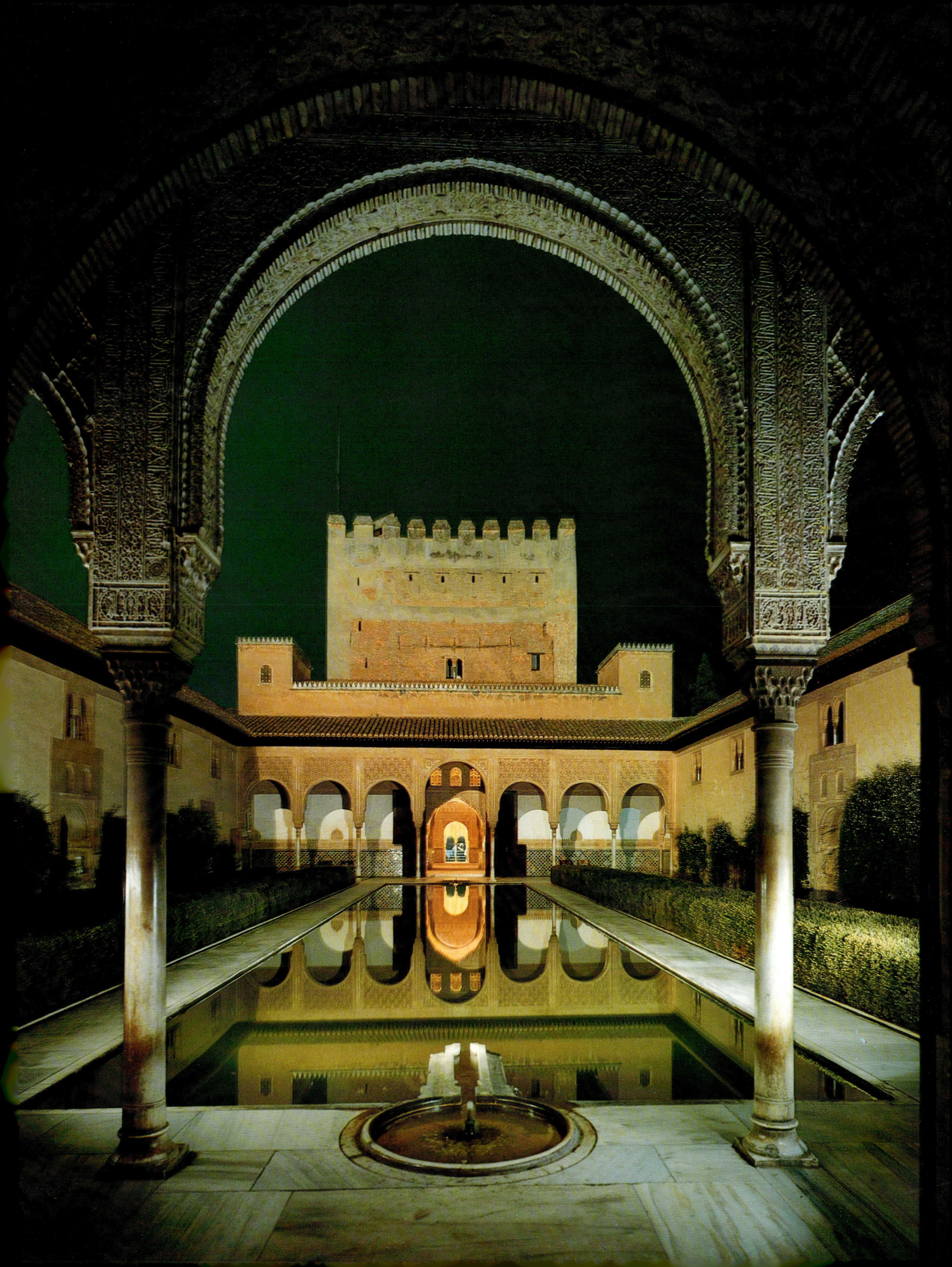

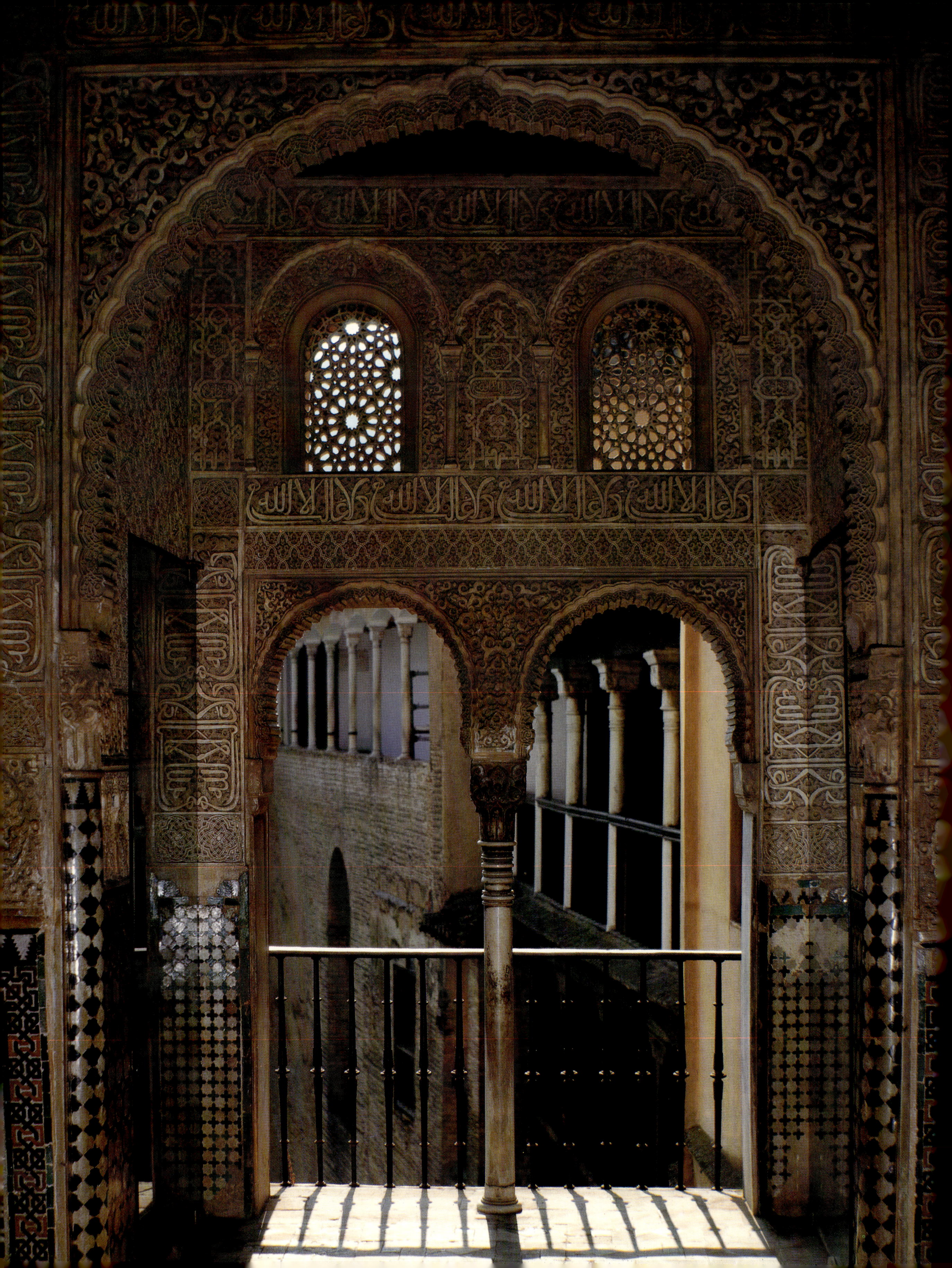

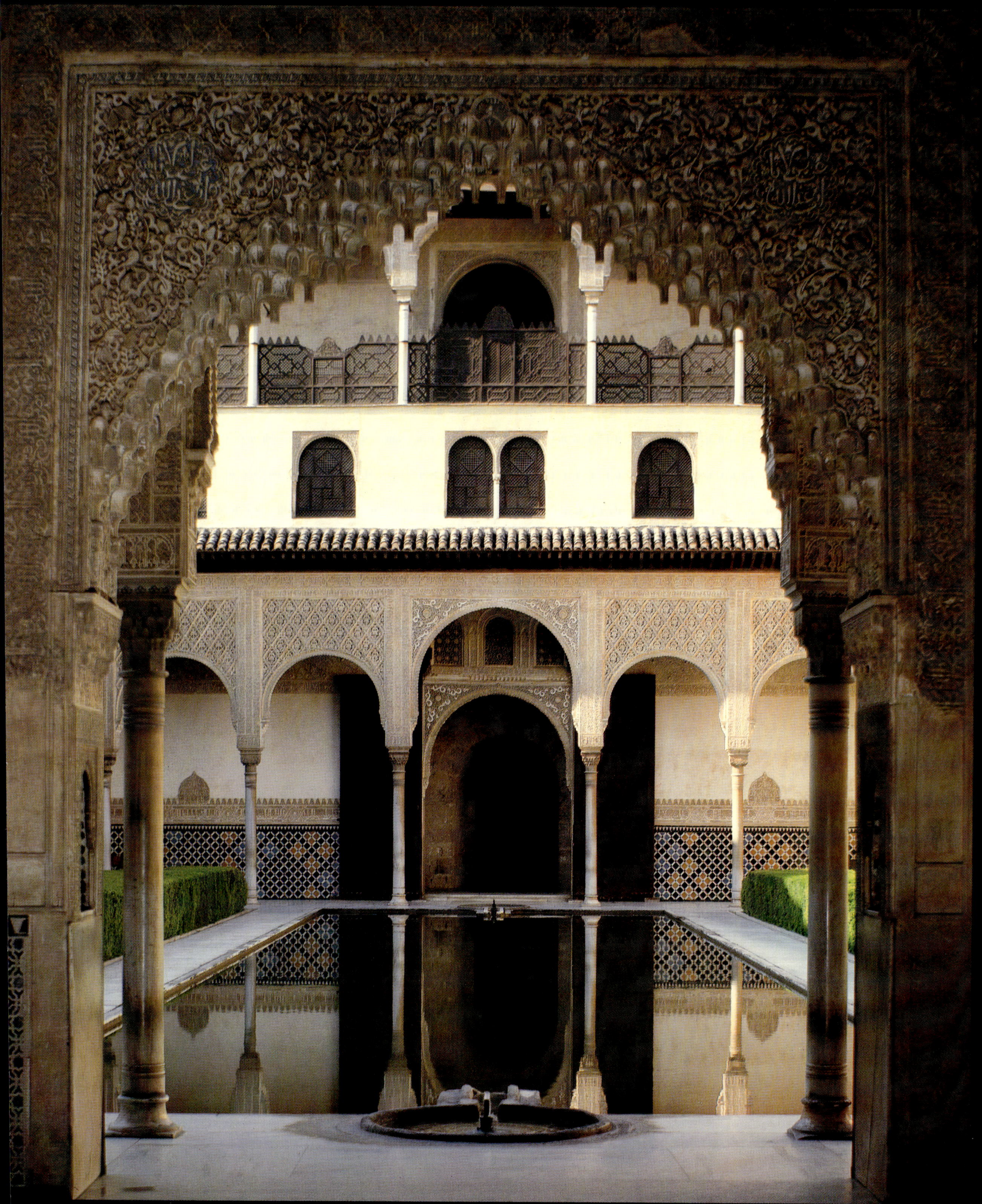

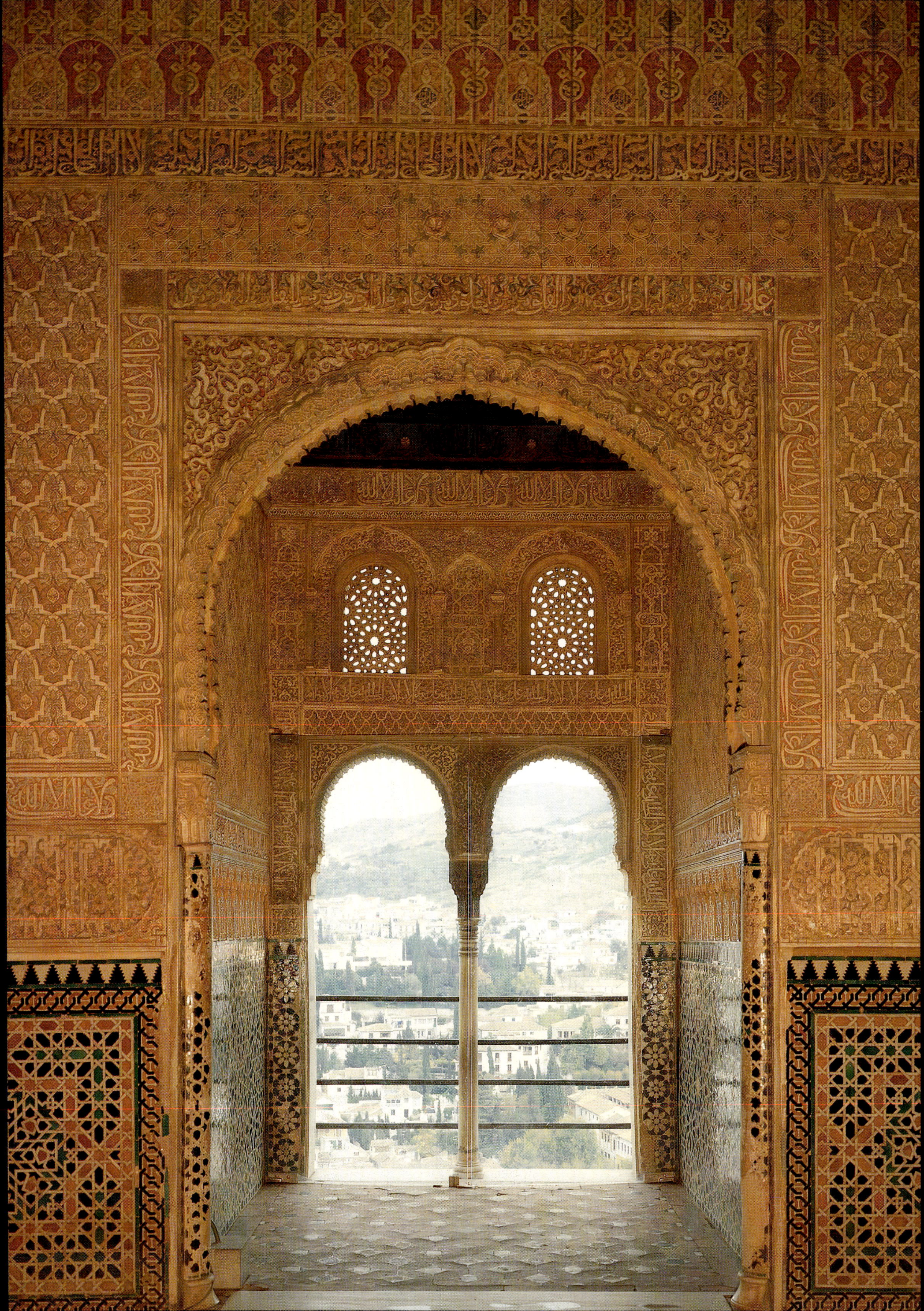

identificación más íntima con el Ser Supremo en la contemplación beatífica.

* * *

El origen y situación política del recién creado —1238— reino granadino quedaban bien definidos en el testamento de San Fernando. Le dice a su hijo Alfonso: «Señor, te dejo de toda la tierra de mar acá que los moros ganado ovieron del rey Rodrigo; et en tu señorío finca toda: la una conquerida, la otra tributada.»

La lucha de Granada por dar o no dar los tributos, «las parias» debidas al reino de Castilla, condicionaron las relaciones de ambos reinos durante los dos siglos y medio de existencia del reino nazarí. Y fue, en última instancia, el motivo aducido, aunque hubiese también otros, y no los menos importantes, para conseguir su desaparición.

La habilidad de los reyes granadinos para mantenerse en el difícil equilibrio de ser tributarios, y, a la vez, independientes durante doscientos cincuenta y cuatro años, es prueba solidísima de su saber político y diplomático aprovechando minorías, fomentando disensiones, ayudando a rebeldes. Y también resistiendo a las debilidades propias, a los altibajos de una dinastía, en la que la ambición y deseo de poder condujeron a perfidias y crímenes incesantes, y a los manejos, presiones e ingerencias de sus correligionarios y vecinos del Sur, los norteafricanos meriníes.

No hay que olvidar el papel que jugaron los súbditos: éstos componían un pueblo industrioso, trabajador y frugal, consciente también de que lo que estaba en juego era su propia supervivencia como nación independiente, la cual él podía lograr, utilizando su inteligencia y su saber para contrarrestar la fuerza y el poder de sus contrarios. Tampoco hay que imaginarse las relaciones entre unos y otros, como un estar constante en pie de guerra, siempre en vigilia y con las armas en la mano. Tenemos la propensión a verlo todo y a

← Fotografías 30, 31 y 32

todos como separados por telones de acero infranqueables. Doscientos cincuenta y cuatro años, los que van de Enrique IV a Felipe V, o los de éste al Mercado Común, son muchos y en ellos pueden fácilmente existir diez generaciones.

Existió, además, el gran incentivo de poseer y usar los objetos preciosos que Granada producía como sedas, alfombras, muebles, joyas, perfumes, armas exquisitas; de imitar su música, su indumentaria, su modo de vivir. A esta luz hemos de ver la comunicación entre los dos pueblos, el influjo en la arquitectura, la indumentaria, los modos de vivir de los castellanos quienes si recibían el oro de los tributos, que su trabajo les costaba a los granadinos darlo, bien se lo devolvían en pago de tanta cosa deseada y obtenida. Y si en Castilla se puso de moda «vestir a la morisca», en Granada también fue elegante el vestir y tener fiestas como los cristianos. De ello quedan ejemplos, y alguno veremos.

* * *

Altos eran «y relucían», de lo enjalbegados que estaban, los palacios de la colina roja, desde las huertas afuera de Granada para el rey don Juan II, en aquella mañana de junio —tan de romance—, del año de 1431. Cuando el infante Abenalmao de la crónica, nuestro Abenámar, pasó al real castellano para pedirle ayuda al rey y recibir el trono nazarí que pretendía y ser rey él también. De allí a pocos días, tras la batalla de la Higueruela, lo fue como Yúsuf IV. ¡Qué nos hubiera dicho el buen rey don Juan si, en vez de volverse a Córdoba, se hubiera subido con Abenámar, para celebrar el triunfo juntos, a la Alhambra!

Para entonces estaba ya en ella todo construido, mucho más de lo conservado, con ser esto tanto. Pero no subió y de sus impresiones tan sólo nos quedó la del romance: «¡Altos son y relucían!» Hubiéramos tenido, tal vez, un testimonio inapreciable, el de un rey tan sensible a los fenómenos estéticos ante las maravillas de aquellos palacios...

* * *

Antes que él otro rey, el primer nazarí, Abu Abdallah al-Ahmar, Muhammad I, había subido un día de agosto de 1238, en el mismo año en que había obtenido el reino, había subido pacíficamente al cerro de la Sabica con ánimo de restaurar, para sí y para los suyos, la ciudadela roja, «al Hamra», destruida por los almorávides hacía tres cuartos de siglo.

Y eso fue lo que hizo: restaurar de nuevo una alcazaba que, luego, iría extendiendo su recinto hasta rodear y comprender dentro de sus murallas todo el alto de la excelsa colina.

Sus descendientes lo convirtieron en una pequeña ciudad para la administración del reino y también para residencia propia, llenando la meseta de palacios grandes y pequeños, oficiales, privados y domésticos; tomando las torres de la muralla como base de exquisitas y refinadas viviendas en las que arquitectura, decoración y ajuar se adunaron para expresar lo mejor de aquella civilización. En ella concurrían y se decantaban milenios de avances, logros y conquistas.

Por encima de rencillas, odios feroces y bajezas inenarrables, estos hombres supieron poner a su servicio, atraer hacia sí a los sabios más cultos, a los arquitectos más competentes, a los decoradores más selectos, para que les compensasen con sus excelencias de las dificultades, contrariedades y conflictos de su arriesgada, peligrosa y expuesta existencia. Y ellos supieron hacerlo, componiendo con los elementos más humildes cantos de insospechada belleza y elevándola a alturas pocas veces lograda, para dejarnos una herencia que no acabamos de comprender, porque todavía hoy, a la vez que nos deleita, nos supera.

Parece que todo allí se logró como jugando, como quien se divierte, se distrae y no hace nada; sin dar importancia a nada, porque nada, en definitiva, la tenía, si la vida misma se les podía ir de un momento a otro. A los de arriba en una sospecha, una insidia, una asechanza. A los de abajo porque el día menos pensado los moros norteafricanos semiconquistadores o los cristianos reconquistadores podían deshacerlo todo de un zarpazo.

Tal vez sea ésta una de las razones más íntimas, y, a la vez más poderosas, que expliquen el fenómeno, pocas veces repetido en la historia humana, de cómo se logra llegar al culmen por sublimación ante las situaciones imposibles de resolver y de dominar. Y ello sin descomponerse, gozando del presente ante lo incierto del porvenir. Y haciendo, sin embargo, cada uno lo suyo: los monarcas gobernando cuando podían y les dejaban, los guerreros resistiendo a los otros y a los unos, los diplomáticos derrochando sabiduría y astucia, y el pueblo trabajando para lograr recursos, pues así y con ello se sostenía todo y perduraban todos.

Una de las conquistas logradas en aquella trabajadora colmena que era el reino nazarí fue la accesión del humilde barro —uno de los elementos pobres con que allí se trabajó— a un puesto excelso en la arquitectura y la decoración. No ha obtenido la cerámica mayores resultados en muchas más ocasiones, decorando paramentos y pavimentos, haciendo las veces, y muchas a su favor, de vajillas y utensilios de oro y plata.

El derroche de inventiva y creatividad, de técnica y arte —el viejo tema platónico de las precedencias de una y otra—, pocas veces se ha resuelto mejor que en la cerámica que decora las puertas de ingreso a la Alhambra: las dos de la justicia, que era la de la Explanada (¡ay, manes románticos!), la del vino o la de las Armas, o en los zócalos alicatados de las salas de los Reyes, Dos Hermanas y Lindaraja y muy por encima en los de la Torre de la Cautiva y en los del salón de Comares con su trono, y en la loza dorada que salió de los talleres de Málaga y la hicieron para siempre —hasta que llegó Picasso—, universalmente famosa.

Los alfares malagueños se coronaron con los «Jarrones de la Alhambra», cumbres de la cerámica universal en todos los tiempos. Aquí presentamos el llamado de las Gacelas por las dos parejas de ellas que son su principal ornamento, y que es hoy el más popular por muchas razones que no son del caso. El mapa de los hallazgos de loza dorada malagueña en aquella época va desde Persia hasta Inglaterra y el Báltico, casi compitiendo con la porcelana china. Y más si pensamos que allí, en la China, trabajaron numerosas manufacturas durante milenios, y aquí una y poco más de dos siglos.

En las sedas el influjo del tema de las granadas, que empezó siendo uno más e insignificante, fue creciendo y creciendo hasta hacerse único entre las desarrolladas y enormes foliaciones, en los damascos unicolores de diversas manufacturas, y así llegar a nuestros días. De las armas nos quedan algunos preciosos puñales, en especial los de orejas, de tanto uso en la Italia renacentista, y las famosas espadas de la jineta, conocidas sobre todo en su momento final, gracias a las tomadas al último rey granadino, Boabdil.

Pero no sabemos nada de las alfombras; los pálidos reflejos que quedaron en las populares «alpujarras» no dicen mucho; ni tampoco sabemos casi nada de las puertas que cerraban alacenas, ventanas y celosías, ni de los muebles, los bronces, la platería, la joyería o talla de piedras duras. A veces, alguna que otra muestra para hacernos aún más deseable haber llegado a poseer o, al menos, conocer algo de lo mucho perdido, y, sin embargo, sabido de su existencia. Nada digamos de los cueros que adornaban paramentos, calzados y atavíos de personas, aderezos de muebles y habitaciones, arreos de caballos y palafrenes, arcas, arquetas o encuadernaciones de libros.

Quedan las industrias y artesanías del papel, el vidrio, la lana, el lino, el algodón, la pasamanería espléndida, la madera tallada y taraceada, el hierro labrado en llamadores, alguazas y cerrojos, verdaderas maravillas. De todas ellas y su exportación provenían muchos de los recursos —divisas los llamaríamos hoy— con que no sólo se vivía bien, sino que también servían para satisfacer el pago de las obligadas parias.

* * *

Pensemos ahora un poco en los palacios donde todos estos esplendores lucían. Que no sólo eran los de la Alhambra, pues en Granada y fuera de ella los hubo y admirables, y algunos restos quedan. Pero los de la Alhambra, que no todos se conservan, formaron la residencia más importante de los sultanes nazaríes.

De ellos, los principales constructores fueron Mohamed III (1302-1309), a quien se debió la perdida Mezquita Real, ricamente alhajada, y, tal vez, la Torre de las Damas, y especialmente Yúsuf I (1333-1354), y Mohamed V (1354-1391), y a ellos, padre e hijo, debemos el núcleo principal de los monumentos conservados, que se agrupa alrededor de los famosos patios de Comares, la Alberca o de los Arrayanes —que éstos tres nombres recibe— y el de los Leones. En cada uno de sus lados se forman núcleos secundarios de habitaciones y salas de dimensiones y usos diversos.

La imponente Torre de Comares —44 metros de altura— alberga en su nivel principal un pórtico con pequeñas alcobas en sus extremos que da entrada a la cámara real, o Sala de la Barca; la techumbre que la cubre es un semicilindro rematado en sus extremos por cuartos de esfera y que es un alarde de composición y técnica para adaptar las formas y estructuras rectilíneas a superficies curvas. Un alicatado originalísimo cubre el alto zócalo; los lisos muros entre zócalo y techumbre irían tapizados de sedas, como se ha podido rastrear en pequeñísimos restos que han quedado en alguna de las habitaciones de Dos Hermanas.

A los lados del arco de entrada, dos hornacinas o «tacas», que servían para dejar en ellas las vasijas con agua a refrescar, van tapizadas de alicatado o mosaico cerámico, y enmarcadas por dos piezas de mármol que llevan esta inscripción en la de la derecha:

Con perfección y belleza
soy de una novia tarima.
Sabes que digo verdades
mi aguamanil cuando miras.
Arco cual la media luna
me corona por encima.

*Ben Nasar es en el reino
sol que hermosísimo brilla.
¡Sin tener hora de ocaso,
que en tan alto puesto siga!*

Y en la de la izquierda:

*«Yo soy un mihrab de rezo
que rumbo a la dicha marca.
Piensas que el jarro musita
de él dentro, en pie, sus plegarias.
Cada vez que las termina
debe volver a empezarlas.
A su grey Dios honor hizo
con mi Muley Aben Násar,
pues desciende del caudillo
de Jazray, Sa'd ben Ubada»* [10].

IBN AL-YAYYAB, en tiempos de Yúsuf I

Rebuscadillas y preciosistas nos dan bien claramente el uso de las tacas, los «babucheros» de los que guiaban a nuestros abuelos. Vamos tambien nosotros a seguir la visita.

De la Sala de la Barca pasamos al Salón Central, Salón de Embajadores o del Trono: una de las grandes realizaciones del arte nazarí. Si la arquitectura es de sobrios volúmenes que obedecen a módulos de raigambre clásica, la decoración que se va enriqueciendo a medida que asciende nos lleva de grado en grado de abstracción hasta la techumbre: símbolo astral del firmamento con sus siete cielos y órdenes de estrellas y planetas, y en el centro la entrada al Paraíso. A ello aluden también las poesías de las tacas de la entrada; la de la derecha:

Fotografías

33. La Alhambra: Sala de los Abencerrajes y Fuente de los Leones desde la Sala de las Dos Hermanas (iluminación nocturna) (p. 125).
34. La Alhambra: cúpula de la Sala de las Dos Hermanas (pp. 126-127).
35. La Alhambra: Jardín de Lindaraja desde su mirador y taza agallonada nazarí (p. 128).
36. La Alhambra: Mirador de Lindaraja y trono de Mohamed V (p. 129).
37. La Alhambra: el lema de los Reyes Nazaríes «Sólo Dios es vencedor» e inscripciones poéticas de Ibn Zamrak en la Sala de las Dos Hermanas (pp. 130-131).
38. La Alhambra: Patio de los Leones, templete oeste con la impresión de ser un oasis en el desierto (p. 132).

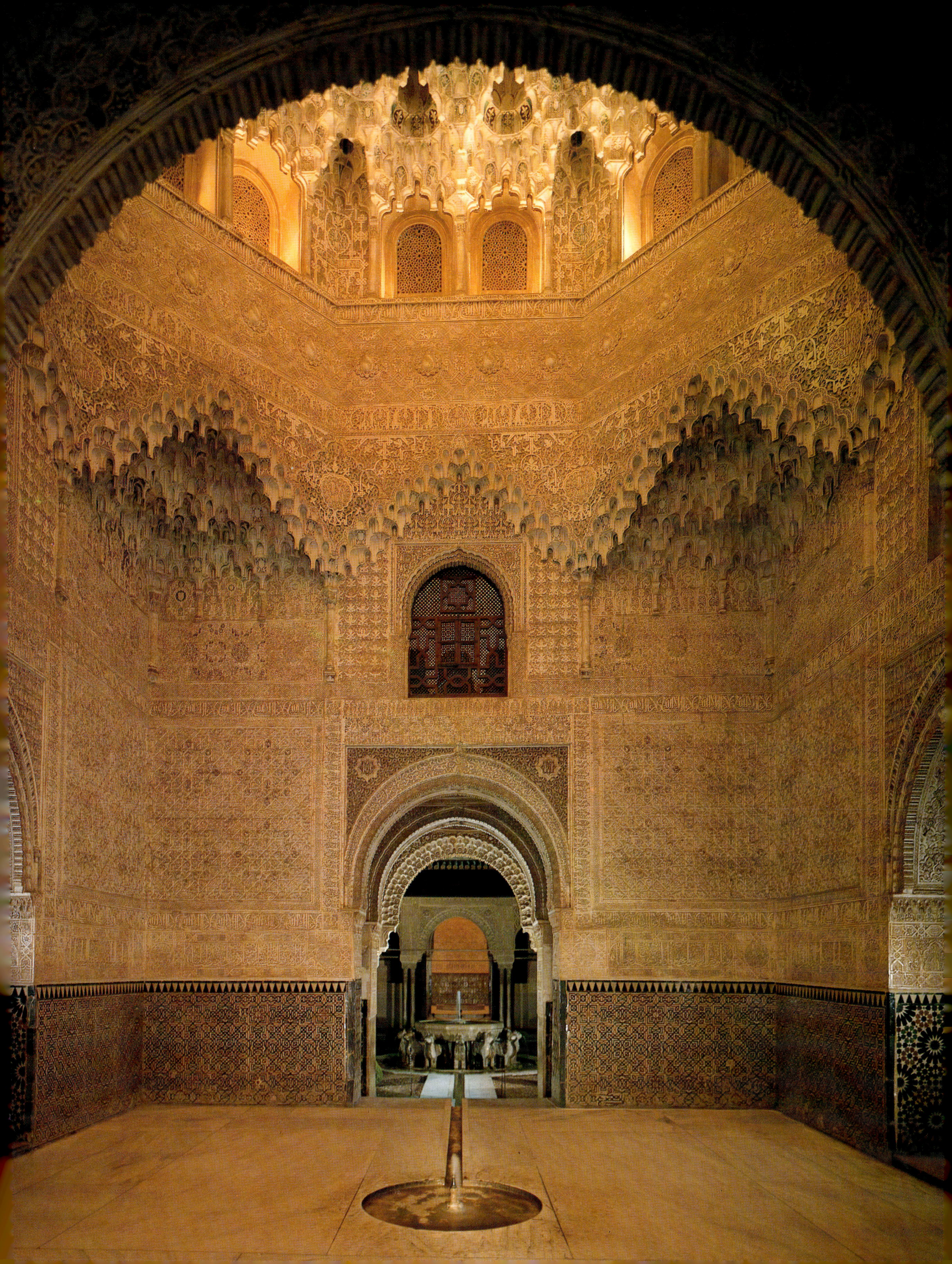

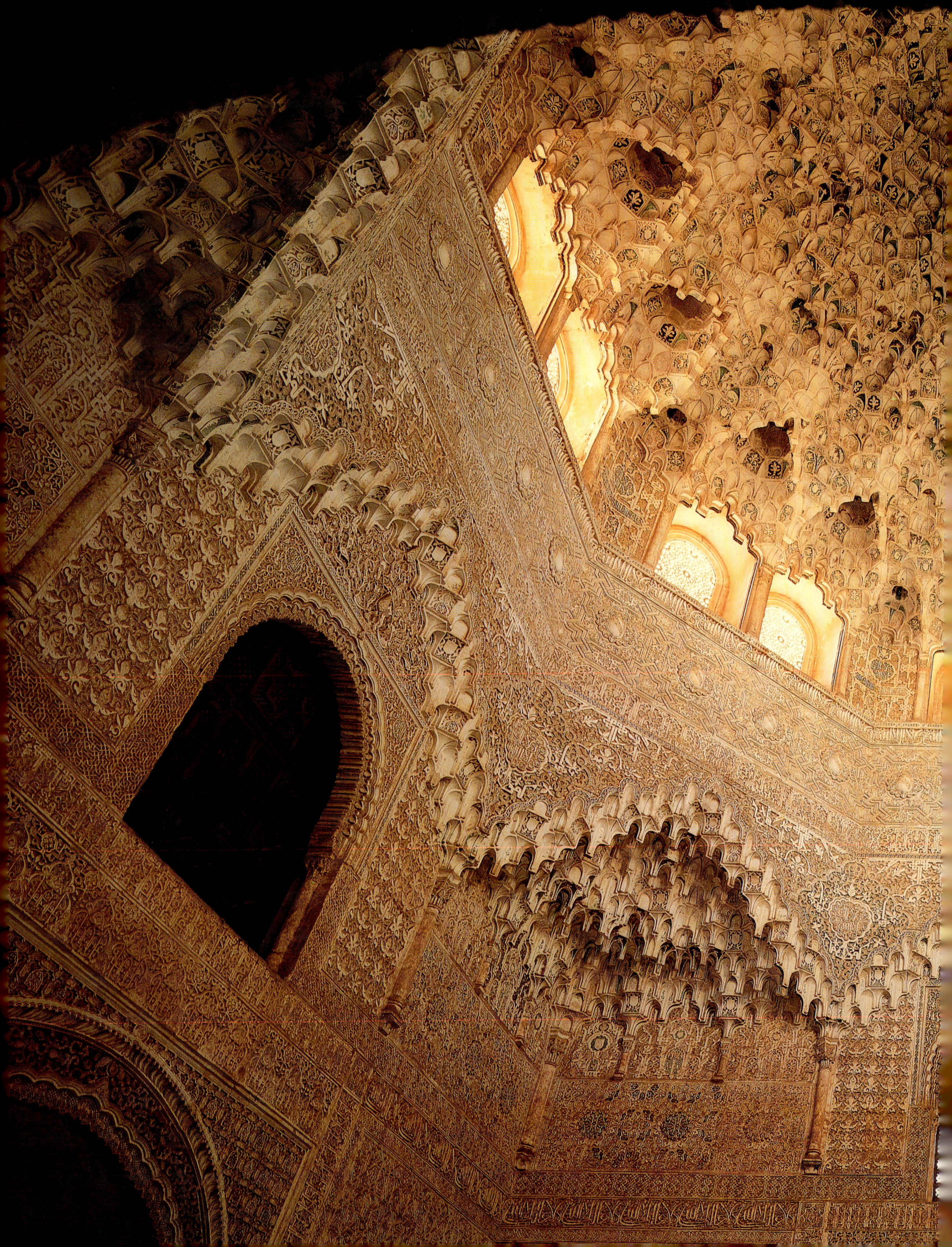

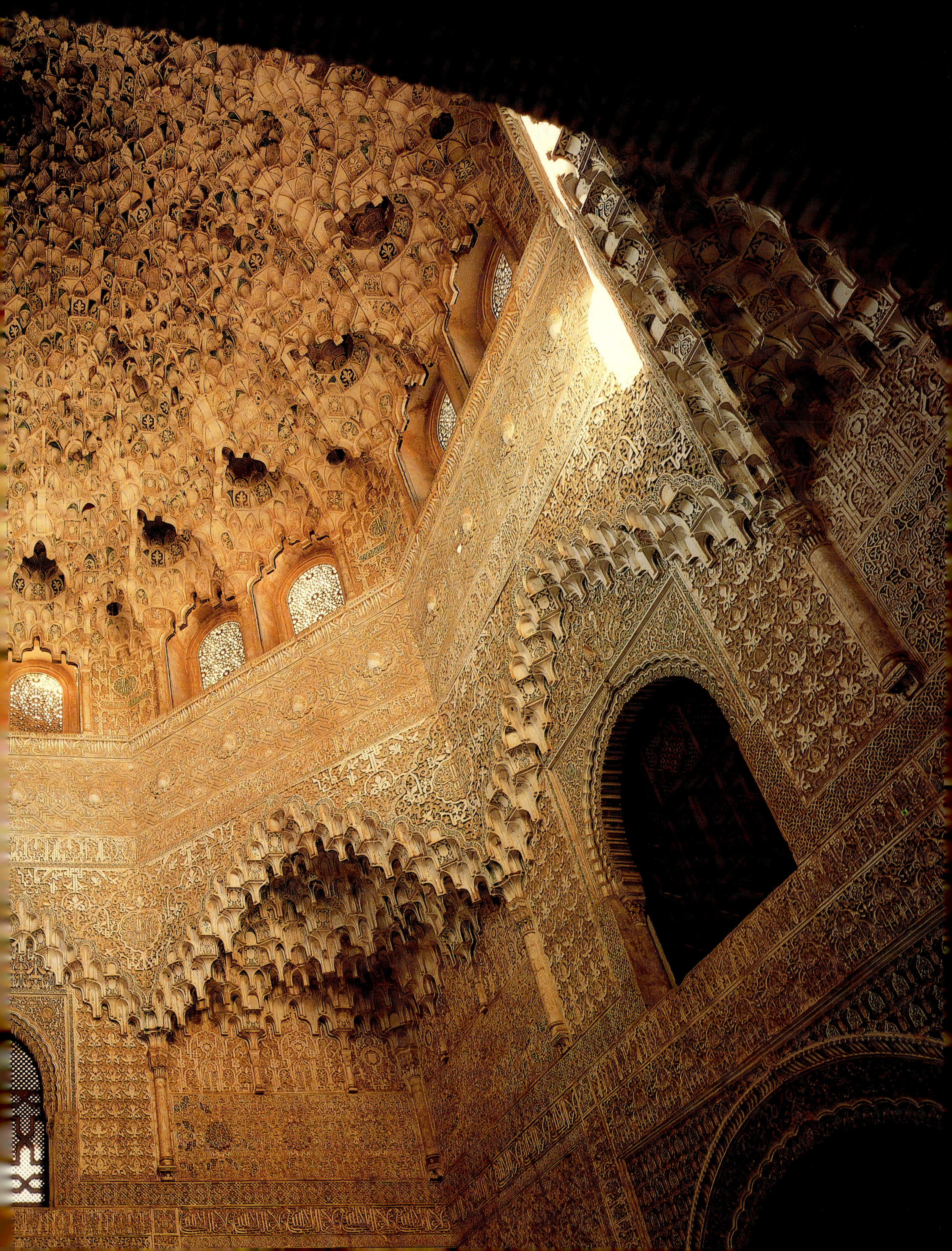

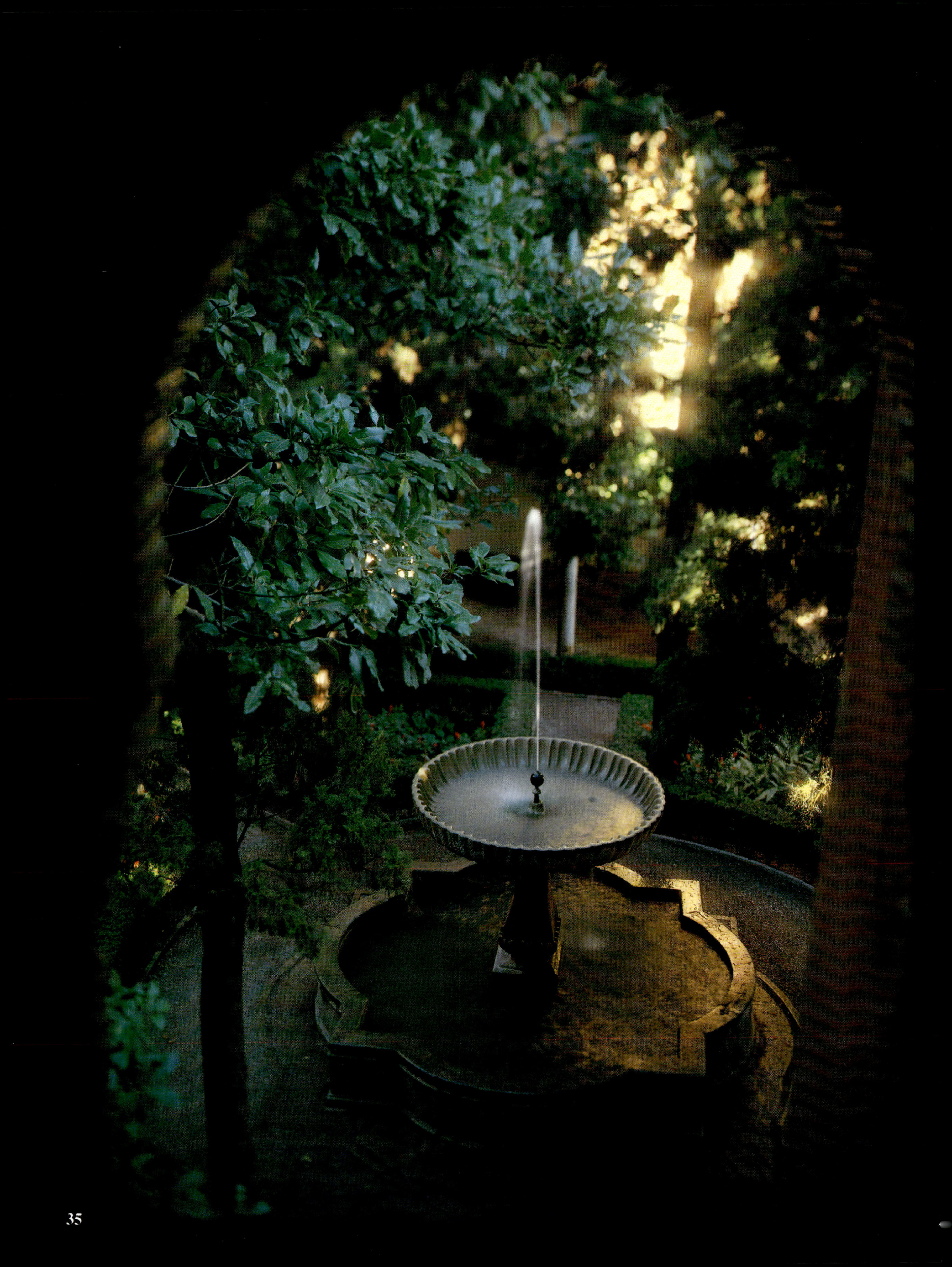

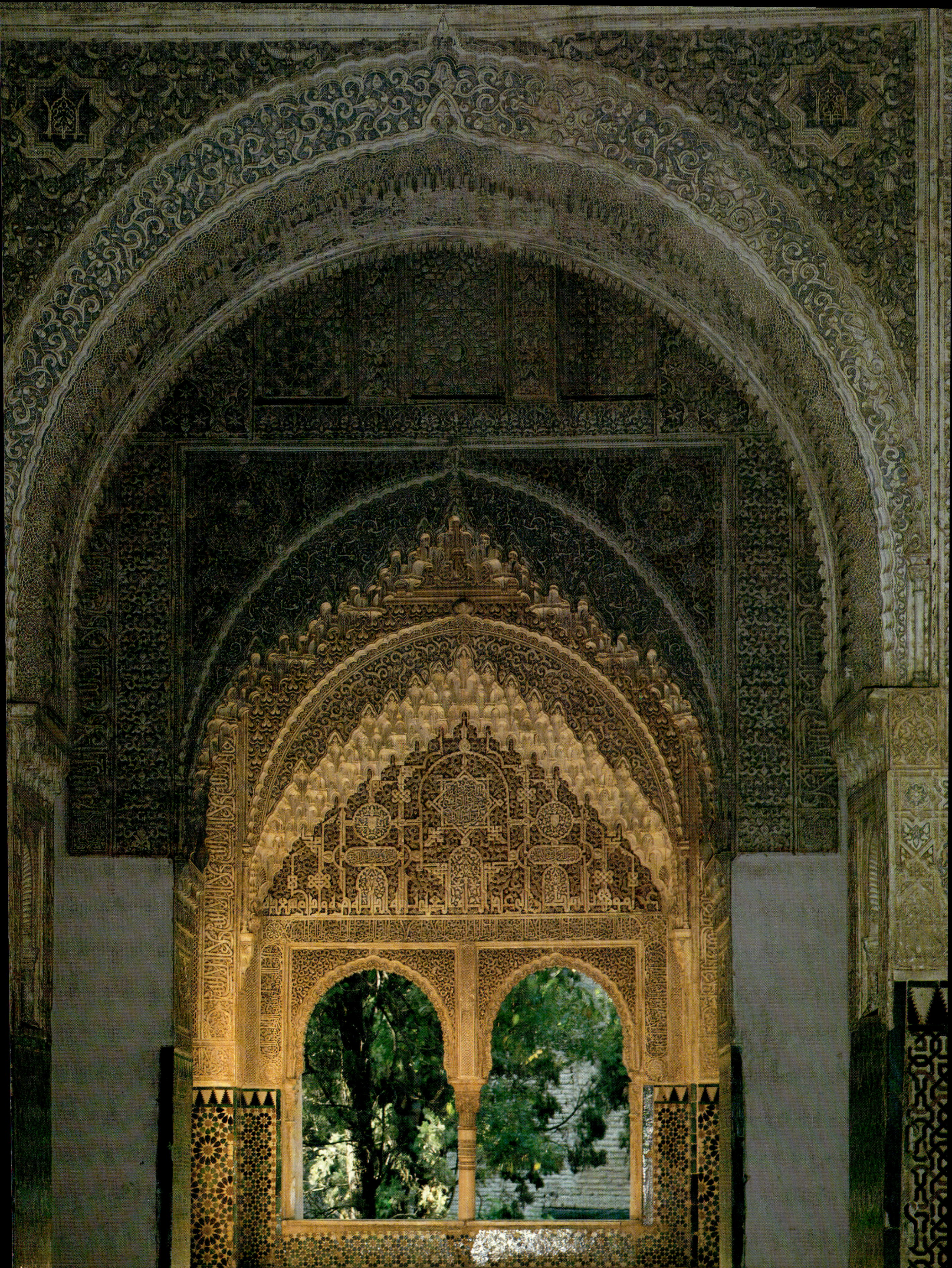

الحمد لله

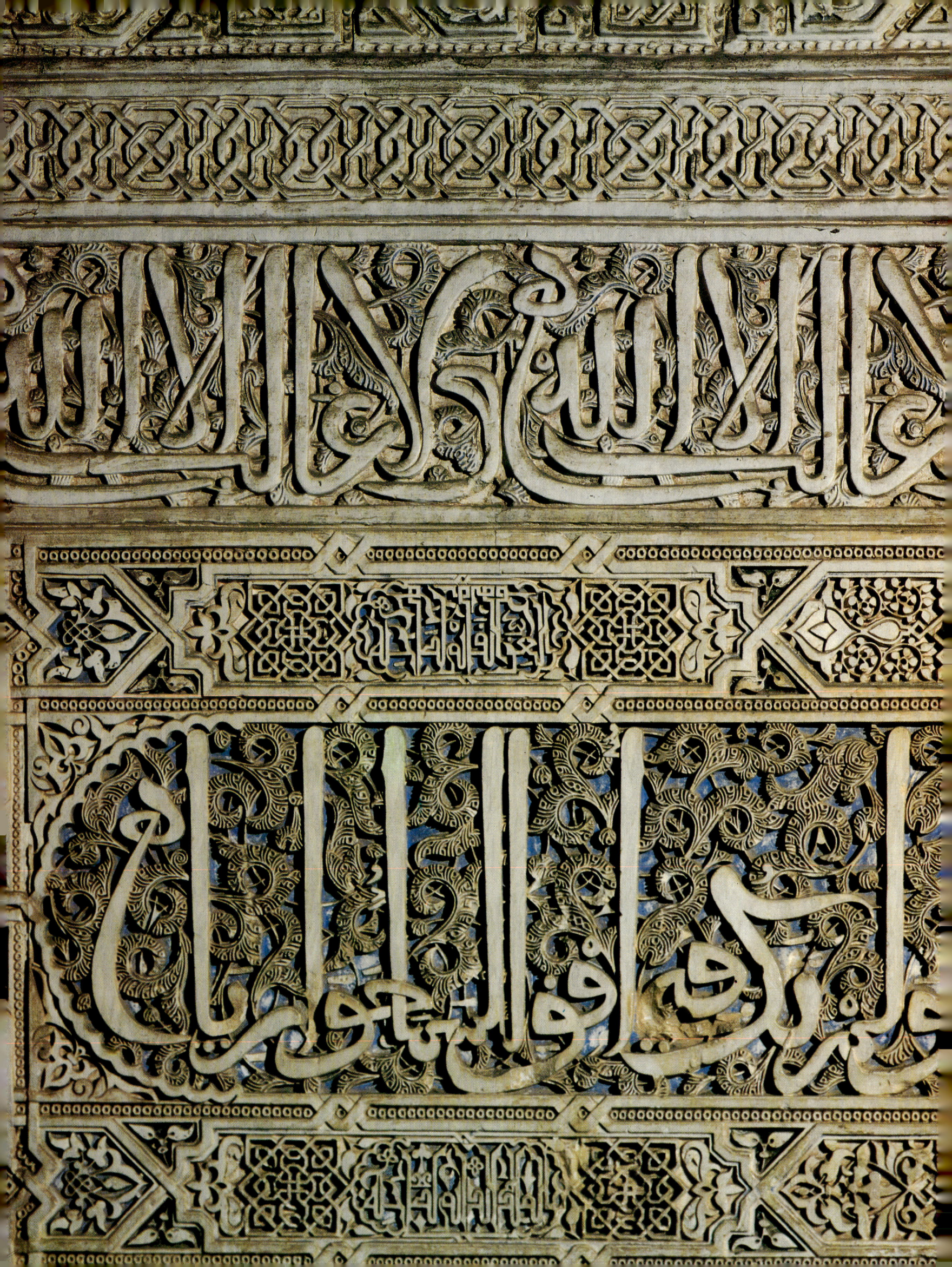

لا غالب إلا الله

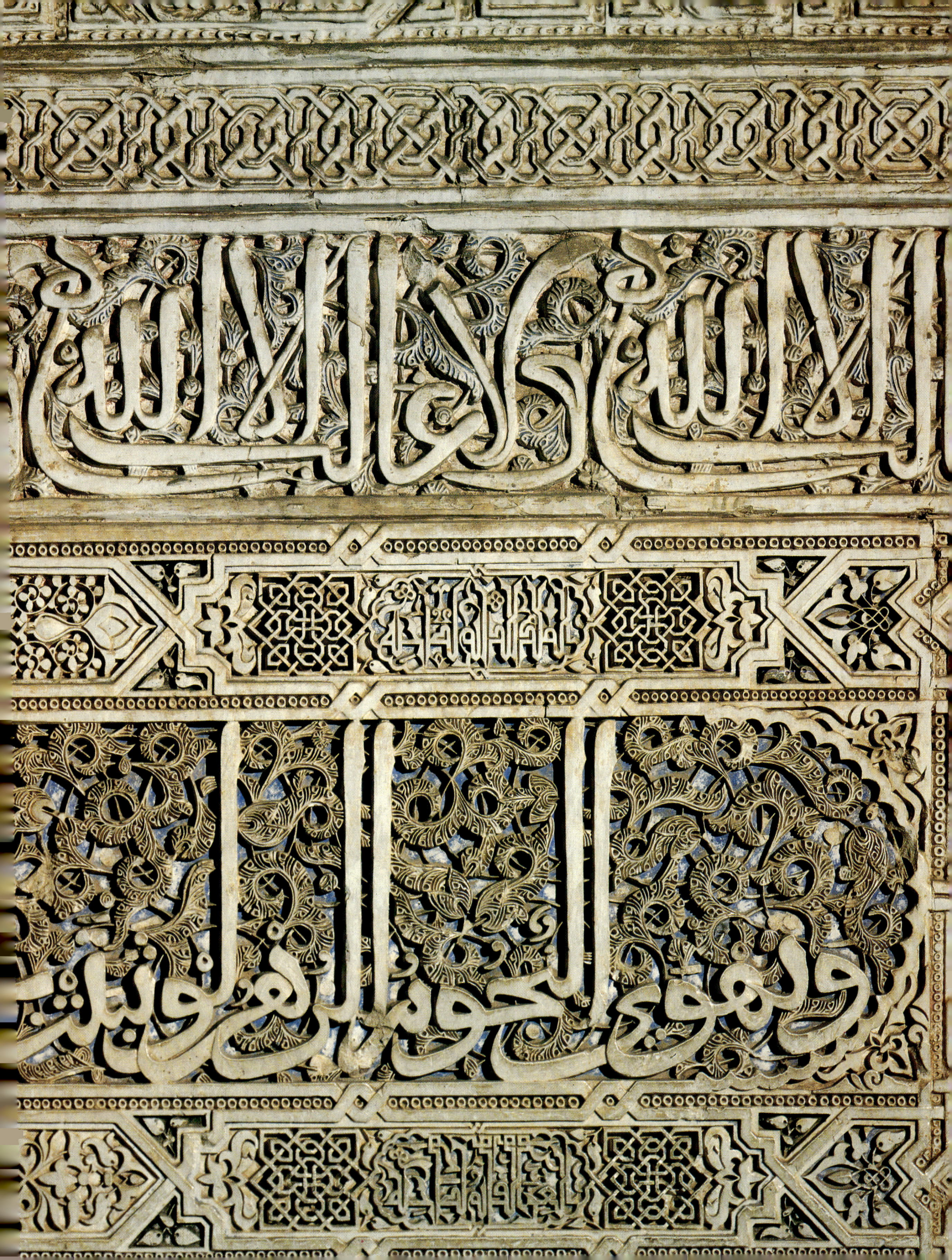

وهو الجواد العربي

37 38

*Gano en gala y corona a las hermosas;
bajan a mí los astros del Zodiaco.
El jarrón de agua, en mí, es devoto
que ante la alquibla del mihrab musita.
Mi piedad la sed sacia en todo tiempo
y cuanto ha menester al pobre otorga:
es como si acercara yo los dones
de la mano del rey Abu-l-Hayyayi.
¡Luna llena, en mi cielo brille él siempre,
mientras luzca en lo oscuro el plenilunio!*

Y la de la izquierda

*«Mi tisú dedos hábiles bordaron,
tras perlas engarzar en mi corona.
Cual sillón soy de novia, y le aventajo
porque dicha aseguro a los esposos,
si me trae alguien sed, mi fuente un agua
le da sin impureza, clara y dulce.*

*A arco iris igual soy cuando relumbro
con el sol de Muley Abu-l-Hayyayi.
¡Que en paz congregue aquí gentes, en tanto
la casa de Dios junte peregrinos!»* [11]

IBN AL-JATIB, en tiempos de Yúsuf I

Se abren en los lados laterales y en el de frente nueve huecos, o mejor, pequeñas habitaciones para albergar a los componentes del séquito e invitados en las audiencias, recepciones y fiestas, siendo la del monarca la principal, la del centro, como atestiguan la mayor

← Fotografías 37 (doble) y 38

riqueza y arte de su decorado —el alicatado no tiene igual en el arte islámico—, y la inscripción:

*Te saludan, por mí, siempre las bocas
de deseos, augurios, dichas, gozos.
De la cúpula excelsa entre las hijas,
me tengo por la más gloriosa y noble,
por ser el corazón y ellas los miembros,
que brío el corazón da a alma y a vida.
Del cielo si ellas son constelaciones,
a mí tener el sol, que no a ellas, cupo.
Muley Yúsuf, de Dios valido, ropas
me dio de honra, y favor en nada ambiguo.
Trono me hizo del reino, cuya gloria
protejen —con la Luz— Asiento y Trono* [12].

ANONIMO, en tiempos de Yúsuf I

Que este salón es el del trono de Yúsuf I nos lo confirma el hecho de que la sura 67 del *Corán,* cuyo título es «El reino», fue la escogida para decorar la techumbre de la sala y nos da la clave de su construcción: el monarca estaba en él como representante de Dios para su pueblo, como hemos visto en el poema escrito en la alcoba central, frente por frente al arco de entrada:

*¡Bendito sea Aquél en cuya mano está el señorío!
El sobre toda cosa es poderoso.
Aquel que ha creado la muerte y la vida para probar
quien de entre nosotros obra mejor.
El es el Poderoso, el Indulgente.
Aquel que ha creado siete cielos superpuestos* [13].

CORAN, sura 67, fragmento.

Se llega hoy al conjunto de edificaciones que se abren al Patio de la Alberca, después de atravesar restos de edificios más o menos conservados, entre los que destacan los llamados Patio de Machuca, con su encantador oratorio, el Mexuar, edificación muy transformada al convertirla en capilla para la visita de Felipe IV y ponerle encima habitaciones de servicio, y el Cuarto Dorado y su patio, al fondo del cual se halla una fastuosa portada, dechado de portadas y difícilmente igualable en el arte islámico. De raigambre clásica en concepto, composición y proporciones, su noble ascendencia puede perseguirse a través de los siglos, por recientes y pormenorizadas investigaciones, gracias a las cuales conocemos, además de las circunstancias que motivaron su erección, la posible situación de su primitivo emplazamiento. Fue su constructor el hijo y sucesor de Yúsuf I, Mohammed V, en la segunda parte de su reinado y después de victoriosas campañas, en las que, como jefe de su ejército y bajo su mando personal, recobra las plazas fronterizas de Priego e Iznájar, Utrera y Ubeda, ataca a Córdoba y sitia, y toma, en 1369, Algeciras, que había sido perdida en 1334, después de la batalla del Salado, tan fructuosa para el rey castellano Alfonso XI.

Después de todas estas victorias, y aprovechando la crisis castellana tras el asesinato de Pedro I, concierta Mohamed V con Enrique II, el de Trastámara, una paz tan provechosa para él que le permitió gobernar con toda serenidad veintidós años más de su largo reinado. Paz y tranquilidad que fueron muy fructíferas para la Alhambra, pues Mohamed V, siguiendo las huellas de su padre, terminó las edificaciones de la Torre de Comares, creó el conjunto que rodea a la Alberca y levantó, entre otras cosas, todo el del Patio de los Leones, obra cumbre de su reinado y del arte nazarí.

Y lo primero fue la fachada, su fachada. Concebida como memoria de sus victorias, se alzan, sobre un basamento de azulejos, la doble puerta, las dobles ventanas y otra sencilla en medio de ellas, un friso de mocárabes, y por encima, no en estuco, sino ya en madera labrada, el arrocabe al que cobija un alero valientemente volado. Todos estos elementos tienen sus raíces en el arte califal cordobés, pero, a la vez, marcan un grado más de su normal evolución, y cómo el tiempo no pasa en balde. En cuanto al problema de la ubicación primitiva de la fachada, en el eje del patio de la Alberca y con el de los aposentos de la Torre de Comares, tan sugestiva, y por otra parte, tan natural, es de esperar que futuras excavaciones diluciden el enigma.

En el arrocabe van talladas cuatro cartelas, y en ellas, una inscripción en cuatro versos que es la clave para entender la erección de esta portada y su construcción: «al-Gani bi-llah», el que se da por contento con la ayuda de Dios, que no es otro que Mohamed V. La versión última de la inscripción es la que sigue:

> *Soy corona en la frente de mi puerta:*
> *envidia al Occidente en mí el Oriente.*
>
> *Al-Gani bi-llah mándame que aprisa*
> *paso dé a la Victoria apenas llame.*
>
> *Siempre estoy esperando ver el rostro*
> *del Rey, alba que muestra el horizonte.*
>
> *¡A sus obras Dios haga tan hermosas*
> *como lo son su temple y su figura!* [14]

IBN ZAMRAK

En el costado sur del Patio de la Alberca, frontera a la Torre de Comares, se alza una crujía que oculta, en gran parte, la medianería del Palacio de Carlos V, el cual, al cortarla diagonalmente, quitaría el ingreso directo al Patio de la Alberca, y entonces pudo ser trasladada a su actual situación la fachada de Mohamed V, que acabamos de ver; sugerente y atractiva hipótesis, si exploraciones, que esperamos fecundas y que no se demoren demasiado, la confirman y entonces deje de serlo.

En los lados mayores del patio se abren las puertas de diversas estancias paralelas a ellos y que llevan en sus extremos sendas alcobas. Otra puerta más pequeña a la derecha, la más próxima a la Torre, mediante una escalera, nos conduce a los baños, situados en un nivel inferior, y que fueron construidos bajo Yúsuf I: en su nicho principal, una inscripción alude a los leones por los que se vertía el agua fría y caliente. Otra puerta, también en el lado derecho del patio, da entrada actualmente, a través de la llamada Sala de los Mocárabes, al Patio de los Leones y estancias que lo circundan y que constituyen el núcleo y atractivo principal del palacio de la Alhambra, y que Mohamed V pudo realizar en su largo reinado de paz y prosperidad.

Conforme se entra, vemos, a través del bosquete de columnas que sostienen la galería y templete oeste, el patio y la celebérrima fuente en su centro. Llevan a ella cuatro andenes de mármol que recogen las aguas de las fuentecillas situadas en los extremos de los ejes que dividen al patio en cuatro partes y que tuvieron jardines en bajo. Estamos ante otro ejemplar de patio de crucero como los que vimos en el alcázar sevillano. Aquí las galerías sostenidas por columnas de mármol blanco de Macael (Almería), como todo el de la Alhambra, recorren las cuatro crujías del patio, mientras que en los almohades sólo ocupaban las de los lados menores. En los lados mayores se abren dos conjuntos de estancias, alrededor de otra central cuadrada, cubiertas por sendas cúpulas de mocárabes de planta estrellada y sobre un cuerpo con ventanas que arrojan luces reflejas de contrastado efecto. La cúpula del Salón de las Pléyades del Palacio de la Bendición o al-Mubarak de Mutamid en el alcázar de Sevilla, en la Alhambra se duplica en los dos lados del eje menor de este palacio de Mohamed V, en las llamadas hoy Salas de los Abencerrajes y de Dos Hermanas.

Que esta Sala de Dos Hermanas era el salón del trono de Mohamed V lo dice la composición poética —casida— de su poeta áulico Ibn Zamrak, escrita en cartelas y círculos todo alrededor del salón y que doy en parte:

Soy el jardín que la hermosura adorna:
verla, sin más, te explicará mi rango.

*Por Mohammed, mi imám, a par me pongo
de lo mejor que haya de ser o ha sido.
Sublime es la mansión, porque Fortuna
le mandó superar a toda casa.
¡Qué delicias ofrece a nuestros ojos!
Siempre nuevo es aquí el afán del noble.
Las Pléyades de noche aquí se asilan:
de aquí el céfiro blando, al alba, sube.
Sin par, radiante cúpula hay en ella
con encantos patentes y escondidos.
Su mano tiende Orión por saludarla;
la luna a conversar con ella viene.
Bajar quieren las fúlgidas estrellas,
sin más girar por rayas celestiales,
y en los patios, de pie, esperar mandatos
del rey, con las esclavas a porfía.
No es raro ver errar los altos astros,
de sus órbitas fijas desertores,
por complacer a mi señor dispuestos,
que quien sirve al glorioso gloria alcanza.
Por su luciente pórtico, el palacio
con la celeste bóveda compite* [15].

IBN ZAMRAK

El nombre de Sala de Dos hermanas, tal vez por las dos hermosas losas de mármol gemelas y paralelas a la fuente que centra el pavimento, parece que es contemporáneo al monumento por una poesía de Ibn al-Jatib, que estuvo también en la Sala de Dos Hermanas, y que fue sustituida por la de Ibn Zamrak anteriormente transcrita, que dice:

*Frescor del ojo en mí tus ojos vean
y admira el arte y gala que atesoro.
Sola —en tiempos de un credo que prescribe*

no ver «quien tenga juntas dos hermanas»—,
soy de la pura Ley débito, aun cuando
no repare en mi deuda la Fortuna [16].

IBN AL-JATIB, hacia 1362

Sigue la casida haciendo hablar, siempre antropomórficamente, como es de costumbre, a la sala. El texto no es absolutamente apodíctico, pero no deja de llevarnos a una convicción muy prometedora.

De las estancias que allí se abren es la central la más importante y que es preciso señalar: es el Mirador de Daraja o también de Lindaraja, que se destaca como si fuese una torre de la muralla para abrirse en huecos por todos sus lados. Un suntuoso arco de mocárabes se despliega con su magnificencia decorativa para dar entrada al pabellón que se asoma hoy al jardín que lleva su mismo nombre y que las reformas de tiempo de Carlos V encerraron con unas anodinas arcadas de columnas de acarreo e impidieron la admirable vista lejana sobre la ciudad. Infeliz y no muy bienintencionada reforma.

La intención de Mohamed V al levantarlo queda bien clara en el poema que de derecha a izquierda, según se entra desde Dos Hermanas, recorre los arcos del Mirador. Ha sido muy maltratada por los restauradores del siglo XIX, que, si son de alabar porque salvaron en gran parte a la Alhambra maltrecha por el tiempo y las vejaciones de los hombres, especialmente los de la napoleonada, también sus criterios, a veces, no fueron muy afortunados. La inscripción nos habla del mirador mismo, del rey en su trono, de su ciudad y del jardín con su fuente:

A tal extremo llego en mis encantos,
que en su cielo los astros los imitan.
Yo soy de este jardín el ojo fresco
cuya niña es, de cierto, el rey Mohammed,
loado por sus dádivas y arrojo,

Fotografías

39. La Alhambra: el Patio de los Leones según el eje este-oeste adornado por pequeñas fuentes esquemáticas con surtidores bajos (p. 141).
40. La Alhambra: Fuente de los Leones y templete oeste (p. 142).
41. La Alhambra: Detalle de la Fuente de los Leones con casidas del «Poeta de la Alhambra», Ibn Zamrak, en el borde de la taza (p. 143).
42. La Alhambra: Patio de los Leones desde la Sala de los Mocárabes con pequeñas fuentes esquemáticas y canalillo (p. 144).
43. La Alhambra: el Patio de los Leones según el eje norte-sur (p. 145).
44. La Alhambra: el Partal, casita de época musulmana con pinturas en su interior (p. 146).
45. La Alhambra: el Partal, Torre de las Damas y estanque con árboles frutales y palmeras; en primer término, la alberca de una casa musulmana (p. 147).
46. La Alhambra: Mirador de la Torre de la Cautiva, ejemplo de la armonía lograda entre naturaleza y arquitectura (p. 148).

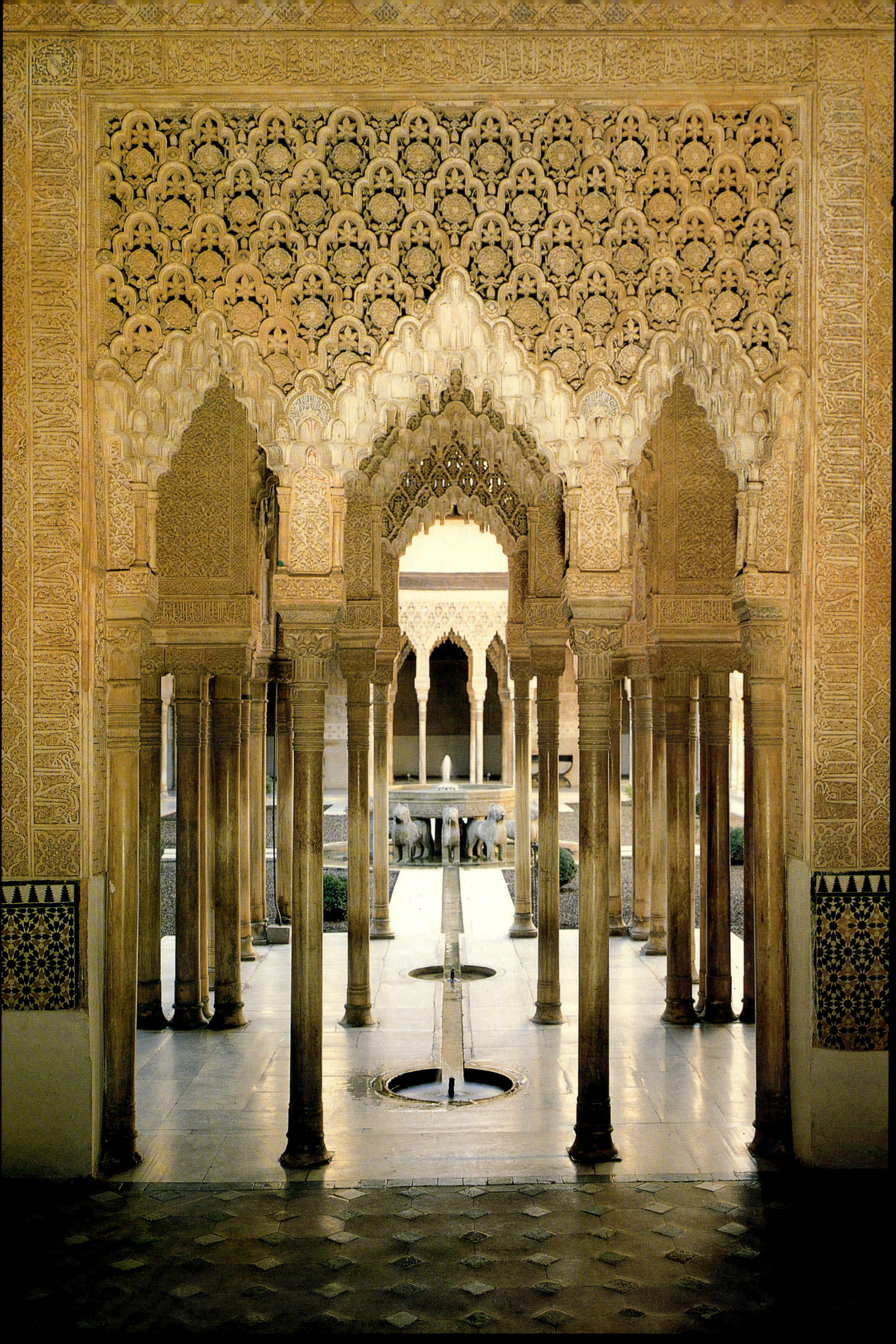

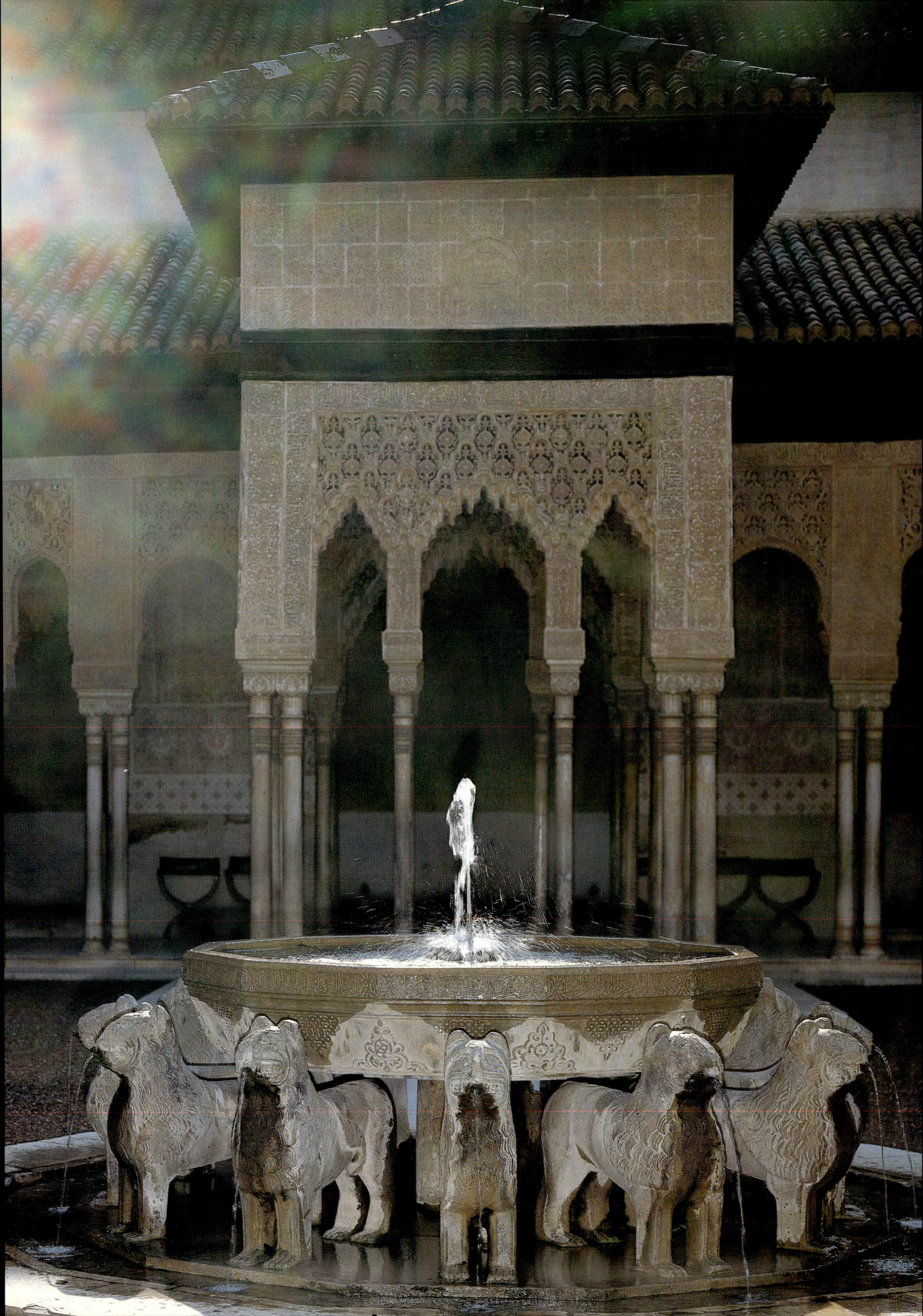

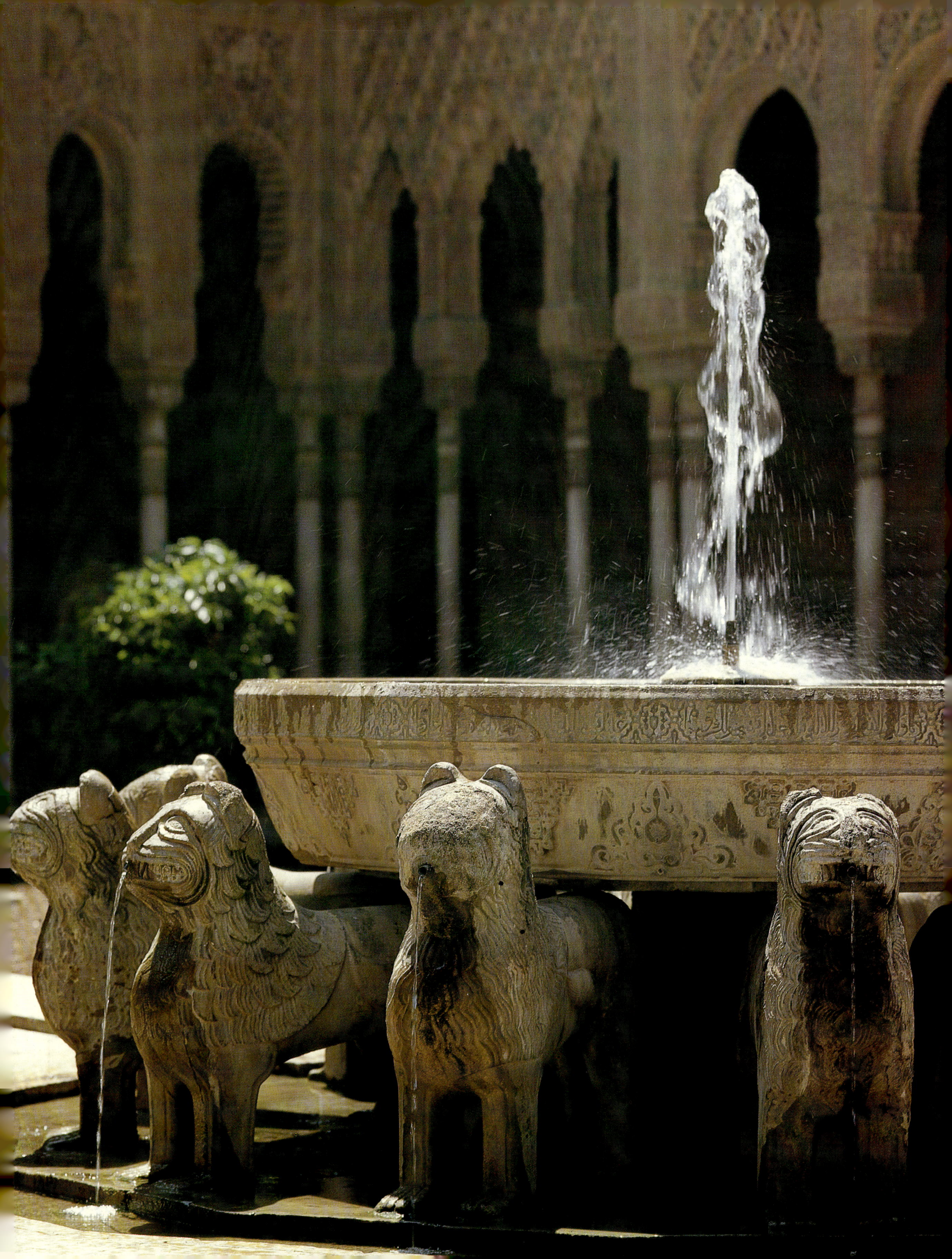

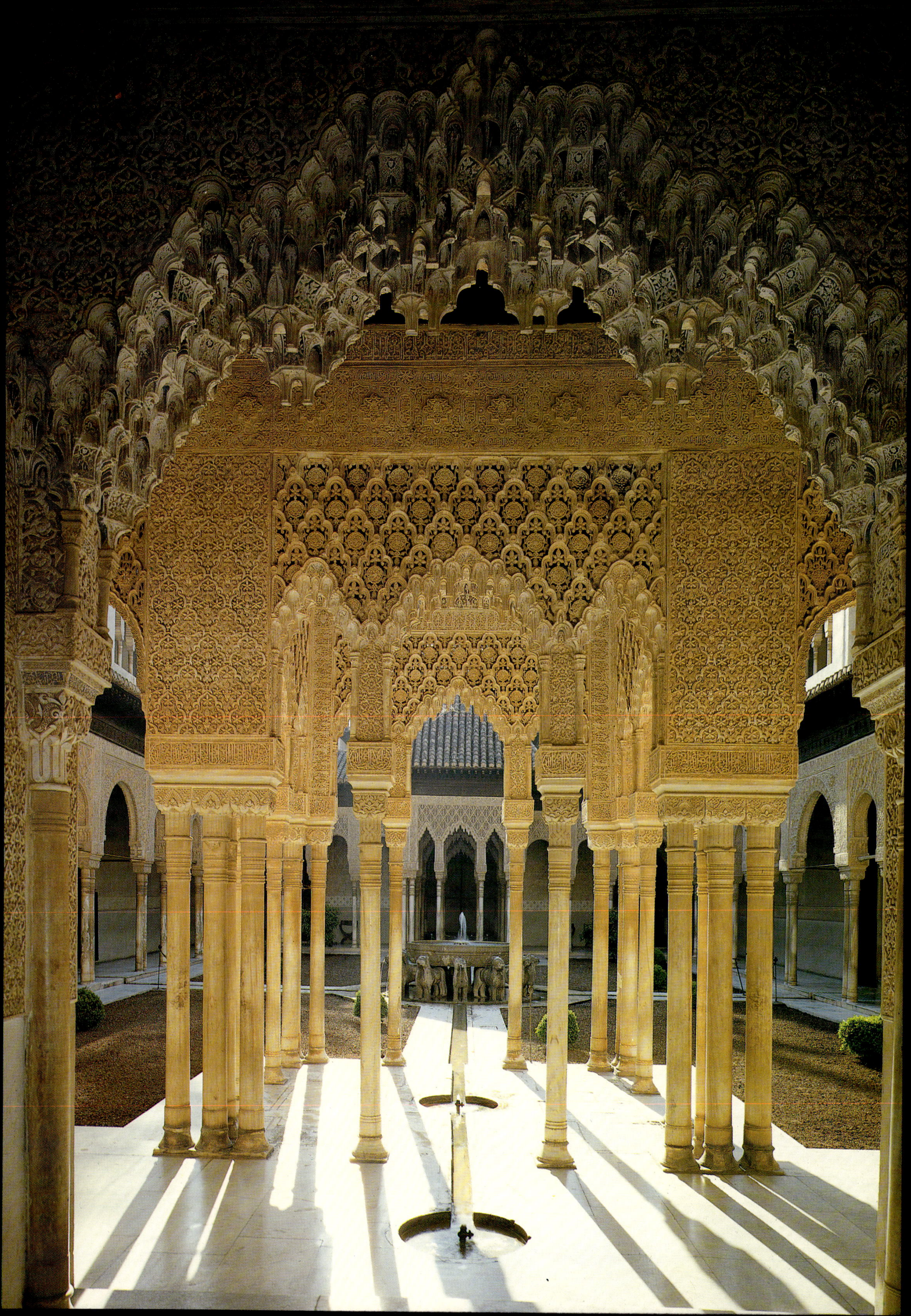

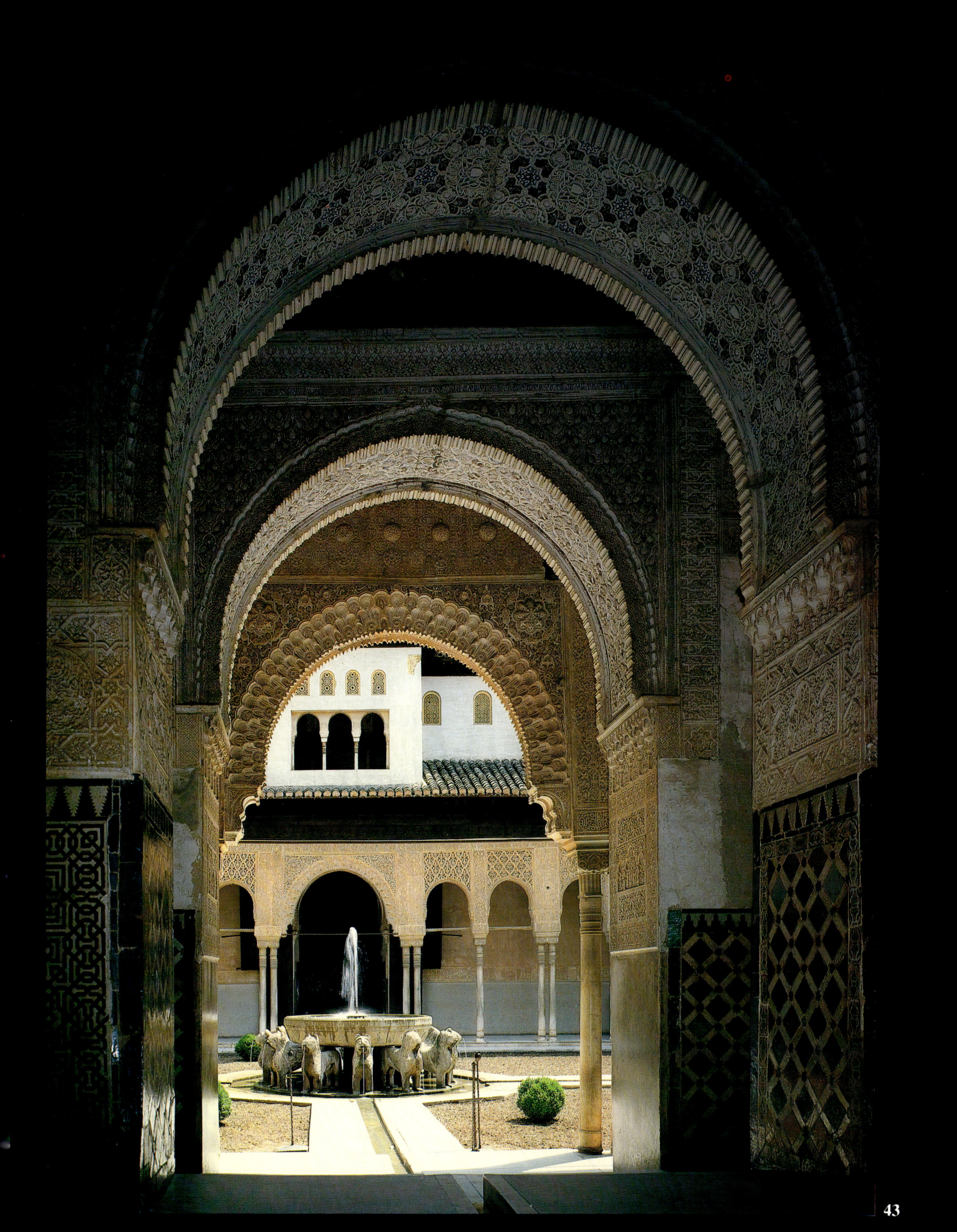

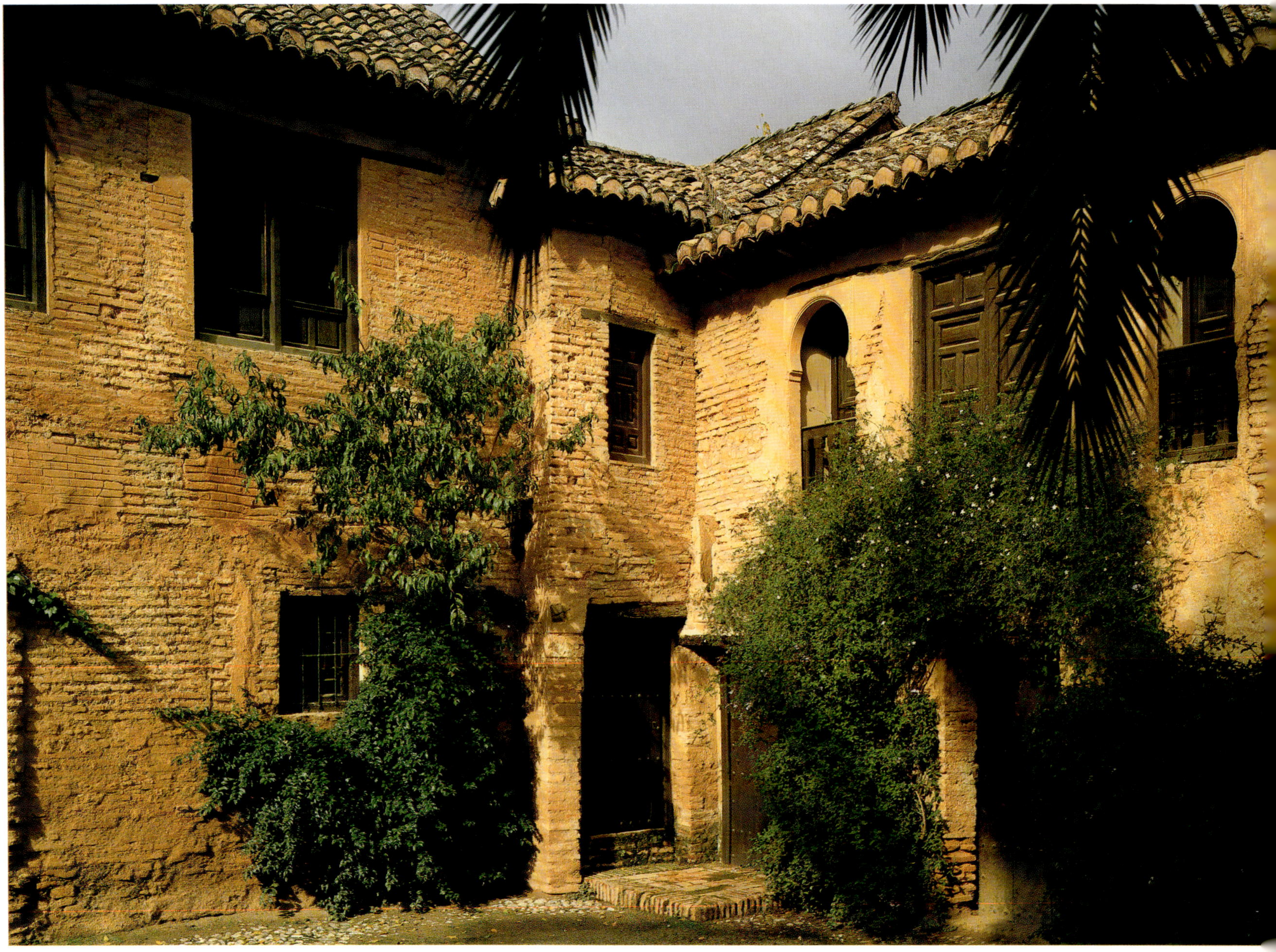

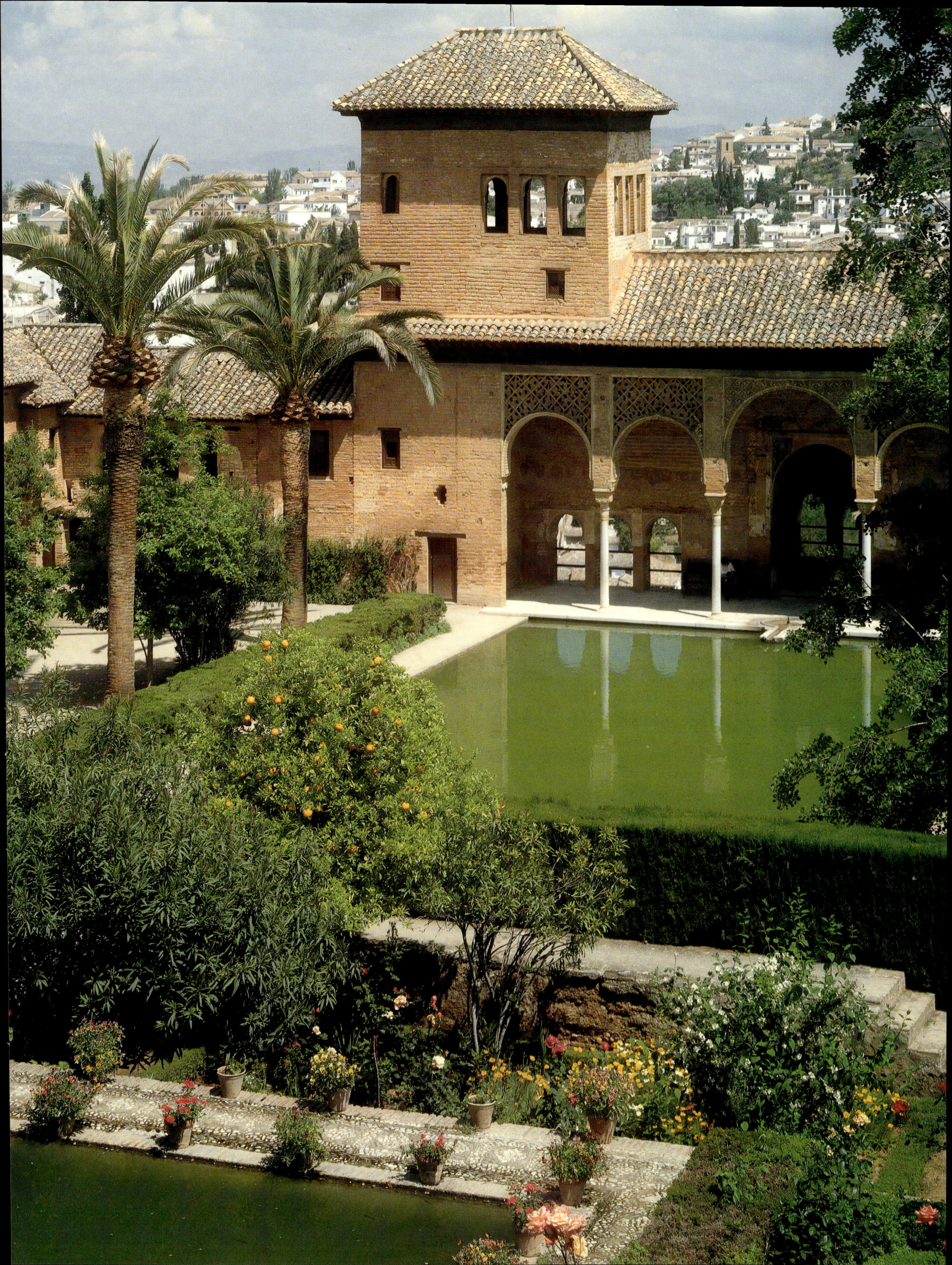

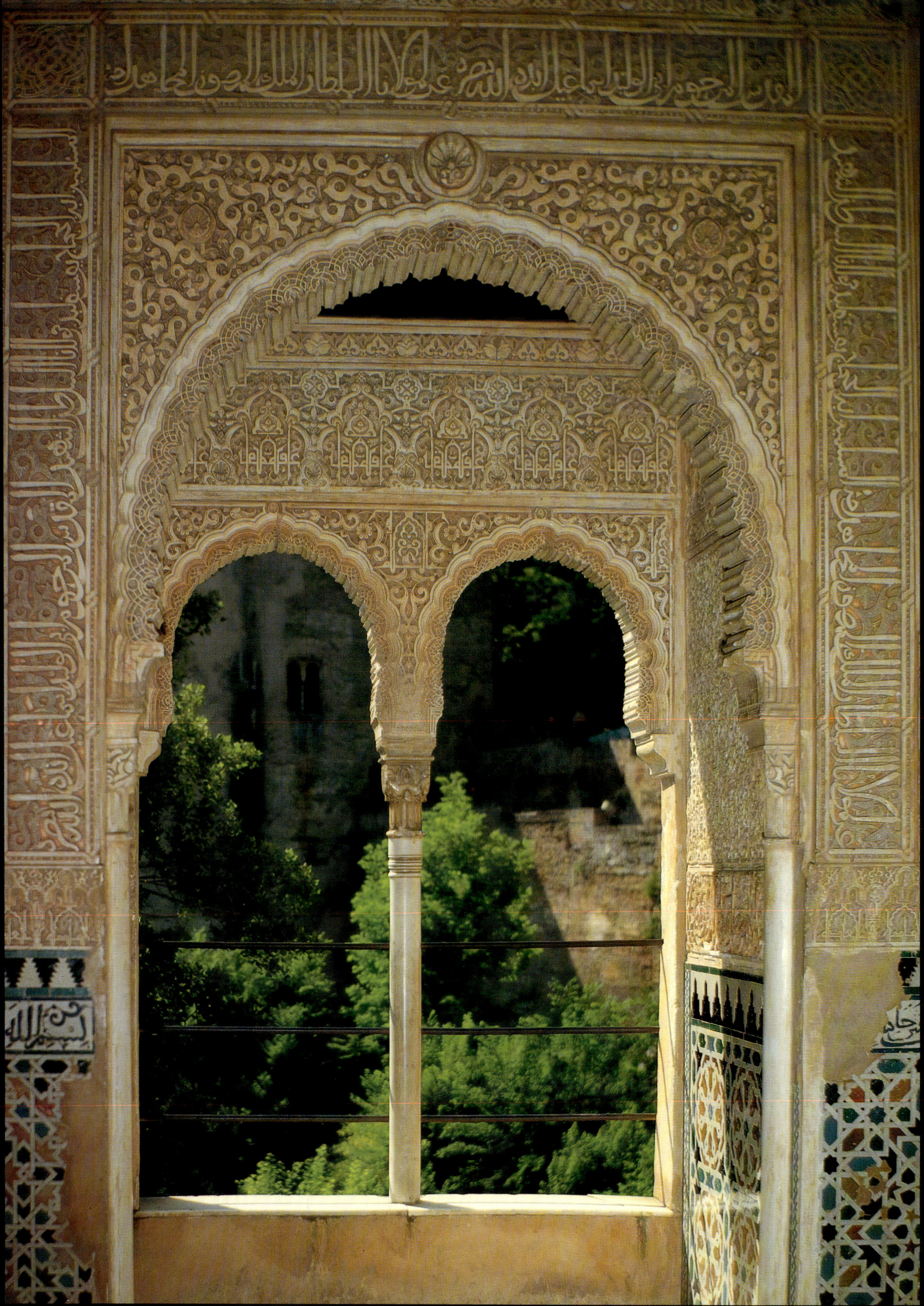

con fama (¡qué alta!) y con virtud (¡qué dulce!).
Por el cielo del reino es luna llena
de fe: cunden sus obras, su luz brilla;
mas, después, en su casa es sol radiante,
y, a la vez, todo bien le da su sombra.
En mí, a Granada ve, desde su trono
califal. El corcel de su mirada,
tras vencer en hipódromos del aire,
feliz, entre gualdrapas, corvetea,
pues encuentran los ojos diversiones
que los atan, o al juicio ponen trabas.
Frío y brisa vecinos, la hace el fresco
sana, en tanto la brisa languidece.
Vítreo áspid maravillas muestra, y quedan
un buen rato en folios de hermosura escritas.
Una es la luz, pero el color es vario,
afines o contrarios, a tu antojo [17].

IBN ZAMRAK

Además de la Sala de los Mocárabes y de la de Dos Hermanas, se abren también al Patio de los Leones la llamada de los Abencerrajes, que se cubre también por una cúpula de mocárabes de planta estrellada; ocupa el centro de su pavimento de mármol una gran pila dodecagonal, que se piensa pudo ser la primitiva de los Leones, y en la que la tradición quiere que en ella hayan sido degollados caballeros abencerrajes en luchas civiles de los últimos tiempos granadinos. Estas dos salas tienen en planta alta habitaciones a las que se accede por los laterales anteriores a su estancia central y que debieron ser simplemente reservadas a las mujeres para desde ellas observar los actos reservados sólo a los hombres. No parece que en la Alhambra hubiese harén propiamente dicho, «turquismo» evidentemente posterior y anacrónico en el mundo nazarí.

En cuanto a la llamada Sala de los Reyes, situada a Levante del patio, se abre a él, lo mismo que su frontera la de los Mocárabes, por medio de tres grandes arcos que tienen delante tres surtidores en el pavimento de la galería y, ante el central, otro cuarto en medio de templetes avanzados sobre el patio y sostenidos ambos por columnas de mármol semejantes a las que recorren las cuatro galerías. Estos templetes están cubiertos por sendas cúpulas de lacería en madera, que son un prodigio tanto de composición como de ejecución y ajuste de las piezas que las forman. Todavía conservan restos de policromía que nos hacen entrever lo que debió ser su efecto cuando estuvieron terminadas; son representaciones del firmamento con sus órdenes de estrellas.

Dentro ya de la Sala de Los Reyes se advierte que seis suntuosos arcos de mocárabes la compartimentan en tres espacios principales, que son los que se abren al patio, y otros cuatro intermedios sin luces directas, pues los tres principales se cubren con bóvedas de mocárabes sobre cuerpos cuadrangulares con ventanas. Así los efectos de luz y sombra alternados, tan propios de las construcciones de Mohamed V, se acentúan sobremanera en esta sala. El testero lo ocupan siete alcobas: cuatro pequeñas cuadrangulares y entre ellas, tres rectangulares mayores frente a los arcos que se abren al patio. Las cubren cúpulas de madera recubiertas por pinturas al temple de huevo sobre piel como soporte y barnizadas con cera. Constituyen una de las mayores sorpresas del arte nazarí y son un ejemplo más de que el antiiconismo islámico es religioso, pero no civil ni doméstico. Ocupan la central una serie de importantes personajes ataviados a la morisca, todos con sus espadas de la jineta, conversando por parejas, que podrían representar una galería de antepasados del sultán, pues se agrupan alrededor de una línea de estrellas que, tal vez, sea una representación del empíreo o paraíso. Son ellos los que han dado el nombre a la sala. En tiempos románticos se la llamó de la Justicia, por creerse con poco fundamento, que servía de sede a un alto tribunal o corte suprema.

Más sorprendentes aún son las pinturas de las otras dos bóvedas: parecen representaciones de cortes de amor con sus torneos, escenas de caza, salvajes, leones encadenados, damas que presencian todo desde sus torreados castillos, la fuente de la Vida o del Amor, que todo es lo mismo, en escenas donde conviven moros y cristianos. Todo muy en consonancia con el arte y la literatura europeos del momento, y común a España, Italia, Francia o Alemania. Las ilustraciones son más elocuentes que toda descripción.

Y hora es ya de salir del Patio de los Leones y asomarnos a los jardines del Partal y a la Torre de las Damas con su gran alberca, en la que se refleja. Edificación muy maltratada, pero que manifiesta aún restos de su esplendor, tanto en alicatados, como en yeserías y techumbres. La remata una torrecilla primorosa que, a la vez que de tertulia, era atalaya desde donde se enlazaba con las series de torres de señales que iban hasta la frontera. Porque la ruptura de la paz con algaras y entradas podía ocurrir en cualquier momento.

De los jardines, aunque en gran parte modernos, preciosos, vamos a asomarnos a las torres.

Son pequeños palacetes en los que la exquisitez de las proporciones se une al refinamiento en la decoración para, dentro de los límites que permite la estrechez de una torre de la muralla, conseguir una residencia, tal vez ocasional, un pequeño retiro para descansar, o, tal vez, terminar una vida. Ello es un buen modelo de lo que se puede desear para vivir una intimidad perfecta sumergido en la contemplación de la naturaleza y el consuelo de los recuerdos.

Nos han llegado varias, pero las más sobresalientes son la de Las Infantas y la de La Cautiva. Nombre éste moderno —romántico—, que quiere aludir a la famosa Isabel de Solís convertida en la sultana Zoraya. No, su constructor fue Yúsuf como lo atestiguan las inscripciones compuestas para su decoración:

De esta torre, que es grande entre las torres,
la Alhambra ufana está, como corona
Calahorra por fuera, oculta dentro
palacio que despide luz ardiente.
De gloria tiraz es en sus paredes
el nombre de Muley Abu-l-Hayyayi.
Calahorra incrustada entre los astros,
se codea con Pléyade y Piscis,

*en su fábrica y techo de artesones
desplegó hábil el arte cuando quiso.
Cuando a Yúsuf nos muestra, su faz sale
como un sol al que nunca cela noche.
¡Siempre —sangre Nasr— en dicha y triunfo
lo que quiera construya como quiera!* [18]

IBN AL-YAYYAB, en tiempos de Yúsuf I

En esta selección he entresacado algunos testimonios de los cuatro poemas, pues todos, por lo reiterativos, podrían resultar enfadosos. De lo que no queda duda en ellos es del monarca constructor. Por otra parte, seguimos viéndole de nuevo como sol ante el cual las estrellas palidecen.

Y abandonando las torres, nos vamos a la «Huerta que par no tenía». Pues eso era, y parte lo es aún hoy: huerta, jardín, palacio en medio de una dehesa para pastoreo de ganados y que Ismail I (1314-1333) renovó profundamente, como nos lo dicen los poemas de las tacas, después de la resonante victoria de Sierra Elvira, en la que destrozó a los castellanos y murieron los infantes don Juan y don Pedro, no sé si para mal o para bien de Castilla, donde eran corregentes con doña María de Molina. Nos lo rememora el poema que recorre el alfiz del arco de entrada al salón del palacio desde el Patio de la Acequia:

*Perfecto alcázar de belleza suma,
la majestad real sobre él destella.
Brilla su luz, son claros sus encantos,
vierten sus nubes generoso flujo.
Mano renovadora en sus paredes,
cual flores de jardín, bordó tisúes.
Bástele, en honra excelsa, haber ganado
la atención del Califa, del Clemente,
del rey mejor, Abul-l-Walid, la nata,
la flor de los caudillos qahtaníes,*

quien emula a purísimos abuelos,
del mejor adnaní los Valedores.
Sí: ganó el celo real, que tornó nuevos
sus casas y aposentos, en el año
de la ayuda de Dios al Islam, triunfo
que —cierto— de la fe fue gran prodigio.
¡More en ti la dicha eterna! ¡Al mismo tiempo
te dé luz la virtud, la paz a su sombra! [19]

IBN AL-YAYYAB, en tiempos de Ismail I

Generalife, la huerta que par no tenía, sigue viviendo en medio de jardines de ensueño, antiguos y modernos, todos bellísimos y en los que el agua, el agua de Generalife, de la Alhambra, de Granada, de al-Andalus, juega, salta, canta y llora. Pero esto quede para la segunda parte de este libro que voces más sabias y más sensibles que la mía lo contarán y lo cantarán.

NOTAS DE LA PRIMERA PARTE

[1] Ibn Hazm: *El Collar de la Paloma*. Traducido del árabe por Emilio García Gómez. Sociedad de Estudios y Publicaciones. Madrid, 1952, p. 82.

[2] Pérès, Henri: *Esplendor de Al-Andalus*. Traducción de Mercedes García-Arenal. Hiperión. Madrid, 1983, p. 132.

[3] Ibn Hazm: *El Collar de la Paloma*, pp. 206, 209-210.

[4] Al-Saqundi: *Elogio del Islam español* en Andalucía contra Berbería. Reedición de traducciones por Emilio García Gómez. Universidad de Barcelona. Facultad de Filología. Barcelona, 1976, pp. 120-122.

[5] Rubiera, María Jesús: *La Arquitectura en la Literatura Arabe*. Editora Nacional, 1981, p. 135.

[6] Al-Saqundi: *Elogio del Islam español*, pp. 120-123.

[7] Rubiera, M. J.: *La Arquitectura*, p. 93.

[8] Cantera y Burgos, Francisco: *Sinagogas en Toledo, Segovia y Córdoba*. C.S.I.C. Madrid, 1973, p. 138.

[9] Gómez Moreno, Manuel: *La Ornamentación mudéjar toledana*. En «Arquitectura Española». Madrid, 1923, p. 1.

[10] García Gómez, Emilio: *Poemas árabes en los muros y fuentes de la Alhambra*. Instituto Egipcio de Estudios Islámicos. Madrid, 1985, p. 99.

[11] García Gómez, E.: *Poemas árabes*, pp. 104, 105.

[12] García Gómez, E.: *Poemas árabes*, p. 108.

[13] Cabanelas Fernández, Darío: *El Techo del Salón de Comares en la Alhambra*. Patronato de la Alhambra y Generalife. Granada, 1988, p. 83.

[14] García Gómez, E.: *Poemas árabes*, p. 95.

[15] García Gómez, E.: *Poemas árabes*, p. 118.

[16] García Gómez, E.: *Poemas árabes*, p. 167.

[17] García Gómez, E.: *Poemas árabes*, p. 126.

[18] García Gómez, E.: *Poemas árabes*, pp. 138-140.

[19] García Gómez, E.: *Poemas árabes*, p. 149.

* Las viñetas de las pp. 22, 62 y 86, y 106 están reproducidas respectivamente de: *Cuadernos de Madīnat al-Zahrā*, de Christian Ewert, Córdoba, 1987; *Arte toledano islámico y mudéjar*, de Basilio Pavón, Madrid, 1988, y *Las antigüedades árabes en España*, de James C. Murphy, Granada, 1987.

Fotografías

47. La Alhambra: detalle del Patio de los Leones (p. 157).
48. La Alhambra: pintura con representaciones de reyes granadinos en la Sala de los Reyes (p. 158).
49. La Alhambra: pinturas de caza y caballerescas en la Sala de los Reyes (p. 158).
50. La Alhambra: detalle de la fotografía 49 (p. 159).
51. Museo Hispano-musulmán (Granada): alicatados nazaríes (dos fotografías) (p. 160).
52. Instituto de Valencia de Don Juan (Madrid): cajas de marfil pintado y tallado (dos fotografías); la de la derecha, del taller de Medina Azzahra (p. 160).
53. Museo Hispano-musulmán: Jarrón de las Gacelas (p. 161).
54. Museo Hispano-musulmán: fuente califal de mármol reutilizada en época nazarí (pp. 162-163).
55. La Alhambra: vista parcial de los Baños (p. 164).

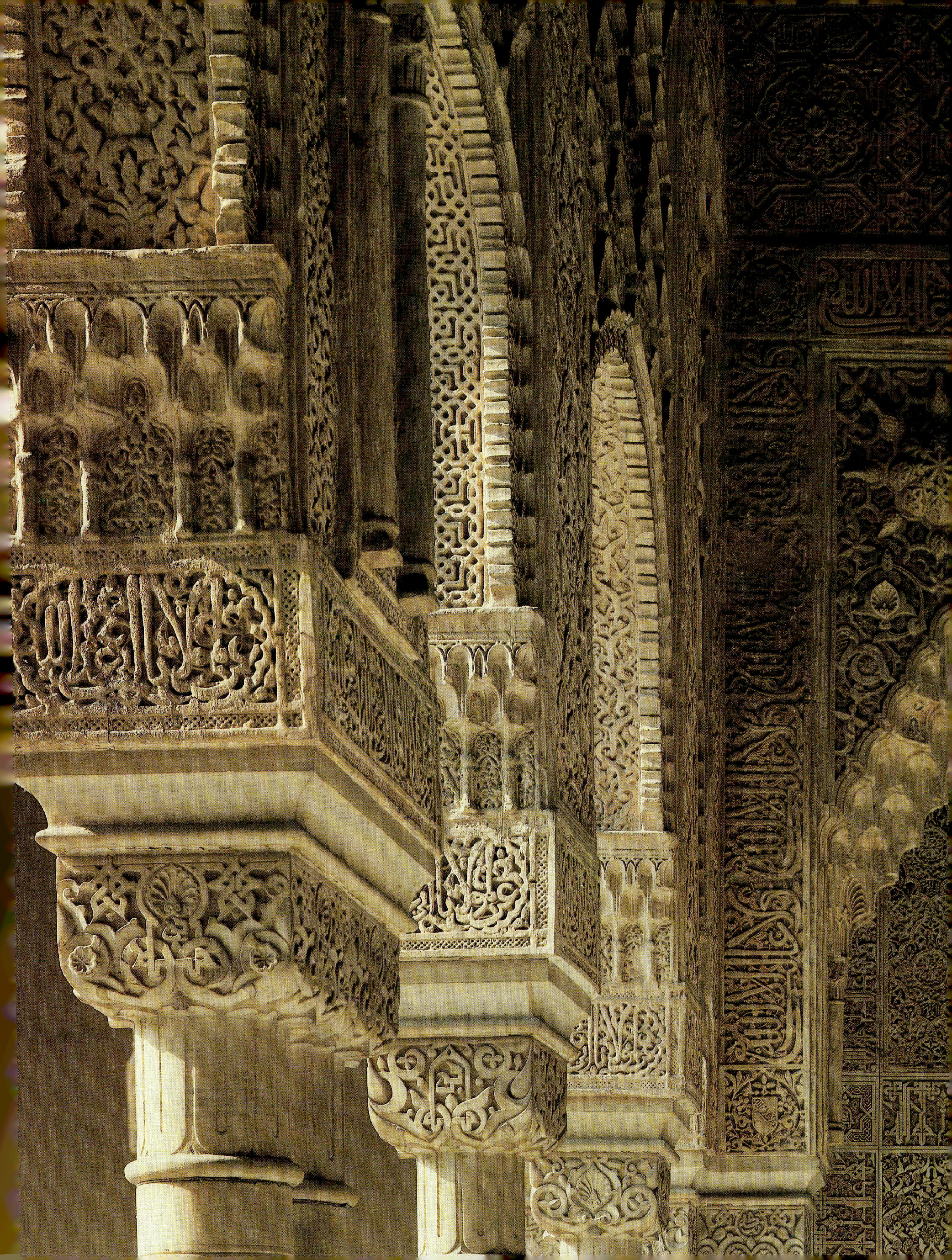

48

49

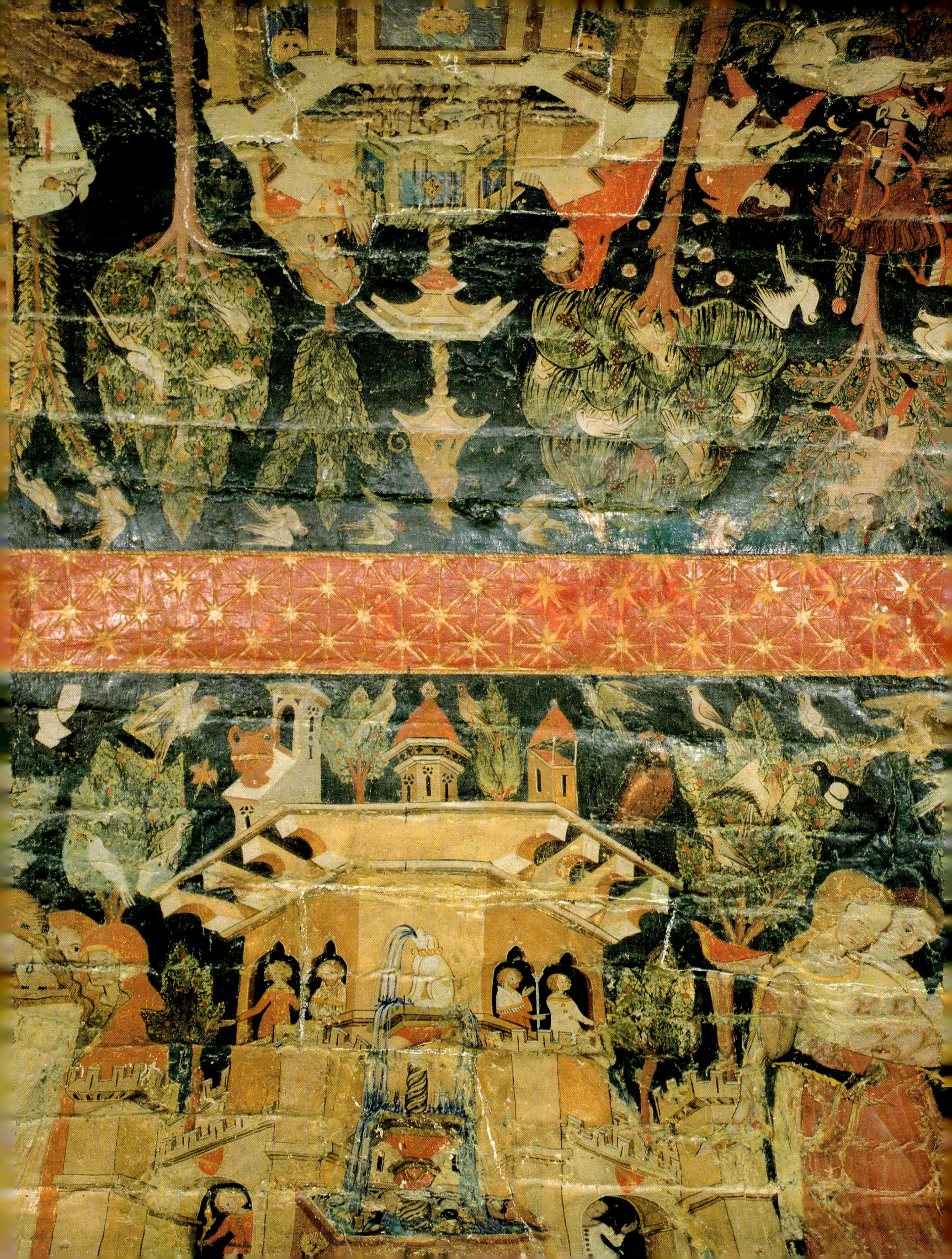

51

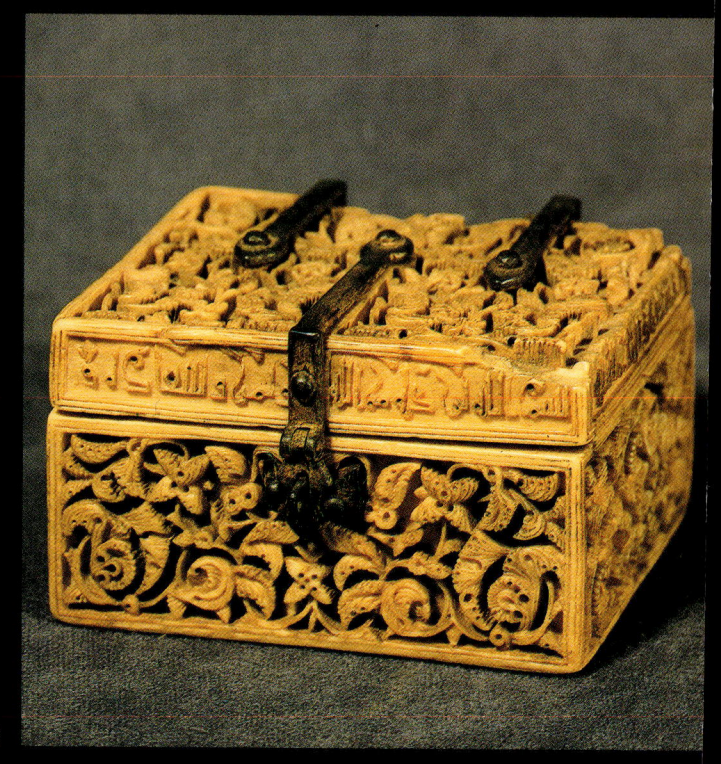

52

53

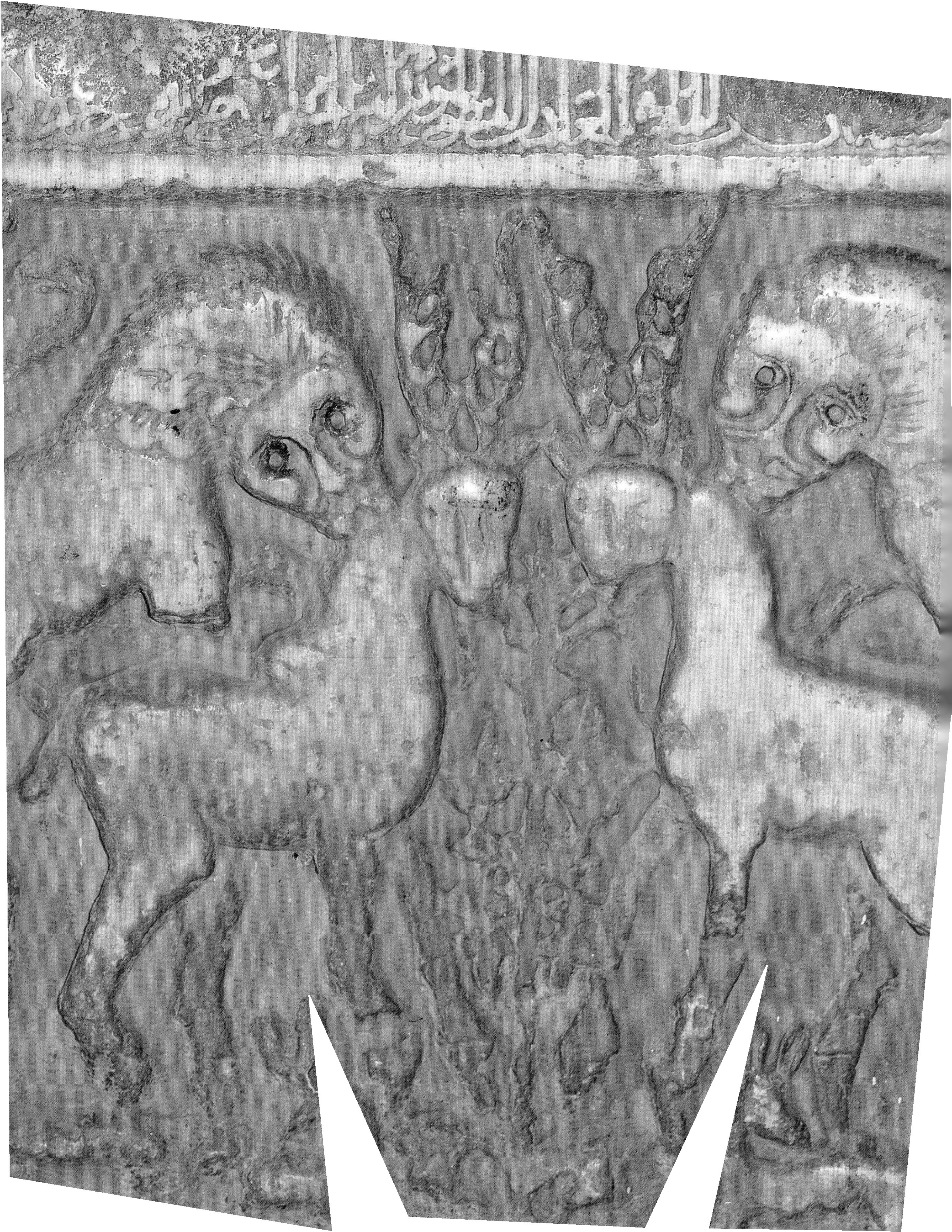

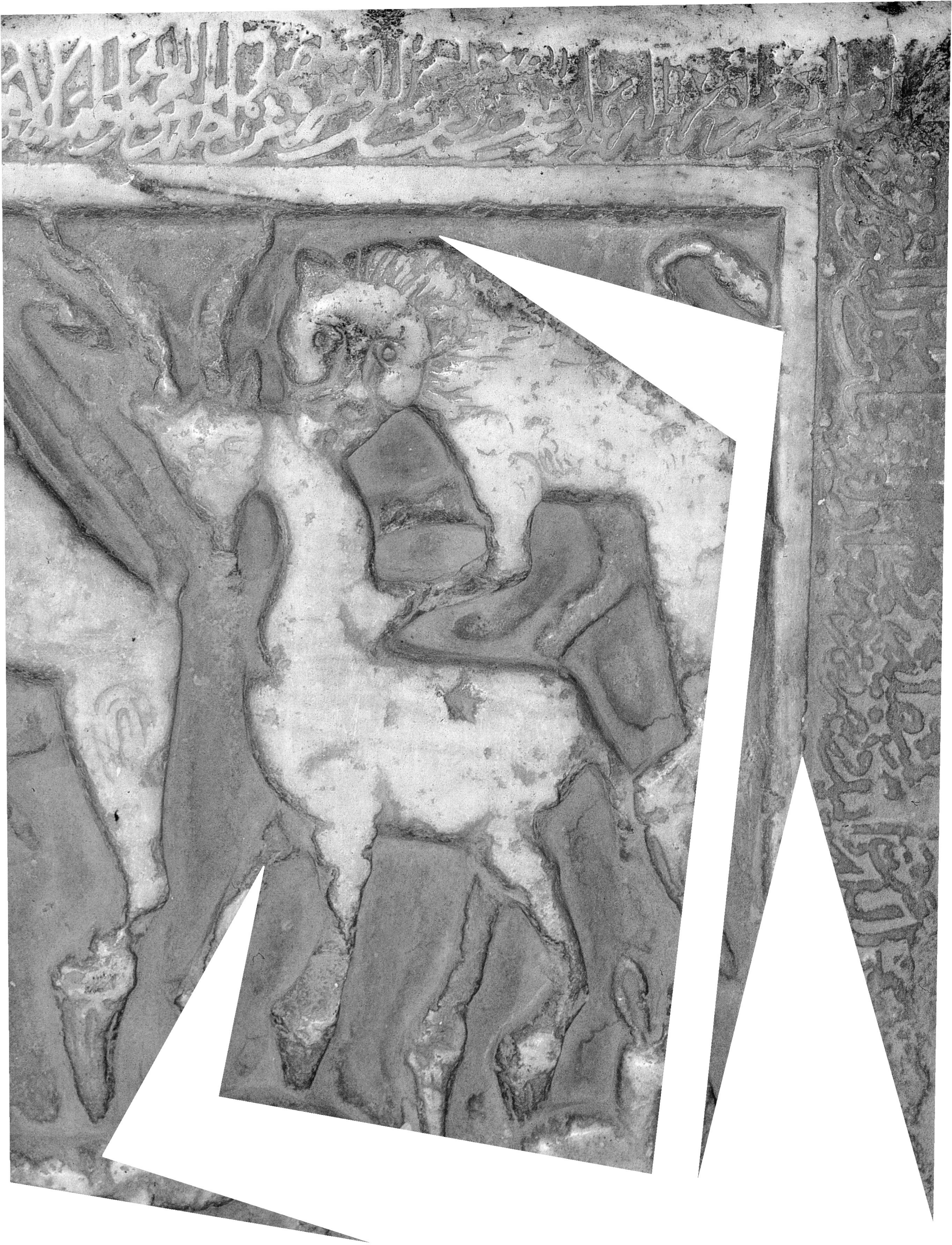

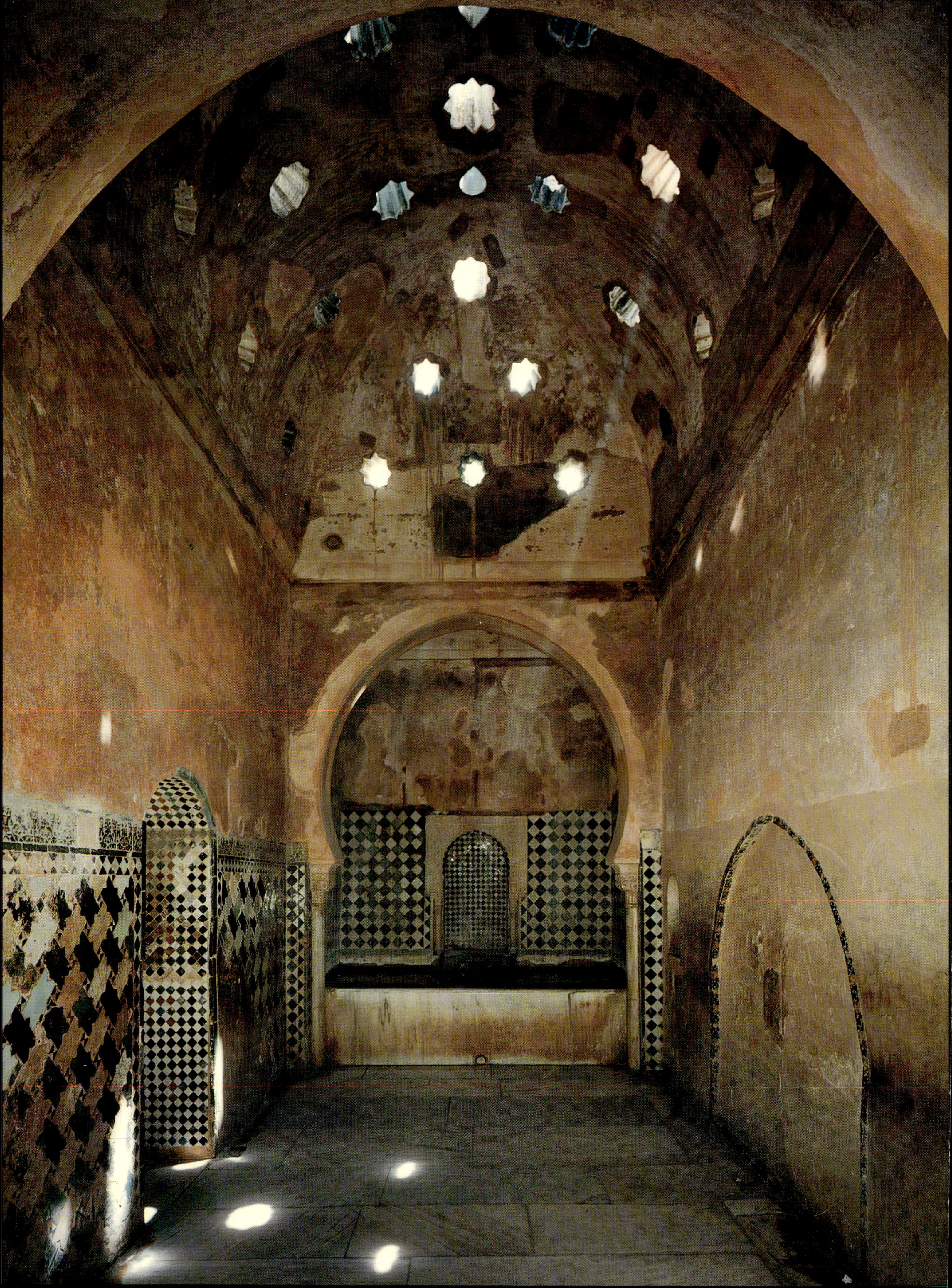

SEGUNDA PARTE
El paisaje
La agricultura
Los jardines

← Fotografías 53, 54 (doble) y 55

I
EL PAISAJE

Nada más bello, andaluces,
que vuestras huertas frondosas,
jardines, bosques y ríos,
y claras fuentes sonoras.

Edén de los elegidos
es vuestra tierra dichosa;
si a mi arbitrio lo dejasen,
no viviría yo en otra.

El infierno no temáis,
ni sus penas espantosas;
que no es posible el infierno
cuando se vive en la gloria.

BEN JAFACHA (1058-1139)

La geografía, la topología y la climatología son los grandes modeladores de los habitantes de un país, de una región. Por sus particularidades se determinan las horas de luz y de oscuridad, la lluvia y las temperaturas, la flora y la fauna y —en consecuencia— el carácter y la vida de un pueblo, sus tradiciones y sus costumbres.

Si nos dedicamos ahora a la naturaleza de Andalucía, sorprende la variedad de paisajes magníficamente compuestos por montañas majestuosas, valles amplios y fértiles, playas extensas y arenosas bañadas por el Atlántico y el Mediterráneo, las Costas del Sol y de la Luz (foto 1). La imagen de la moneda de cinco pesetas, acuñada en 1870, nos muestra esta alegoría geográfica de España: Iberia sentada se apoya en los Pirineos y baña sus pies en la mar. A escala reducida se puede observar lo mismo en Andalucía: desde Sierra Morena hasta los dos mares.

Llegando del Norte, pasada Sierra Morena, se accede a esta región española, llena de historia extraordinaria y arte fascinante, derramando literatura y leyenda, inagotable en costumbres y tradiciones, exuberante en flor y fruta.

El imponente Despeñaperros representa el enlace entre la Mancha de Castilla y la antigua Bética. El desfiladero, profundo y mortal, con una flora silvestre y peligros atmosféricos inadvertidos, nos hacen recordar las luchas encarnizadas en la tierra de Las Navas de Tolosa, donde reducidas tropas cristianas, bajo el mando de Alfonso VIII, vencen, milagrosamente guiadas por un pastor inspirado, a la gran avalancha árabe, apoyada en la agilidad de sus caballos de pura sangre, inútiles en estos parajes rocosos sin camino alguno.

Y llegamos a las estribaciones de la sierra, y nos esperan en la primavera miles de amapolas resplandecientes, en el verano grandes campos de girasoles silenciosamente devotos, en el otoño filas de esbeltos álamos dorados y en el invierno un cielo limpio de azul rey al cual se alzan los picos blancos de Sierra Nevada, logrando aspectos escultóricos (fotos 71, 72 y 78).

La tierra blanca, amarillenta hasta roja y morada, se extiende sobre las colinas redondas y se presta como fondo de los campos poblados de olivos de todas edades. Recordamos los grabados simples del siglo XVIII, que reproducen —de forma casi naïf— los inmensos olivares con puntitos en fila rigurosa sobre una superficie sin límites. Un paisaje suavemente ondulado en tonos verdes matizados hasta plateado y gris oscuro:

> *«...por estos campos de la tierra mía*
> *bordados de olivares polvorientos...»* [1],

recuerda Antonio Machado cuando vive en Soria.

Vemos olivos centenarios, que ya no dan fruto como en sus mejores años, pero que están con su tronco nudoso en la cúspide de su existencia decorativa. Asimismo protegen con las enormes copas contra el viento helado de las sierras altas, empleo que conocemos de los naranjales del Valle de Lecrín y de otros lugares (foto 65).

En cualquiera de sus espacios tanto montañosos como llanos el paisaje de acentuado sabor andaluz se define también por sus pueblos blancos, que se derraman como una cascada en las faldas de las sierras. Se asientan en colinas pequeñas que sobresalen en los llanos y las playas o se perciben como motas blancas. Los solitarios cortijos nos hablan de tiempos pasados, cuando el cultivo del olivo era una riqueza incuestionable. Hoy muchos de ellos son símbolo de la emigración a las grandes ciudades y emanan una tristeza profundamente sentida.

Estos grupos de viviendas rectangulares, con sus casas señoriales y modestas, con establos y silos, con molino de aceite y bodega de vino, con una capilla y el patio amplio para todos eran un mundo de convivencia muy especial. Patrón y jornalero, anciano y joven compartieron sus problemas personales, su alegría y su luto, eran una comunidad humana dedicada a la labor del campo. Con el sistema de las cooperativas impersonales, con el injusto desprecio del aceite de oliva, muchas de estas viviendas rurales están abandonadas, llenando el aire de nostalgia, evocando esta impresión lorquiana:

> *«El campo*
> *de olivos*
> *se abre y se cierra*
> *como un abanico.*
> *Sobre el olivar*
> *hay un cielo hundido*
> *y una lluvia oscura*
> *de luceros fríos.*
> *Tiembla junco y penumbra*
> *a la orilla del río.*
> *Se riza el aire gris.*
> *Los olivos*
> *están cargados*
> *de gritos.*
> *Una bandada*

de pájaros cautivos,
que mueven sus larguísimas
colas en lo sombrío» [2].

Continuando en nuestro camino real y pensativo por estas tierras, contemplamos otro aspecto triste del paisaje andaluz: la disminución de los bosques y con ella la desaparición de una fauna irrecuperable, y eso que ambos al mismo tiempo son indispensables para nosotros.

La deforestación en esta región tiene un origen eminentemente histórico. En su tiempo los romanos comenzaron a talar grandes extensiones de bosques para emplear la tierra en el cultivo del trigo y de la vid. La reconquista con batallas seculares por ambas partes, la construcción de flotas precisadas para el descubrimiento de tierras lejanas, actividades mineras y la necesidad diaria de combustible en casa y taller, son causas de suma importancia de este deterioro, y significan para nosotros el estar al borde de un desastre natural, que se ve agravado por los a veces indominables fuegos forestales en tiempos de sequía o por descuido humano, el actual enemigo número uno de los pinos, encinas y demás árboles.

Sabemos y agradecemos la existencia de unas regiones en Andalucía que se dedican con más conciencia a la cría y la conservación de una fauna en gran parte perdida. La Sierra de Cazorla, la Serranía de Ronda con sus más de 2.000 metros de altura, el Coto de Doñana y otros sitios idóneos, como el Cerro Gordo entre Nerja y Almuñécar, son restringidas zonas dedicadas a esta tarea noble y necesaria. La existencia de muchos animales, que antaño eran habitantes frecuentes en sus bosques, hoy los conocemos solamente a través de pinturas y escritos de los siglos pasados. La escena de caza representada en las paredes de la Casa del Partal en la Alhambra, del siglo XIV, por ejemplo, muestra osos, ciervos y jabalíes (foto 44). Grabados y crónicas de los viajeros de los siglos XVII y XVIII o topónimos geográficos como Peña de la Osa en Córdoba, Sierra del Oso en Almería, puertos como el de la Cabra Montés en la costa granadina son también valiosos testimonios de su existencia.

Y el viajero se va en busca de la mar, la otra gran atracción del paisaje andaluz, pero sin antes cruzar las faldas de Sierra Nevada, que en cada momento del año nos sorprenden con esta flora duradera, valiente y modesta, sin pretensión alguna. En el camino, casas de labradores que lentamente se desmoronan, luciendo todavía su arquitectura sencilla, acertada y práctica. El tejado añoso, muros de tapial, puertas y ventanas, que hablan de un pasado bueno y orgulloso. Un bar quebrado, porque faltaba clientela suficiente, nos cuenta una ilusión económica que no se cumplió. Se recuerda el pasado, cuando por estas casas, fuera del mundo cómodo pero lleno de tradición y saber vivir, pasaba el párroco, el médico, de vez en cuando el cartero y los guardianes del orden, todos esperados, todos bienvenidos, agasajados con comida casera y una bebida refrescante. Un gazpacho, una palomita, un trago de vino de la

Fotografías

56. Granada: La Alhambra. Convento de San Francisco (hoy Parador Nacional), patio principal con típico aspecto granadino (p. 173).
57. El Generalife (Granada): Patio de la Acequia, el apogeo de la «Huerta Excelsa» (p. 174).
58. El Generalife: Jardines Nuevos con fuentes agallonadas de surtidor bajo, composición de jardinería actual de gran sensibilidad musulmana (p. 175).
59. La Alhambra: Alcazaba y Albaicín con la Vega al fondo (pp. 176-177).
60. La Alhambra: la Torre de Comares y el Peinador de la Reina con el Albaicín al fondo, desde el Mirador del Partal (pp. 178-179).
61. La Alhambra: el Partal, estanque con la realidad al fondo y el reflejo en primer término de El Generalife y de la Silla del Moro (Castillo de Santa Elena) (p. 180).

Fotografías 56, 57, 58 y 59 (doble) →

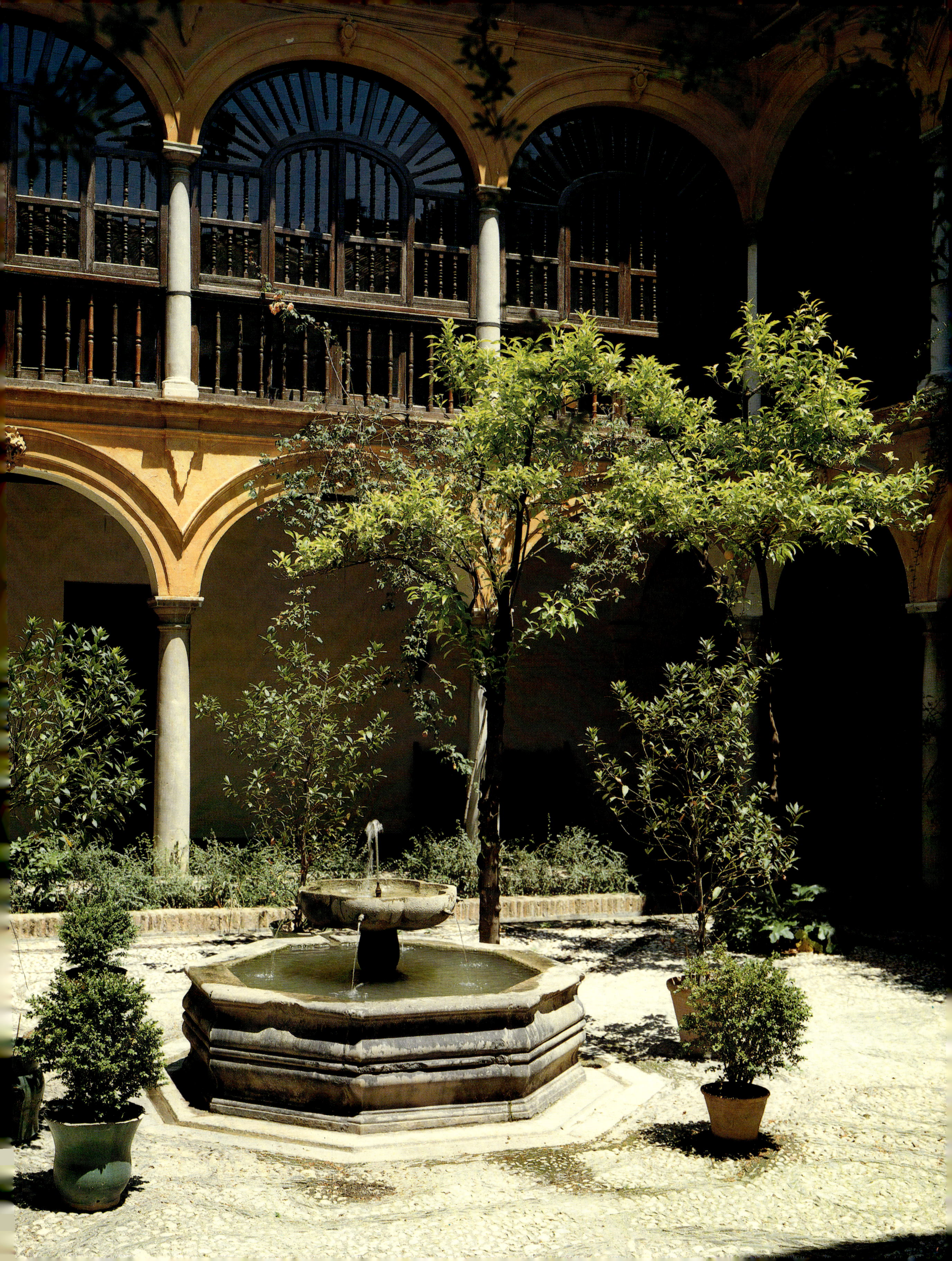

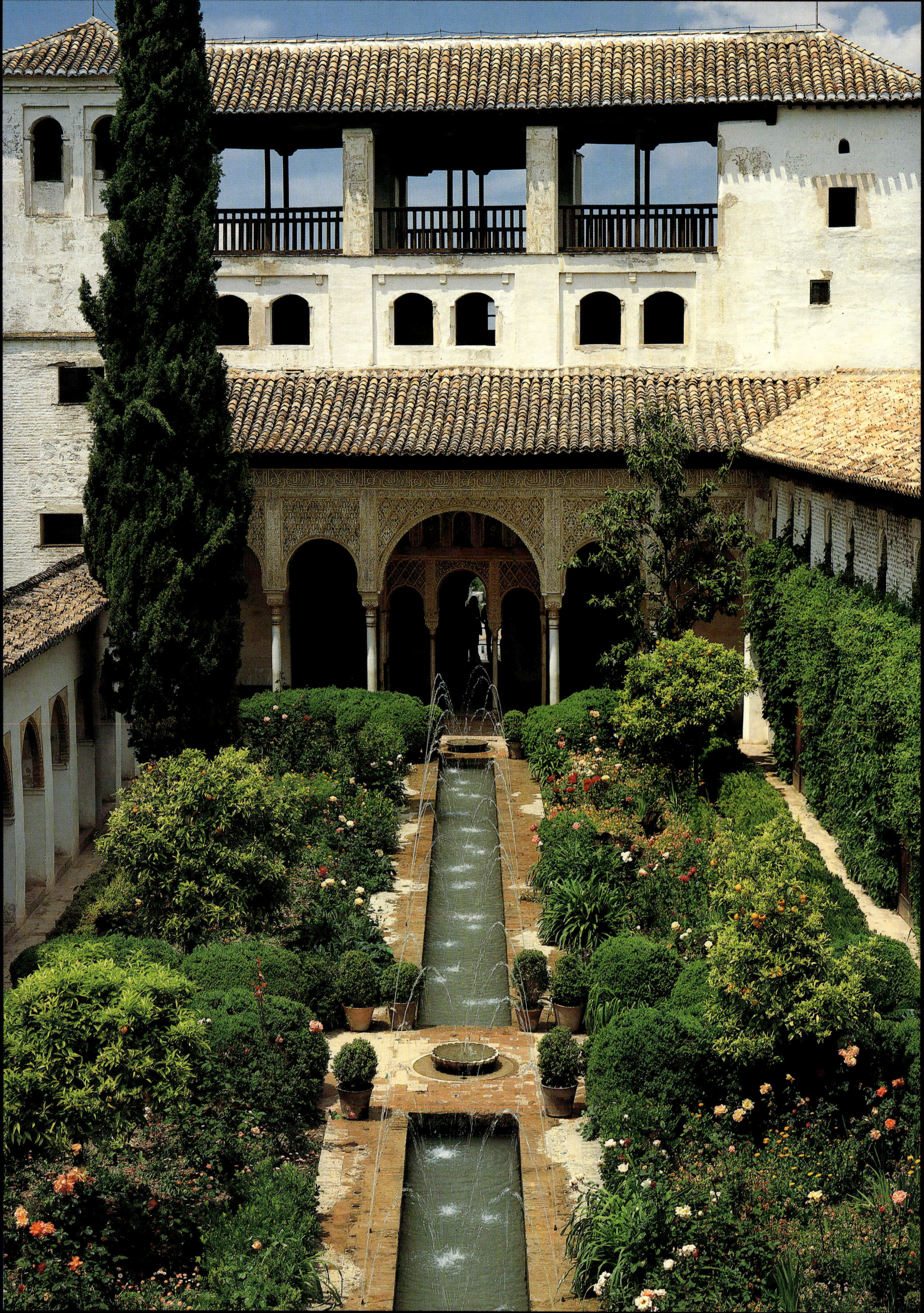

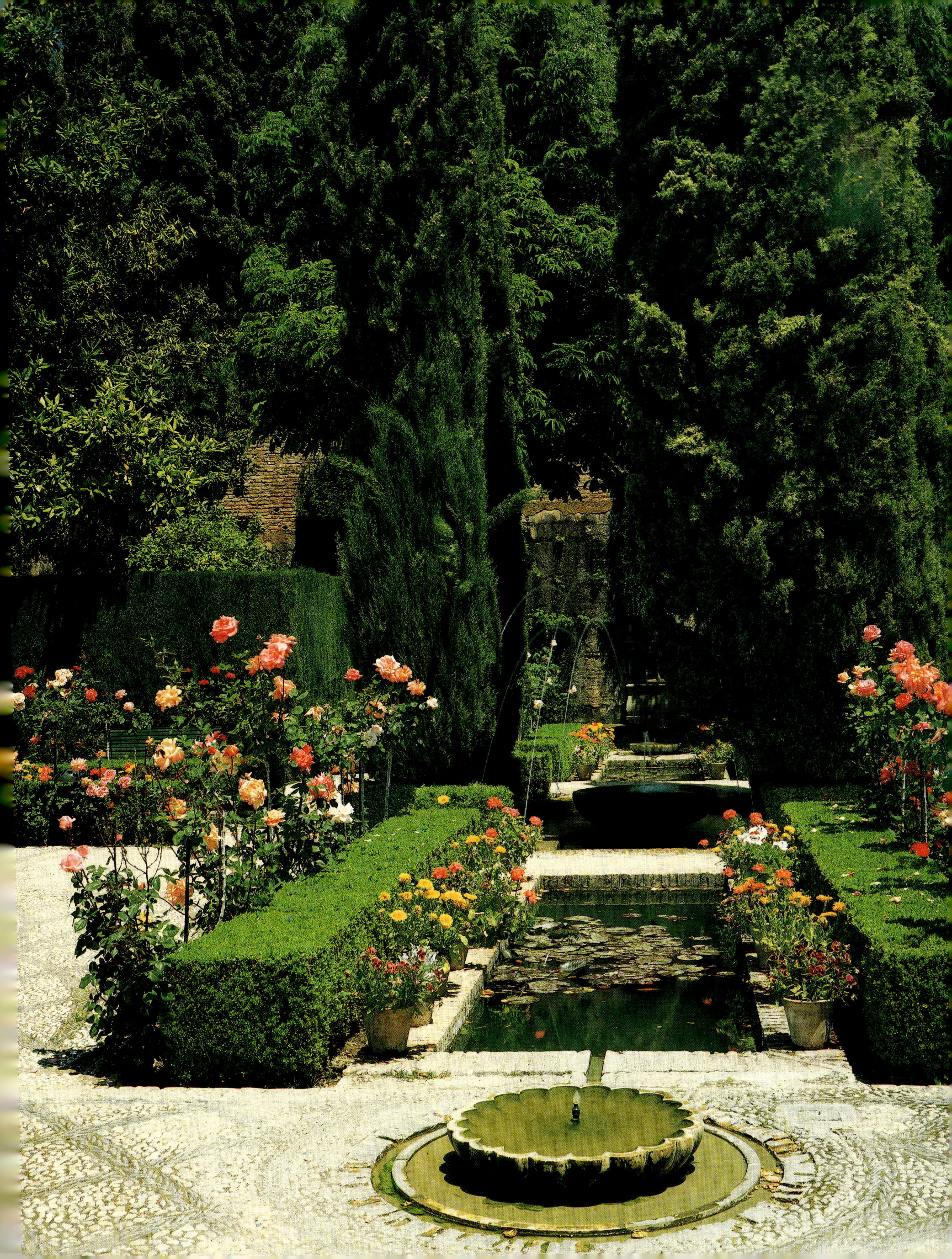

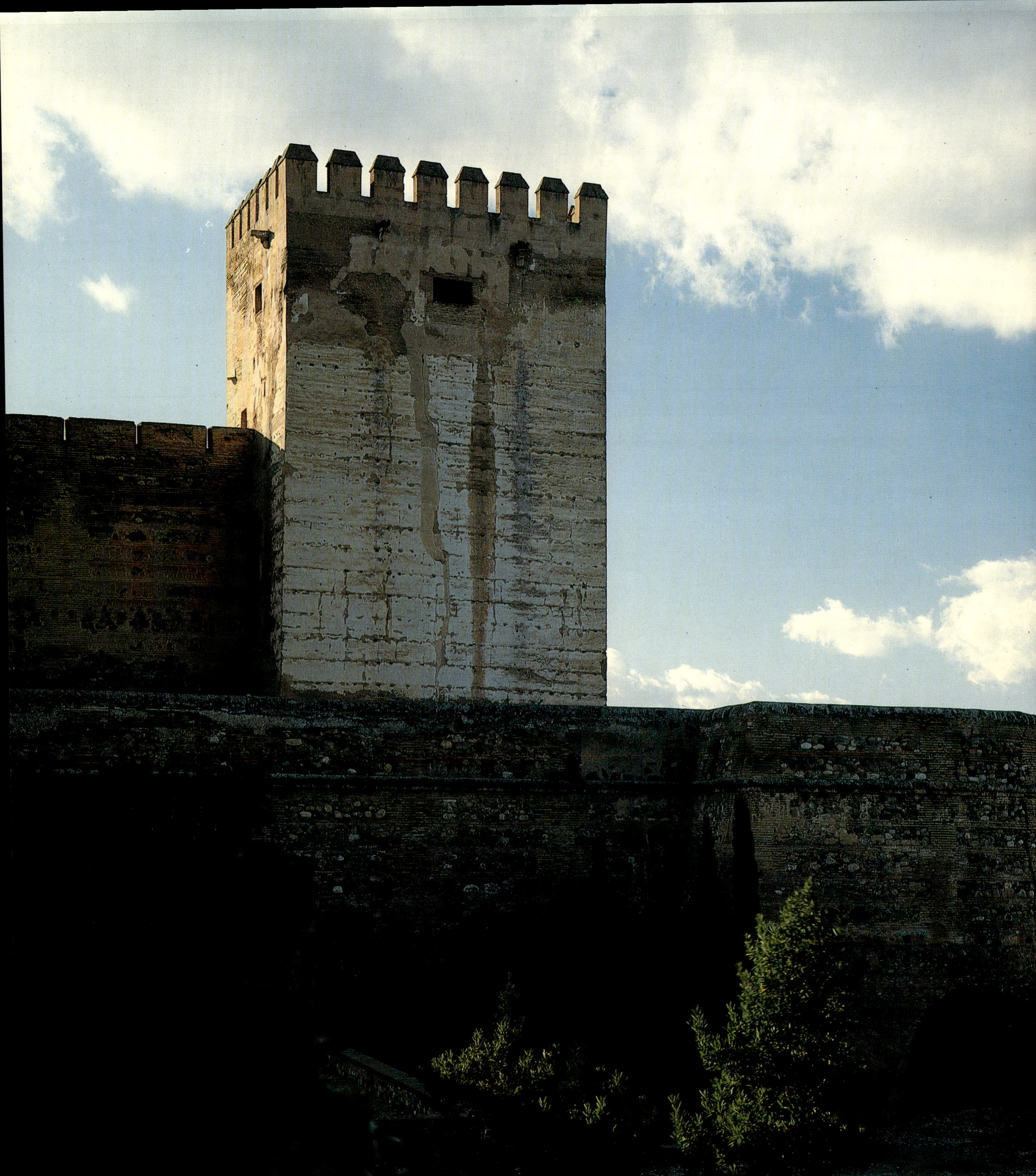

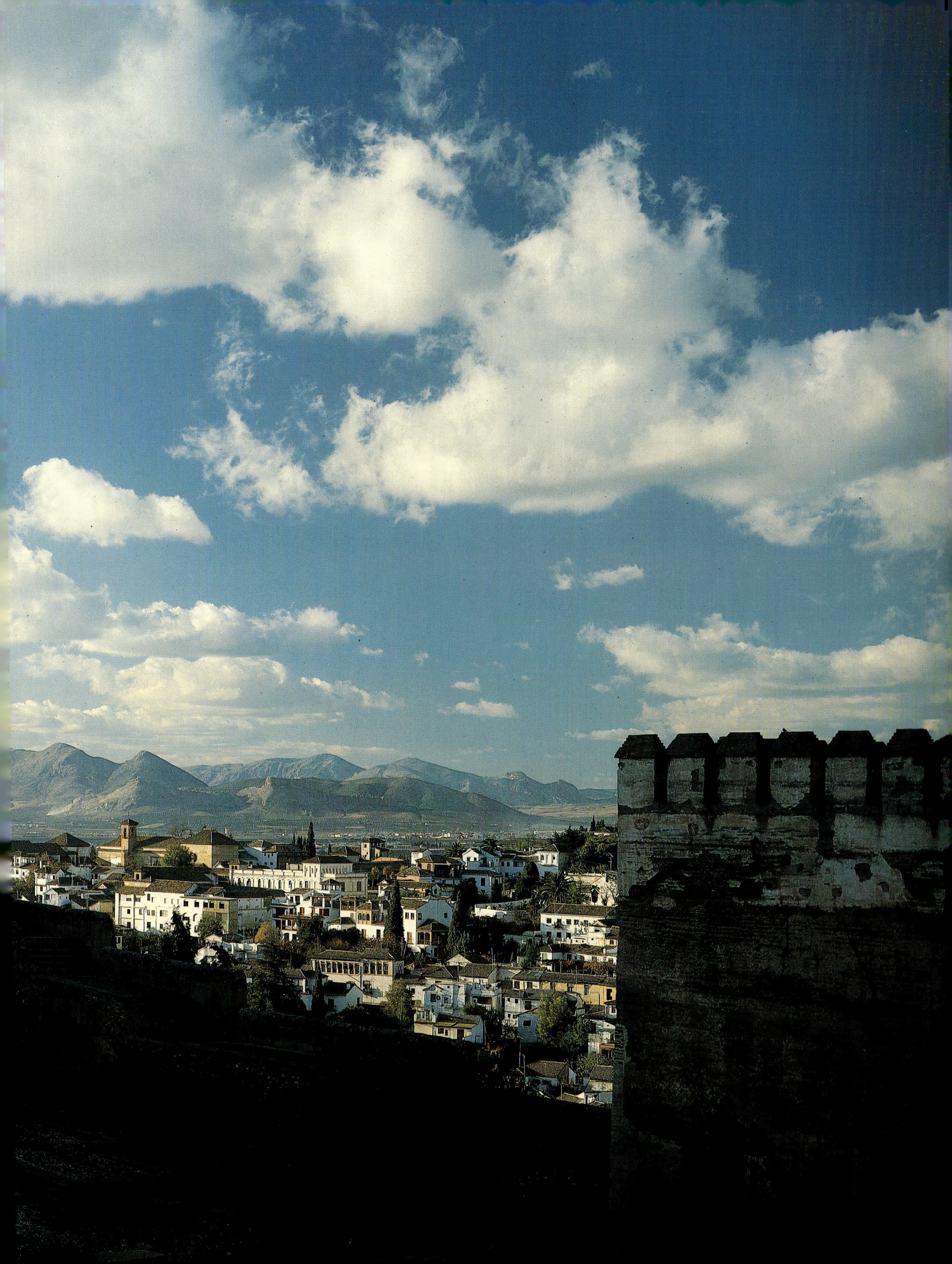

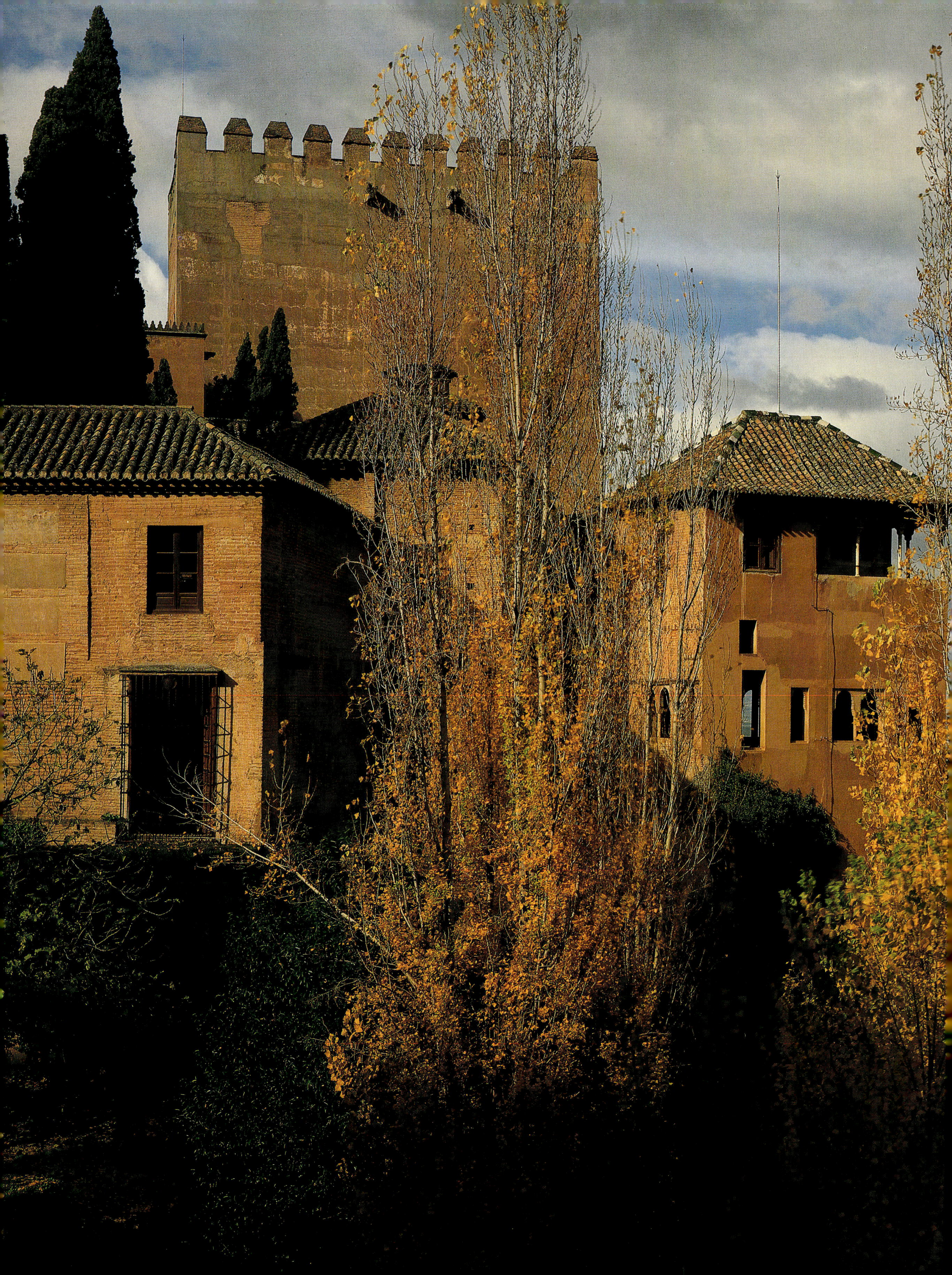

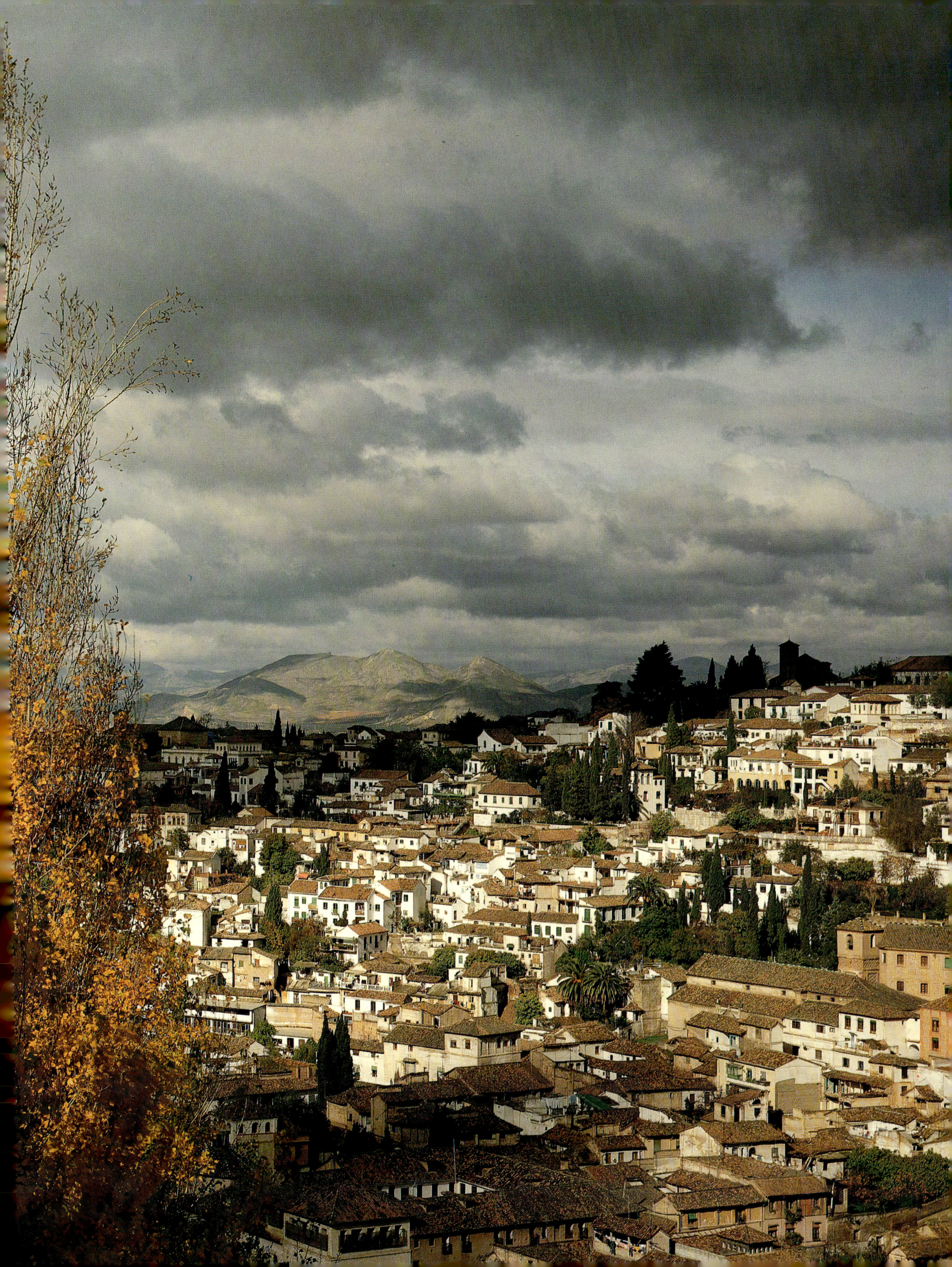

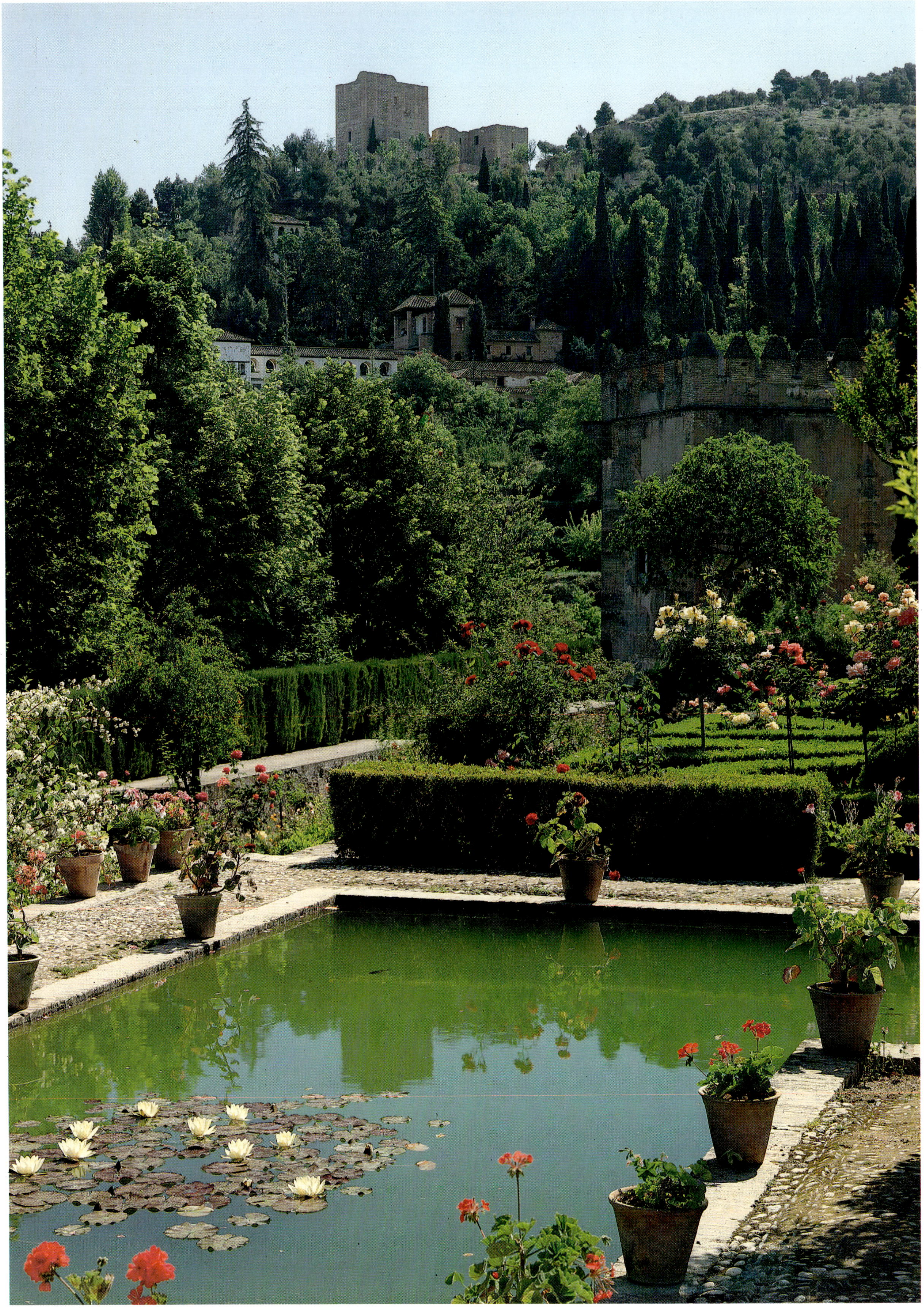

tierra... Para ellos no hubo estos «peligros diversos» que anuncian las señales de tráfico hoy al automovilista y que siempre cuando pueden evitan el uso de estas carreteras.

Pasamos por *la Alpujarra,* una región que evoca innumerables rememoraciones de tiempos musulmanes, empezando por su nombre misterioso: Tierra de Seda, Lugar de Fortalezas, Sierra de Pastos y, sobre todo, la Andalucía secreta (foto 68).

Nos inclinamos por el último por lo que sabemos, o mejor, que no sabemos de esta región granadina llena de historia movida desde su resistencia a los deseos bélicos de los romanos hasta la defensa con éxito contra los franceses.

Aquí se refugiaron los últimos miembros de la dinastía Nazarí, cuando los Reyes Católicos conquistaron Granada, y Boabdil el Chico se retira a estos parajes desiertos, volviendo en el «Suspiro del Moro» con lágrimas en los ojos la vista hacia su paraíso perdido: la Alhambra. Varios años vivió aquí bajo la custodia del Mulhacén, que, a su vez, lleva el nombre en memoria de Muley Hacen, penúltimo rey musulmán de Granada, quien escogió este lugar alto, rocoso y estratégico para su tumba.

También los moriscos granadinos, expulsados por Carlos V, huyen a estas estribaciones de Sierra Nevada donde implantan sus tradiciones fascinantes y perpetúan sus rasgos fisonómicos entre los habitantes, que se muestran hasta hoy reacios al cambio y con ello a la modernización. Eso parece más sorprendente todavía teniendo en cuenta que tras la guerra originada por la rebelión en tiempos de Felipe II los moriscos fueron desarraigados de la Alpujarra y distribuidos por otras lejanas comarcas.

Qué poco se han alterado las costumbres en la Alpujarra desde los tiempos musulmanes; se demuestra sobre todo en los cortijos. Las casas blancas en forma de dado con las características azoteas y chimeneas originales presentan en su conjunto una semejanza obvia con los pueblos beréberes de Marruecos (foto 76).

El paisaje en parte indominable, en parte muy fértil y famoso por sus productos agrícolas como las moreras para el gusano de seda, las almendras de calidad reconocida y los higos más sobrosos de la región, menos ha variado todavía. La Alpujarra ha sido y será «aquella tierra, a un tiempo célebre y desconocida, donde resultaba no haber estado nadie; aquella invisible comarca, cuyo cielo se sonreía sobre la frente soberana del Mulhacén..., la indómita y trágica Alpujarra», como dice Pedro Antonio de Alarcón en su libro clásico «La Alpujarra», escrito en los años 70 del siglo pasado.

¡Pero seguimos en nuestro camino hacia la costa mediterránea! Corpulentos pinos y encinas hablan de su lucha por su supervivencia en medio de una parte vilmente quemada. Al hombre le entró el miedo y construyó anchos cortafuegos, trabajos de la gente forestal.

En la lejanía las cimas muestran un encaje de árboles, como un pañuelo ricamente trabajado a ganchillo. Dan un momento dulce en este paisaje de peñascos desnudos y desfiladeros mortales.

← Fotografías 60 (doble) y 61

A menudo, saluda un campesino, sentado sobre una mula y acompañado por un perro de raza difícilmente definida. Tranquilamente va por su camino, con el sombrero de paja, la bolsa de bandolera artesanal y un pico sobre el hombro; con una cara sana, de expresión tranquila, alegre y contenta, la envidia del hombre al volante...

De vez en cuando nos acompaña un burro, este «Platero» del poeta andaluz Juan Ramón Jiménez, mirándonos con sus «ojos de azabache» y decorado con sus nueve prendas tradicionales: el suavor, el albardón, la pájera, el enjarma, el atajarre, el ropón, el mandil de cabezal, la sobrejarma con sus cuatro rosas bordadas y la cincha.

Mientras tanto, nos hemos acercado a una zona de Andalucía donde la influencia de los vientos de la sierra y la brisa del mar crean un microclima muy especial. En tiempos musulmanes ya se sabía y se aprovechaba esta circunstancia natural. La fertilidad es el gran lema y se nos presenta un paraje amable, verde y frondoso presidido por las sierras de alrededor, unas con nieve, otras con su cima desnuda o arbolada. Hay miradores naturales y construidos, que abren la vista hacia un horizonte sin límites, donde una línea azul hace suponer la mar. Las rocas se visten con hiniesta amarilla, con jara rosa y blanca, y más abajo se muestran los almendros en flor en enero y febrero, y los aguacates con su flor amarilloverdosa en los meses de primavera. Vemos naranjales y limonares, puntos de color naranja o amarillo, y el níspero con sus frutas amarillas casi más abundantes que el follaje. Bancales fértiles con chirimoyo, plátano y níspero hablan de una dedicación constante a la fruta tropical de este valle alrededor de Almuñécar.

De pronto se presenta *Salobreña,* en su configuración arquitectónica, uno de los pueblos más típicos de la Edad Media, situado sobre una colina en medio de un paisaje sin horizontes, rodeado de campos fértiles con vegetación subtropical, sobre todo de caña de azúcar (foto 70).

De este «Salubiniya», nombre que quiere decir «castillo junto al mar», nos cuenta un cronista musulmán:

> *«Salubiniya: Villa habitada, sobre el mar,*
> *se encuentra a diez millas de Almuñécar.*
> *Los plataneros y las cañas de azúcar florecen aquí*
> *maravillosamente»* [3].

También se habla desde tiempos antiguos «que la naranja, el algodón, el maíz y el clavel eran cultivados en ambos distritos, muy especialmente en sus deltas fluviales» [4], productos agrícolas que todavía son típicos de Salobreña y su entorno.

Siendo un pueblo muy antiguo, aún vive su máximo esplendor en época nazarí. Es también entonces cuando se crea la imagen urbanística que hasta hoy se admira: la disposición de los pueblos árabes: blancas casas rectangulares en calles estrechas y empinadas, que buscan la protección de la alcazaba que preside el conjunto. En este castillo fue preso Yussuf III, desde 1408 rey nazarí de Granada cuando se muere Muhamad VII. Moribundo, este último todavía había ordenado la muerte de Yussuf, pero éste pide terminar una partida de ajedrez para dar tiempo a sus fieles a liberarle y proclamarle rey.

Textos contemporáneos que hablan del cautiverio de Yussuf ya nos describen el encanto de este sitio maravilloso:

«No fue tan duro Mohamed que condenase a su inofensivo hermano a una prisión estrecha y sombría. Le permitió pasear por todo aquel valle, el más hermoso y fértil de toda la costa. En el castillo, construido sobre una colina al borde mismo del mar, descollaba un palacio con ajimeces a todos vientos. Desde el salón del sur se descubrían el Mediterráneo en toda su anchura y la vela de los navíos deslizados sobre sus olas; las brisas suaves transmitían a veces el canto de los pescadores... y a veces escuchábase entre el rugido de la tempestad la triste voz de los náufragos. Eran tan deleitosos estos pensiles, que los poetas árabes los comparaban con el Edén. Mohamad quiso adormecer a su hermano en este paraíso y hacerle gustar todos los halagos de la vida, menos la libertad»[5].

También las «Tres hermosas princesas», trillizas que tenía Mohamed el Zurdo, también rey de Granada, han vivido aquí, donde, según la leyenda, su padre quería protegerlas de una maldición hecha a la hora de su nacimiento. Dice la leyenda:

«Aquí permanecían las princesas, separadas del mundo, pero rodeadas de goces y servidas por esclavas que se anticipaban a sus deseos. Tenían deliciosos jardines para su recreo, repletos de las más raras frutas y flores, con aromadas arboledas y perfumados baños... Como ya se ha dicho, el castillo de Salobreña estaba construido sobre una colina a orillas del mar. Una de las murallas exteriores bajaba dibujando el perfil de la montaña hasta llegar a una roca saledíza que dominaba el mar, con una estrecha y arenosa playa al pie, bañada por las rizadas olas...»[6].

Y otro paisaje urbanístico llama la atención en las fotografías de este libro; las vistas al *Albaicín*, tomadas desde la Alhambra (foto 59).

El Albaicín —para repetirlo otra vez— es un barrio de Granada con «ambiente árabe que no tiene semejante en todo el universo», como ya consta en las palabras de Ibn Batutah del siglo XIV. Su extensión llega desde el río Darro hasta el Cerro de San Miguel, que lleva el nombre del patrono de este interesante arrabal granadino. Sus orígenes se pueden llevar hasta época romana, pero su gran auge e importancia, como su configuración actual, datan de los tiempos islámicos. En el siglo XIV se habla del Albaicín como de «otra ciudad» que tenía mezquita mayor, administración autónoma y jueces independientes de Granada. Restos de la mezquita se conservan en la iglesia del Salvador, cuyo patio y aljibe son auténticos de tiempos musulmanes. El campanario de la iglesia de San José es un alminar del siglo XI y el del templo de San

Juan de los Reyes tiene su origen en el siglo XIII. ¡El Albaicín cristiano y musulmán a la vez!

Pero lo que hace al Albaicín «único del universo», como lo describe Jerónimo Münzer en el siglo XVI, son su distribución urbanística y su ambiente peculiar que se expresa en su arquitectura especial y en el estilo de vida que ésta permite.

Aquí en los famosos Cármenes se encuentran muchos de los deleites que proporcionaron las moradas musulmanas.

Esta forma de vivienda con patio y huerta cercada por un muro alto y blanco está documentada solamente para Granada. Tienen todos los placeres de un ambiente musulmán, donde arquitectura y naturaleza se unen en una armonía que más tarde en este libro consta en la Alhambra y en el Generalife en escala más importante: la soledad, el silencio, «viendo sin ser visto», la huerta con frutales de cosecha deliciosa, el jardín y el patio con plantas de flor y hojas aromáticas, junto a la fiel presencia del agua: la fuente y su surtidor sonoro, la pequeña alberca decorando con su espejo líquido con una alfombra persa. La tertulia familiar o amistosa, amenizada con el sonido flamenco de los cantaores, la guitarra y las castañuelas llena con vida este pequeño paraíso.

Los restos de una alcazaba y la parte de la muralla todavía en pie hablan del difícil pasado histórico del Albaicín; muchas de sus calles, la del Horno de Vidrio o la del Horno de Oro, como la Puerta de Fajalauza, son testigos de su tradicional riqueza artesanal, e innumerables aljibes, fuentes y canalillos o la misma calle del Agua atestan el vivo interés que tenían sus habitantes musulmanes en este líquido indispensable en la vida diaria y placentera.

¿Y qué más hay que añadir a la siguiente estadística tomada del callejero vigente para caracterizar el Albaicín? 21 calles comienzan con la palabra *aljibe,* 17 con el apelativo de *cuesta,* 13 con el de *callejón*; 48 sitios se denominan como *placetas* y algunos son *carril, vereda, portón* y *barranco.*

¡Sentémonos en uno de los ajimeces de la Alhambra que dan vista hacia el Albaicín y contemplemos con las palabras de Federico García Lorca en mente este paraje impresionante e inolvidable que se nos presenta desde la Colina Roja (foto 60).

>*«El Albaycín se amontona sobre la colina alzando*
>*sus torres llenas de gracia mudéjar... En los días*
>*claros y maravillosos de esta ciudad magnífica*
>*y gloriosa al Albaycín se recorta sobre el azul*
>*único del cielo rebosando gracia agreste y*
>*encantadora... Están las cosas colocadas, como*
>*si un viento huracanado las hubiera arremolinado*
>*así. Se montan unas sobre otras con raros ritmos de*
>*líneas. Se apoyan entrechocando sus paredes con*

> *original y diabólica expresión... Aquí y allá siempre los ecos moros de las chumberas... Por encima del caserío se levantan las notas funerales de los cipreses, luciendo su negrura romántica y sentimental..., juntos a ellos están los corazones y las cruces de las veletas que giran pausadamente frente a la majestad espléndida de la vega»* [7].

Y una vez más aquí este conjunto arquitectónico en medio de un paraje impresionante nos muestra que hay poblaciones que son parte integrante de la naturaleza; es más, que por sí mismas son paisaje inolvidable:

Imágenes con las cumbres nevadas al fondo, el cielo de un azul intenso y muchos días del año sin una sola nube, acompañan la soledad y la alegría del viajero de hoy como el de muchos siglos antes.

II
LA AGRICULTURA

*Dios ha puesto dentro de la Agricultura
la mayor parte de los bienes necesarios
para el sustento del hombre,
y por tanto es muy grande su interés
por las utilidades que encierra.*

Ibn Luyun

*¿No has visto que Dios ha hecho descender
agua desde el cielo y que la conduce
a fuentes ocultas en las entrañas
de la tierra? Luego, con ella, hace
brotar cereales de distintas especies;
en seguida se agotan, los ves palidecer
y pasan a ser briznas secas. En eso hay
una instrucción para los dotados
de entendimiento.*

EL CORAN, 39, 21

Fotografías

62. El Generalife: Jardines Nuevos, dando la impresión de una «alfombra de jardín» persa (p. 189).
63. La Alhambra: las Torres de la Cautiva y de las Infantas en otoño vistas desde El Generalife (p. 190).
64. Casa del Chapiz (Granada): patio con la alberca del siglo XVI (p. 191).
65. Paisaje andaluz: Olivos centenarios rodeados de flora primaveral (pp. 192-193).
66. Paisaje andaluz: El tajo de Ronda (Málaga). (p. 194).
67. Paisaje andaluz: Salobreña (Granada), con extensos campos de caña de azúcar (p. 195).
68. Paisaje andaluz: La Alpujarra, «aquella tierra, a un tiempo célebre y desconocida, donde resultaba no haber estado nunca nadie...» (Pedro Antonio de Alarcón). (p. 196).

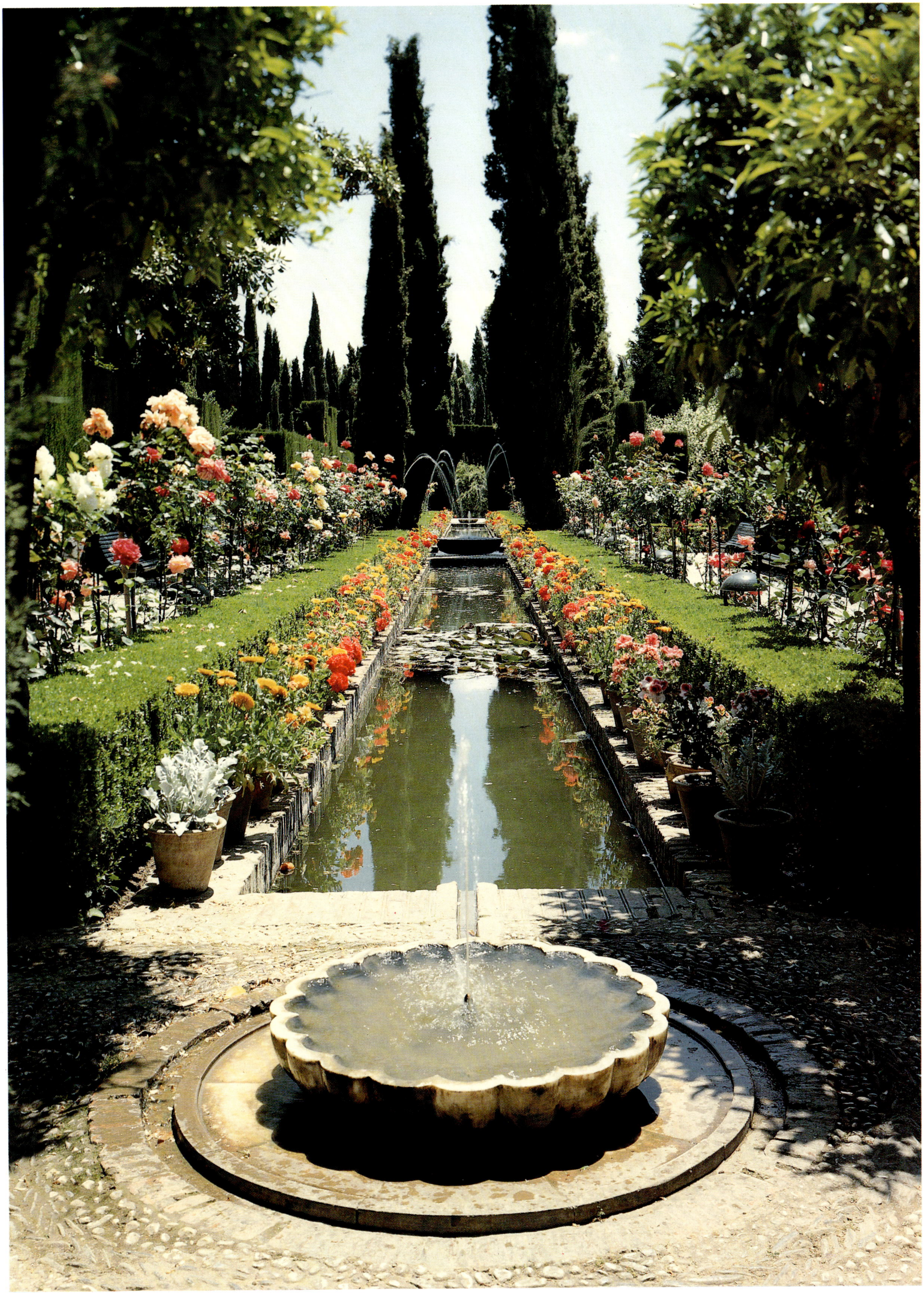

63

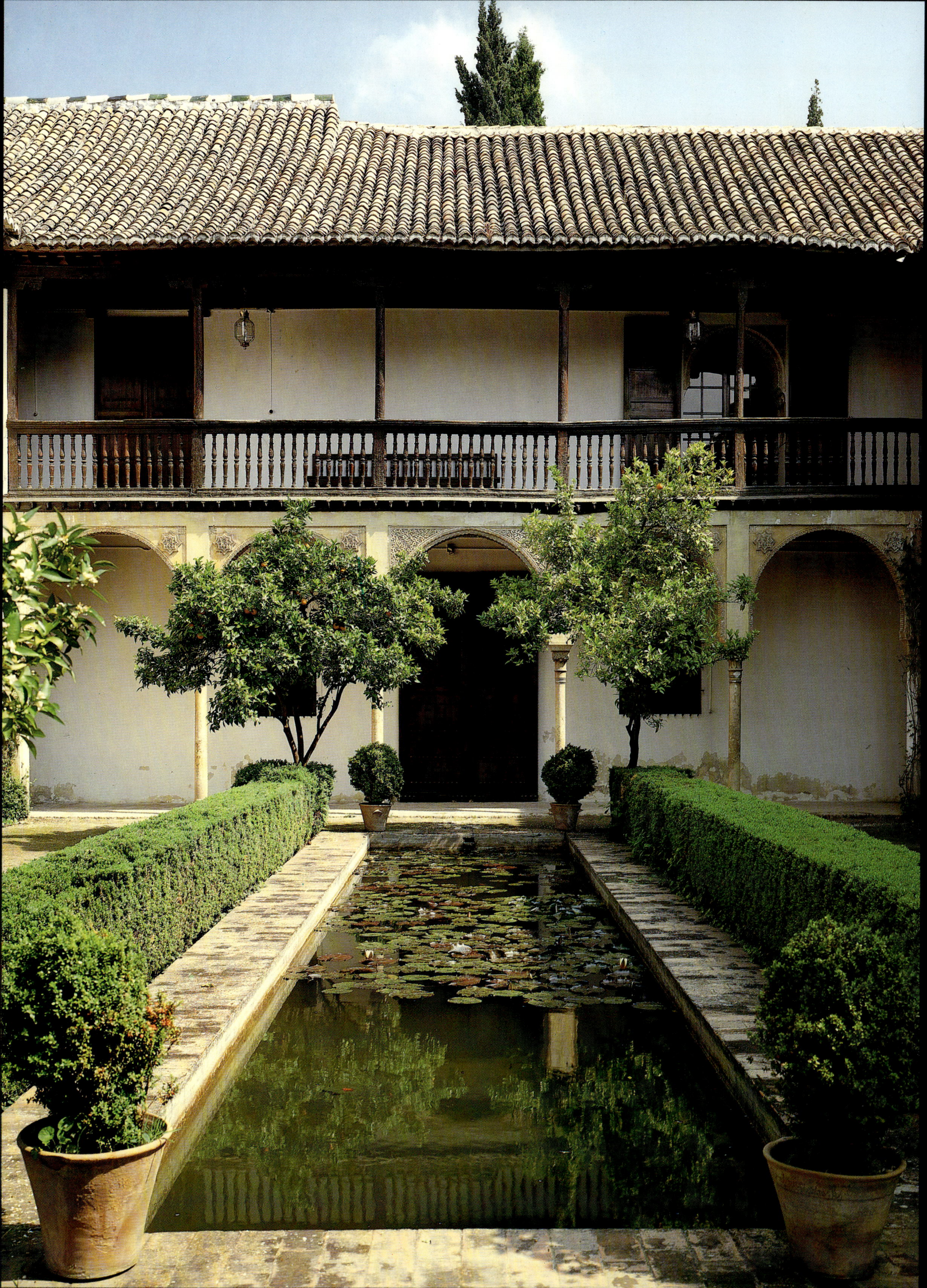

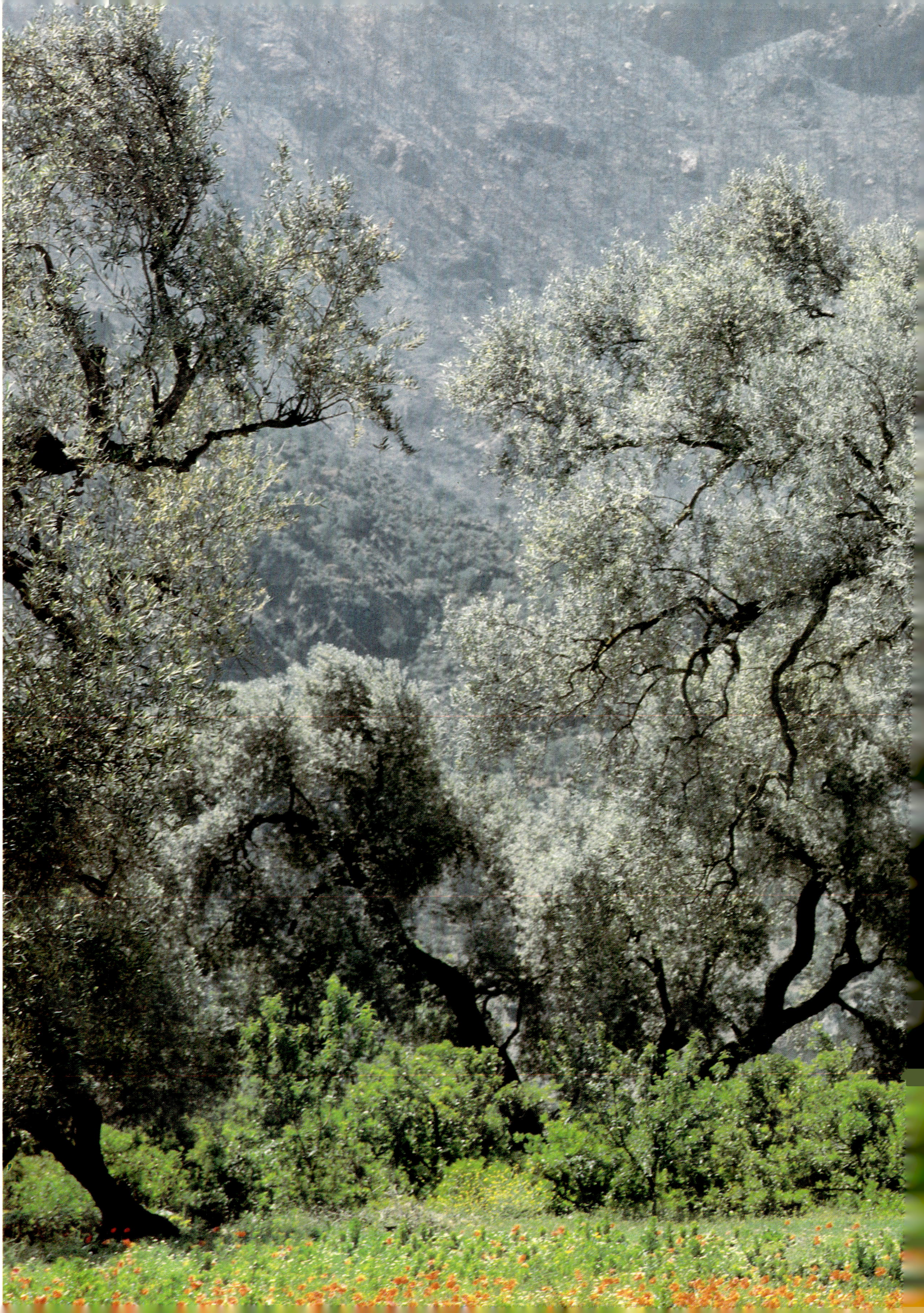

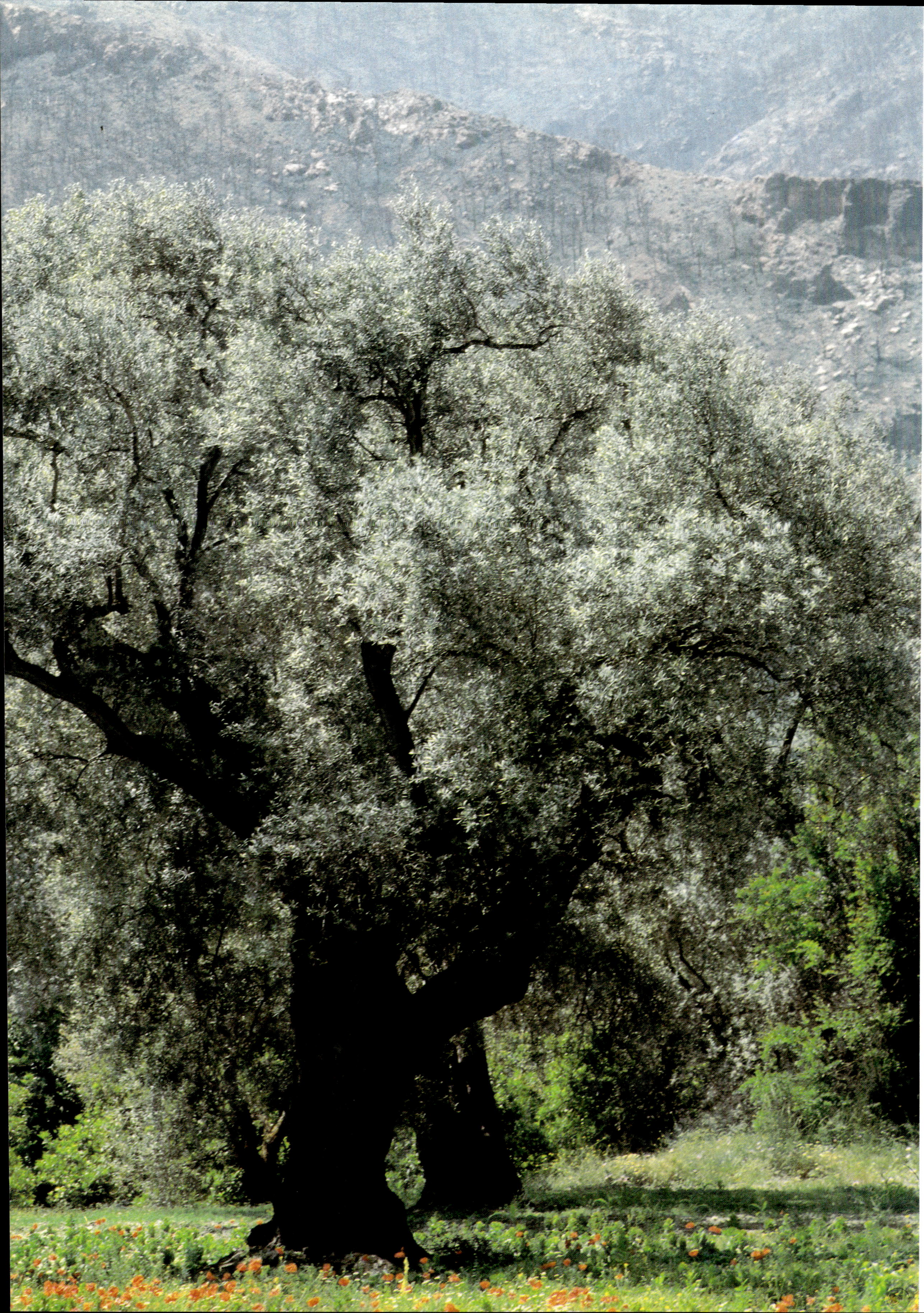

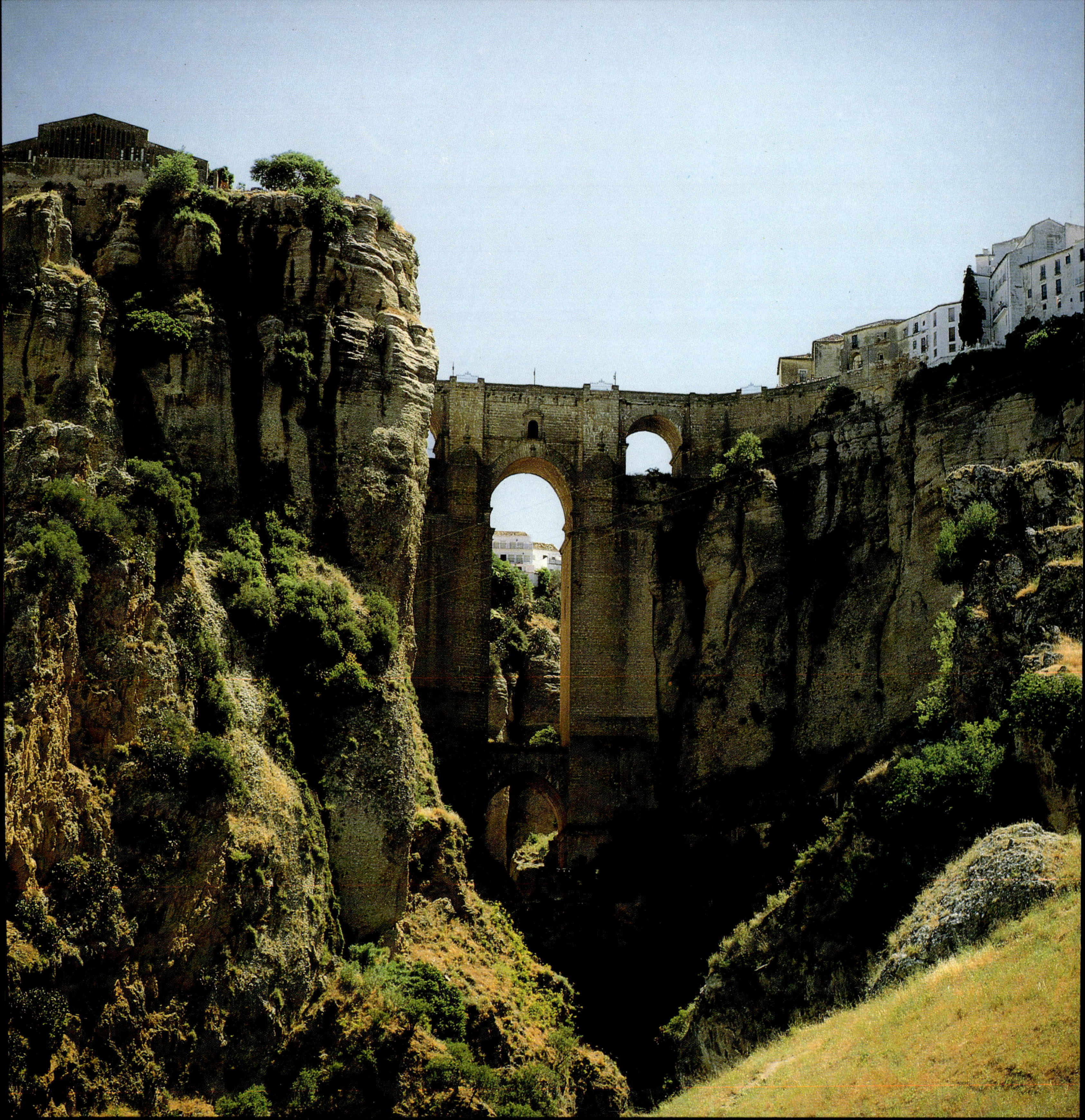

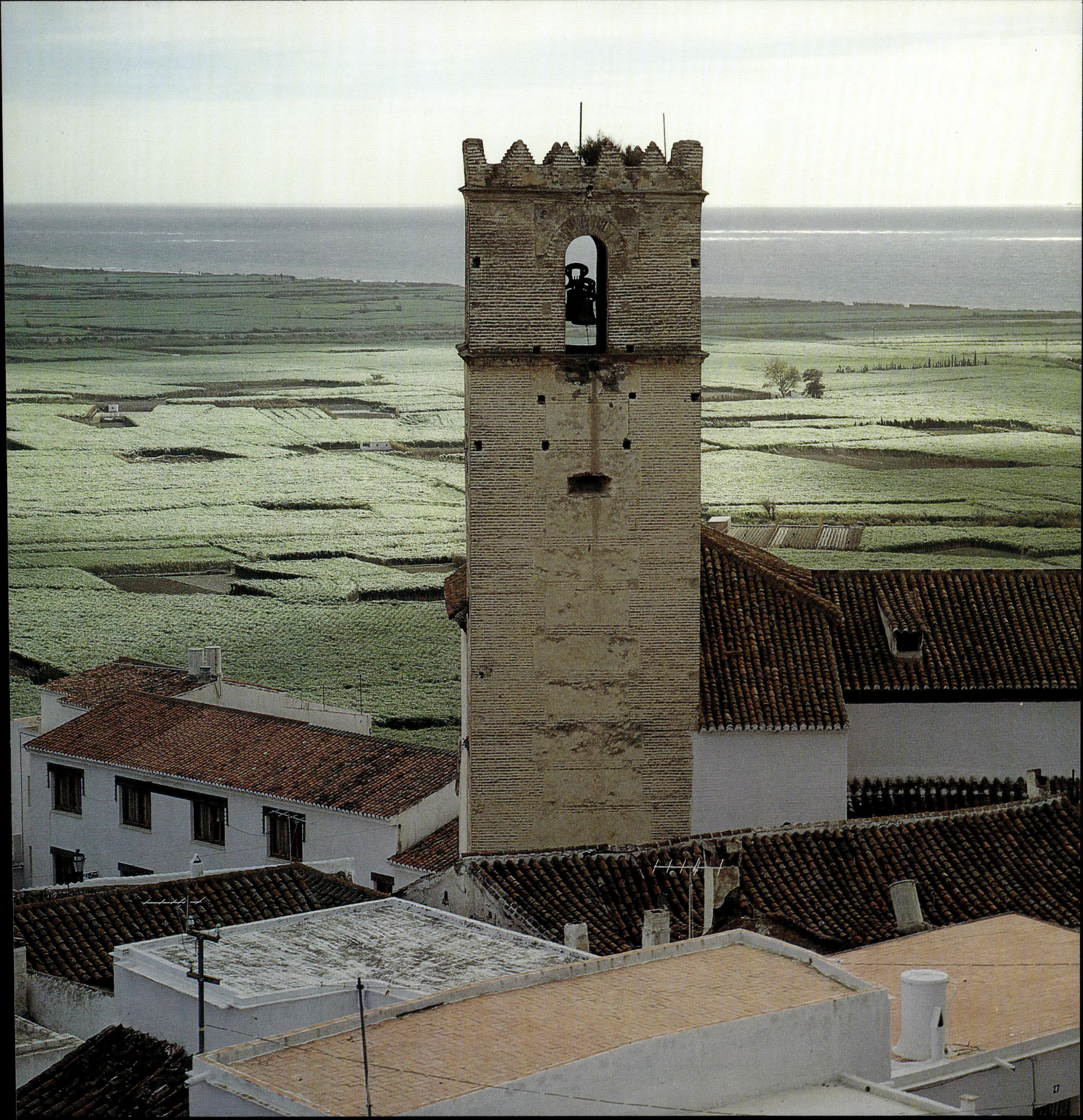

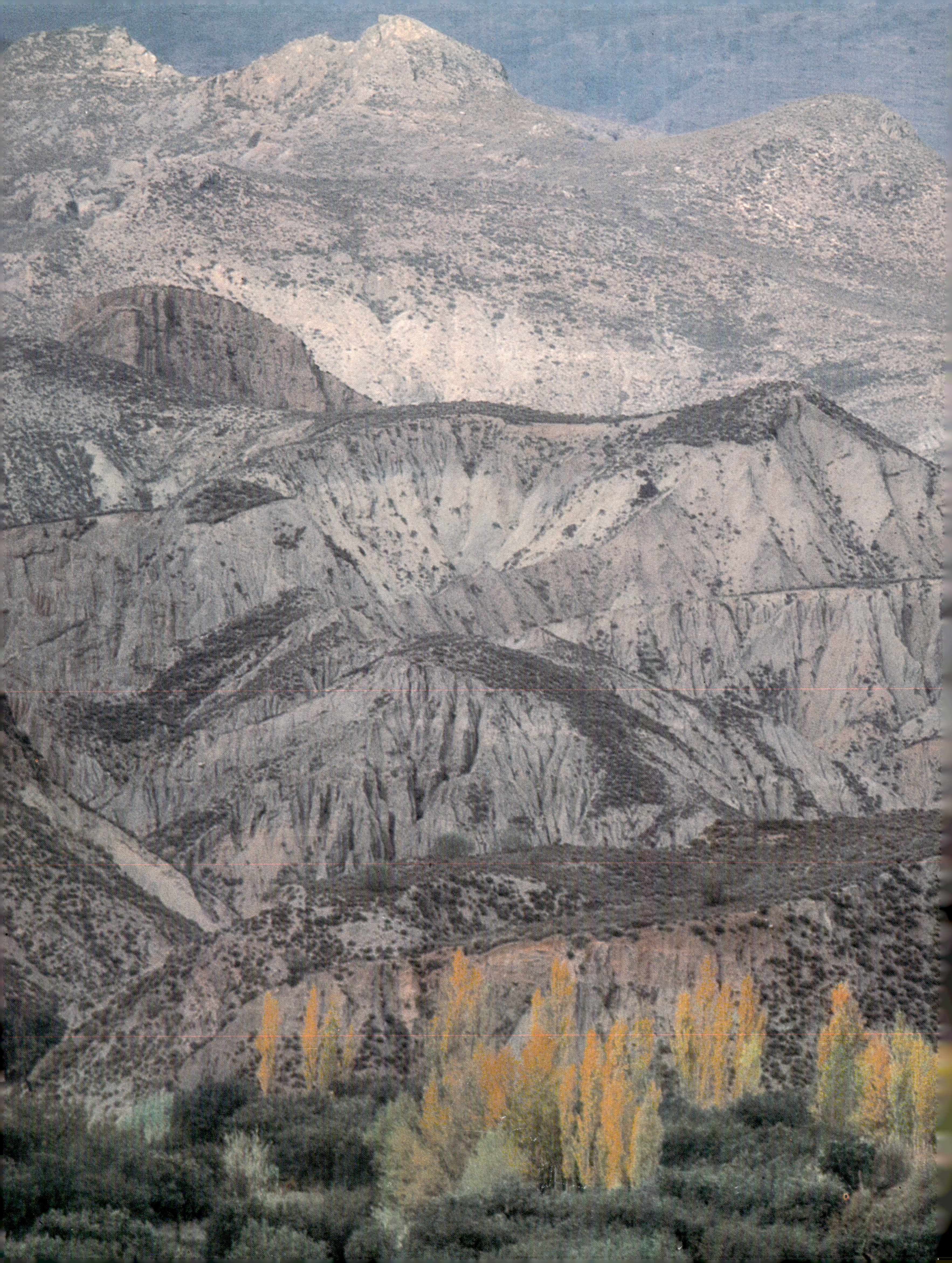

Si seguimos dentro de esta siempre conocida y admirada concepción de la armonía entre arquitectura/arte y naturaleza/jardín realizada conscientemente en los grandes conjuntos monumentales de estilo arábigo-andaluz, es más lógico que nos hagamos eco del amor innato de los musulmanes por los árboles y las plantas. Este amor que se manifiesta hasta hoy en el cuidado intensivo de los inmensos campos agrarios y en los jardines excepcionales y únicos en su género en alcázares, palacios y pequeños jardines-patios, en cármenes y huertas.

Será porque la comprensión de la fertilidad natural y la consecuente riqueza en todo para el cuerpo y el alma humanos se desarrolla mucho más en la carencia y privación, en la miseria y pobreza y que entonces hacen al hombre más consciente de los medios que le eran antes inadvertidos.

Así se puede explicar el excepcional progreso en el cultivo agrario del campo y los sofisticados proyectos conseguidos en parques y jardines. Esta sublimación científica y artística de la naturaleza distingue hasta hoy a España y en especial a Andalucía de muchos otros países y singularmente sus conceptos en este campo [1].

Y no es solamente eso: todavía se manifiesta la sabiduría árabe en el cultivo y en el arte paisajista en esta parte del país, donde el hombre la aplica y al mismo tiempo goza de su conocimiento.

Cuando los musulmanes decidieron entrar en la Península, se encontraron unas inmensas tierras fértiles y frondosas que se beneficiaban de un equilibrio ideal entre sol y agua, que los anteriores colonos ya habían aprovechado. La variedad de los climas y la extensión del territorio facilitaron a estos agricultores entusiastas un radio de actuación ilimitado.

En la teoría dominaban las reglas de la agricultura que habían aprendido con los griegos y otros pueblos del Oriente, especialmente el persa. Las llevaron en forma de tratados que tradujeron al árabe y más tarde de aquél al latín y romance. Igualmente hubo entonces varios cultivos que habían prosperado bajo los romanos y los visigodos, como el olivo, la vid y el trigo, tradicionales riquezas agrícolas desde entonces hasta hoy. También —y no es que no hubiera intercambio de experiencias— en tierras cristianas ya se estudió sobre todo la botánica, para uso medicinal en los conventos del Norte que cultivaron grandes huertas, conocidas por manuscritos y pinturas religiosas [2].

Sabemos que la primera farmacia española abrió sus puertas en la Córdoba califal y

← Fotografías 66, 67 y 68

en los muy admirados hospitales, que sobre todo los miles de peregrinos de Santiago y los numerosos estudiantes del otro lado de los Pirineos, aprendieron el uso de las fuerzas curativas de muchas de las plantas cultivadas para ello.

Así, en Andalucía los musulmanes encontraron un sitio idóneo para la aplicación de todo lo que ya sabían y para el desarrollo metódico de todo lo que encontraron. Transformaron la tierra en vegas y jardines en el amplio sentido de la palabra.

Como la base de cualquier cultivo afortunado es el agua; ya los romanos construyeron grandes acueductos, acequias y largas conducciones subterráneas de agua con tubería de cerámica[3]. Los árabes, siendo hijos del desierto y permanentes sufridores de la escasez de lluvia, tenían un gran respeto, casi una veneración por este líquido esencial y modesto. Al mismo tiempo usaron las instalaciones encontradas y ampliaron y mejoraron las redes de agua. Con gran experiencia en la canalización desarrollaron tanto el sistema de riego como el del almacenamiento en acequias y aljibes con métodos sofisticados. Recogieron las aguas de las montañas y las distribuyeron hacia las vegas y las huertas en grandes extensiones y a parques y jardines. En años de sequía la Alhambra siempre tenía agua suficiente para su propia demanda y para repartir a las huertas en el valle del Darro, que en tiempos de necesidad solían pedirla al alcázar. También establecieron normas estrictas para el uso y el pago del agua, que en parte todavía se observan en nuestros días[4].

Siendo tan entusiastas de la naturaleza, por la vida en y con ella, profundizaron en todo lo que podía exaltar sus virtudes, propiedades, condiciones y atributos, sea en la práctica de una agricultura sabiamente perfeccionada o sea en su aplicación a una jardinería sofisticada, sutilizándola con medios simbólicos y poéticos hasta casi decadentes.

¡Y es más! Este culto a la naturaleza, que en gran parte radicaba en su religiosidad, supieron implantarlo en el hombre.

La tierra española, en especial la andaluza, no puede ni quiere negar esta valiosa herencia que es inconfundiblemente musulmana. Ni las técnicas agrícolas, ni la concepción jardinera se han alejado apenas de las tradiciones de antaño. Campesinos y jardineros viven esta influencia y la realizan en su trabajo diario. Pero también la poesía, la pintura, la música y la artesanía están impregnadas de este amor innato por todo lo que es el mundo de la naturaleza.

La agricultura española muestra un vocabulario vigente de influencia lingüística árabe tanto en la denominación de frutas y verduras, de flores y árboles, como del cultivo y de las cosechas con sus respectivas herramientas, el cual se ha usado por generaciones y representa otro testimonio vivo más de los tiempos musulmanes:

almacén, alhóndiga, tarea, fanega,
rambla, alberca, aljibe, azud, acequia,
limón, naranja, sandía, albaricoque,

> *espinacas, acelgas, berenjena, alcachofa,*
> *alubia, zanahoria,*
> *azúcar, algodón, arroz, aceituna, aceituno,*
> *zumo, azahar y muchos más* [5].

Se han conservado varios tratados agrícolas de los tiempos musulmanes que son testigos del profundo conocimiento en esta materia y de su humilde aceptación como milagro divino, que era para el musulmán lo que significaba la naturaleza. Uno de estos libros es el ya mencionado de Ibn Luyun con el subtítulo característico de «Libro del principio de la belleza y fin de la sabiduría que trata de los fundamentos del arte de la Agricultura» [6].

En el prólogo expresa su convicción sobre el origen del mundo natural:

> «*En el nombre de Dios, Clemente y Misericordioso...,*
> *alabado sea Dios por habernos facilitado*
> *tantas enseñanzas del arte de la Agricultura;*
> *Dios ha puesto dentro de la Agricultura la mayor*
> *parte de los bienes necesarios para el sustento del*
> *hombre, y por tanto es muy grande su interés por las*
> *utilidades que encierra. Sobre esa ciencia he*
> *compuesto este tratado... y en él he recogido*
> *todo lo más aceptable y que generalmente se practica*
> *en el país de al-Andalus*» [7].

Y con sorprendente objetividad pedagógica inicia la parte práctica de este tratado:

> «*Todo lo que de ella (el Arte de la Agricultura) hay*
> *que explicar se reduce a cuatro pilares o elementos,*
> *que son: las tierras, las aguas, los abonos y las*
> *labores... Esa es, pues, toda la armazón que*
> *sustenta a este Arte, cuyo conocimiento es*
> *indispensable a los agricultores*» [8].

Por estas bases muy precisas y jamás pasadas de moda la lectura de los 157 capítulos de este trabajo del siglo XIV es un deleite para cada propietario de una huerta o de un jardín.

La calidad, el trato y la consecuente mejora de la tierra, los cursos y el uso del agua, la clasificación del abono, su acción y su resultado son temas que Ibn Luyun explica con gran experiencia y de modo objetivo, aunque su forma literaria sea una obra de poesía con metro y rima [9].

La cuarta parte habla del trabajo para mejorar la calidad, el sabor de las frutas, cómo ampliar la cosecha y asegurar su buena conservación. También anota consideraciones sobre las semillas y esquejes, sobre la poda y el injerto, y termina con observaciones «sobre la disposición de los jardines, sus viviendas y las casas de campo», que despertaron un gran interés en los arqueólogos por su semejanza con la disposición del Generalife en Granada»[10].

Los elaborados sistemas de cultivo, sobre todo los de riego por medio de extensos sistemas de acequias, que aprovechan hasta el máximo el agua, siguen funcionando en Andalucía de la misma manera que en tiempos de los agricultores musulmanes.

En los alrededores de Salobreña vemos los grandes campos de caña de azúcar, una planta que tiene su origen en Asia. Los musulmanes la introdujeron en España, y los conquistadores la llevaron a América. La palabra *azúcar* es para casi todos los idiomas europeos de origen árabe: azúcar, Zucker, sugar y sucre, consideraciones lingüísticas que hablan por sí mismas respecto a la importancia agrícola de esta época (foto 67).

Se dice que los extensos cultivos de caña de azúcar, que se encuentran cerca de Salobreña y Motril son los más nórdicos del mundo. El modo de su cultivo, plantación, multiplicación y de su cosecha todavía es muy parecido al de los tiempos musulmanes[11].

Se endulzaba con miel que era más barata que el azúcar y se conocen recetas árabes donde la miel es la base de productos dulces: el turrón, o los por García Lorca tan alabados alfajores, se componen de miel y almendra según recetas antiguas[12].

Vemos constantemente en el sur de España también la *palmera datilera*. Aunque se supone que antes de la invasión musulmana ya hubo palmeras —Plinio las nombra para los «maritimis Hispaniae»—, su primera aparición literaria en tierras españolas está documentada por tiempos de Abderramán I, alrededor de 756. La palmera era el árbol de su tierra y se sabe que el emir, que se sentía extranjero en Andalucía, se compara a sí mismo con la palmera y la planta en su jardín de Córdoba para sentirse más en su hogar. Conocida es otra leyenda con el tema de la palmera de tiempos de la ampliación de la Mezquita de Córdoba. Había que derrumbar una casa cerca de ella con una palmera en su jardín. La propietaria se resistió a entregar su casa hasta que se le encontró otra morada con una palmera (foto 3).

Para los árabes la palmera no significaba solamente un árbol cualquiera; para ellos la palmera era el símbolo de su tierra; era el árbol del oasis. Y no sin causa las innumerables columnas del Patio de los Leones a veces se comparan con un oasis. Esto se manifiesta claramente en los dibujos del libro de Prieto-Moreno sobre los jardines de Granada[13].

Tenemos la primera noticia de dátiles comestibles en un tratado agrario árabe del año 961. Aquí como en otras obras se dan instrucciones muy precisas para el cultivo, sobre todo de su fertilización, que se presenta complicada porque hay plantas machos y hembras, y solamente las últimas dan frutos comestibles: ramos en flor de los machos se cuelgan en las plantas hembras y así se consiguen frutas más dulces y más grandes. El abono se enriquece con sal. En el siglo XI se extiende el cultivo de la palmera datilera a Levante de donde se conocen los grandes palmerales de Elche.

Sobra decir que los agrónomos árabes eran grandes maestros en el cultivo de frutales. Citaremos solamente un ejemplo del ingenio que tenían: injertaron el albaricoque (palabra árabe) en almendros y obtenían almendras más dulces.

El Patio de los Naranjos de la Mezquita de Córdoba nos ofrece la oportunidad de hablar de *cítricos*. Hay grandes naranjales en Andalucía y muchos naranjos adornan las calles y plazas en esta región. Los musulmanes trajeron limones y naranjas amargas, alrededor del siglo X de China y de la India, y desde entonces están arraigados en España; es muy interesante que aún hoy en Málaga se distinguen con el nombre de «chinas» las naranjas agrias (fotos 19 y 80).

De gran importancia ha sido el aroma de sus flores. El azahar era y es tema de todos los grandes poetas arábigo-andaluces como de todas las generaciones poéticas posteriores.

Andrés Navagero, que fue, entre 1524 y 1526, embajador de Venecia ante la corte de Carlos V y que recorrió durante el tiempo de su estancia en España gran parte del país, plasmó su entusiasmo y su admiración por lo encontrado en su libro *Viaje por España*, donde sus descripciones de paisajes, monumentos y tradiciones son de valor incalculable para todos los investigadores.

De su estancia en Sevilla cuenta, por ejemplo:

> «*Hay infinitos bosques de naranjos, que en el mes de mayo
> y en todo el verano dan un olor tan suave que no
> hay cosa más grata en el mundo...*»
> «*Por aquella parte del río, un poco distante de la
> orilla, hay unas colinas bellas y fertilísimas llenas
> de naranjos, limoneros y cidros de toda clase
> de frutas delicadísimas...*» [14].
> «*...hay muchos jardines, y es el Marqués de Tarifa,
> que tiene un hermoso palacio con un gran estanque y
> tantos naranjos, que de su fruto saca grandísima
> renta. En este jardín y en otros de Sevilla he visto
> naranjos tan altos como nuestros nogales*» [15].

Viendo imágenes de la Alpujarra y de la Vega de Granada, otro gran acontecimiento agrícola que debe su auge a los cultivadores árabes se impone por su presencia: *las moreras* y con ellas la crianza del gusano de seda. Se habla en Almería y Sevilla, como en Granada, Córdoba y Toledo, de alcaicerías inmensas. El barrio cordobés de «San Andrés» fue en tiempos califales el centro de los tiraceros o vendedores de seda con sus correspondientes talleres de tejedores y bordadores. En tiempos de Almanzor más de 5.000 personas trabajaron en esta artesanía. En Granada, geográficamente tan cerca del centro de cultivo de moreras más antiguo, la Alpujarra, existían 800 talleres con un mercado de seda muy importante, un hecho que se muestra todavía en la extensión de la alcaicería granadina, hoy degradado a un mercado de *souvenirs* baratos. Las manufacturas de seda eran reales y sus impuestos significaron uno de los grandes ingresos del erario público.

La gran demanda de seda era para prendas lujosas, como las que se pueden admirar en las pinturas de la Sala de los Reyes en la Alhambra (foto 50). Ya en el Corán y en la poesía árabe, fuentes inagotables de nuestro conocimiento sobre al-Andalus, se habla de ricas vestiduras de esta materia.

Para el cultivo de las moreras hay toda clase de reglas en los tratados agrícolas de los musulmanes. Pocas industrias españolas han sufrido más que ésta cuando expulsaron a los moriscos del país. Más tarde, bajo el rey ilustrado Carlos III, se reanima en Murcia y Valencia este cultivo y consecuentemente la artesanía de seda.

Están documentados los cultivos de moreras para la región de Málaga desde el siglo X, aunque no se sabe con seguridad, si éste árbol existía ya antes en la península. Lo que sí es seguro es que su explotación metódica cuenta como mérito de los musulmanes.

Una vez más es Navagero el interesante observador sobre este tema:

«Yendo por el Zacatín... se entra a mano derecha por una puertecilla en un lugar que se llama la Alcaicería, que es un espacio cerrado con muchas callejas por todas partes llenas de tiendas en que los moriscos venden sedas... hay allí mil cosas, y especialmente muchas sedas labradas» [16].
«No hay en Granada personas de mucha renta», añade Navagero, *«salvo algunos señores que tienen estados de este reino, la mayor parte de los cristianos son mercaderes que tratan en seda, que es en toda esta tierra muy buena; no se crían los gusanos con la hoja del moral blanco; así que casi no hay más que moreras negras, de donde puede inferirse que las hojas de éstas son las que producen buena seda. Se labran aquí telas de seda de todas clases, que tienen gran salida en toda España...»* [17].

En muchos casos la Iglesia era el gran cliente, también fuera de la península. Así encontramos paramentos y vestiduras ceremoniales en varios museos diocesanos de Alemania y por sorpresa nuestra con cúficos exquisitamente elaborados, que seguramente no se refieren a la Biblia... También los Reyes Católicos dejaron un ajuar de indumentaria eclesiástica en su herencia: la Capilla Real de Granada:

> *«La Reina dejó a esta capilla todos sus libros,*
> *medallas..., también dejaron los Reyes Católicos*
> *mucha plata y tapicería y paramentos de seda y oro y*
> *adornos para todos los altares; los paños que se*
> *ponen en ellos son muy buenos y bellos, de varias*
> *clases de seda y oro, siendo tantos... que se*
> *cambian cada semana»* [18].

Todavía se pueden admirar piezas relativamente pequeñas de cortinas pertenecientes a la Alhambra. Una colección amplia de ellas la encontramos en el Museo del Instituto de Valencia de Don Juan en Madrid, como en el Museo Nacional de Arqueología. El exquisito trabajo, la fina combinación de los colores y el sorprendente buen estado de los objetos testimonian la gran calidad del material y el gran valor artístico del trabajo realizado.

Al final de esta pequeña selección de méritos de los agricultores árabes en España para el mundo, dirijamos una vez más con Navagero la vista hacia la Vega de Granada, que ha sido bastante diferente a la de hoy (foto 59). Puede ser que nos asustemos cuando oímos que en la Vega de Granada hubo innumerables palacios y casas rodeadas de grandes cultivos, que demostraron riqueza y cultura al mismo tiempo:

> *«Toda aquella parte que está más allá de Granada es*
> *bellísima, llena de alquerías y jardines con sus*
> *fuentes y huertos y bosques, y en algunas las*
> *fuentes son grandes y hermosas...; así los collados*
> *como el valle que llaman la Vega, todo es bello,*
> *todo apacible a maravilla y tan abundante de agua*
> *que no puede serlo más, y lleno de árboles frutales,*
> *ciruelas de todas clases, melocotones, higos...,*
> *albérchigos, albaricoques, guindos y otros, que*
> *apenas dejan ver el cielo con sus frondosas ramas...*
> *además de los árboles dichos, hay tantos granados*
> *y tan hermosos que no pueden serlo más, y uvas*
> *singulares de muchas clases..., y no faltan*
> *olivares tan espesos que parecen bosques*
> *de encinas»* [19] (foto 26).

Pero no tenemos que olvidar que los musulmanes la invadieron después de haber conquistado gran parte del Oriente y de Africa, trayendo consigo todo lo que habían visto y vivido en las civilizaciones persa y sobre todo griega, bizantina y egipcia. Ellos mismos eran conscientes de los orígenes de sus conocimientos, y siempre mencionan a las ciencias griegas como fuentes de aquéllos.

Así es que los musulmanes también en la agricultura, como en la arquitectura y las artes, eran grandes «transmisores» de todas estas culturas antiguas que combinaban con todo lo que encontraron y que se podía adaptar a sus modos de vida.

Fotografías

69. Palacio de Viana (Córdoba): Patio de la Cancela con el suelo almendrado y macetas de boj oloroso (p. 205).
70. Paisaje andaluz: Salobreña (Granada), con silueta urbanística musulmana; el castillo en lo alto protege al pueblo derramado por las laderas (pp. 206-207).
71. Paisaje andaluz: la Sierra de Agreda entre Córdoba y Granada; al fondo, Sierra Nevada (p. 208).
72. Paisaje andaluz: la Sierra de Agreda, con su «paisaje suave, claro, plácido, confortador, de una dulzura imponderable» (Azorín) (p. 209).
73. La Alhambra: Torre de la Vela y la Alcazaba vistas desde el Carmen de San Antón (pp. 210-211).
74. Palacio de Viana (Córdoba): Patio de los Jardineros, con azulejos, rejas y columnas coleccionadas que crean un ambiente muy personal (p. 212).

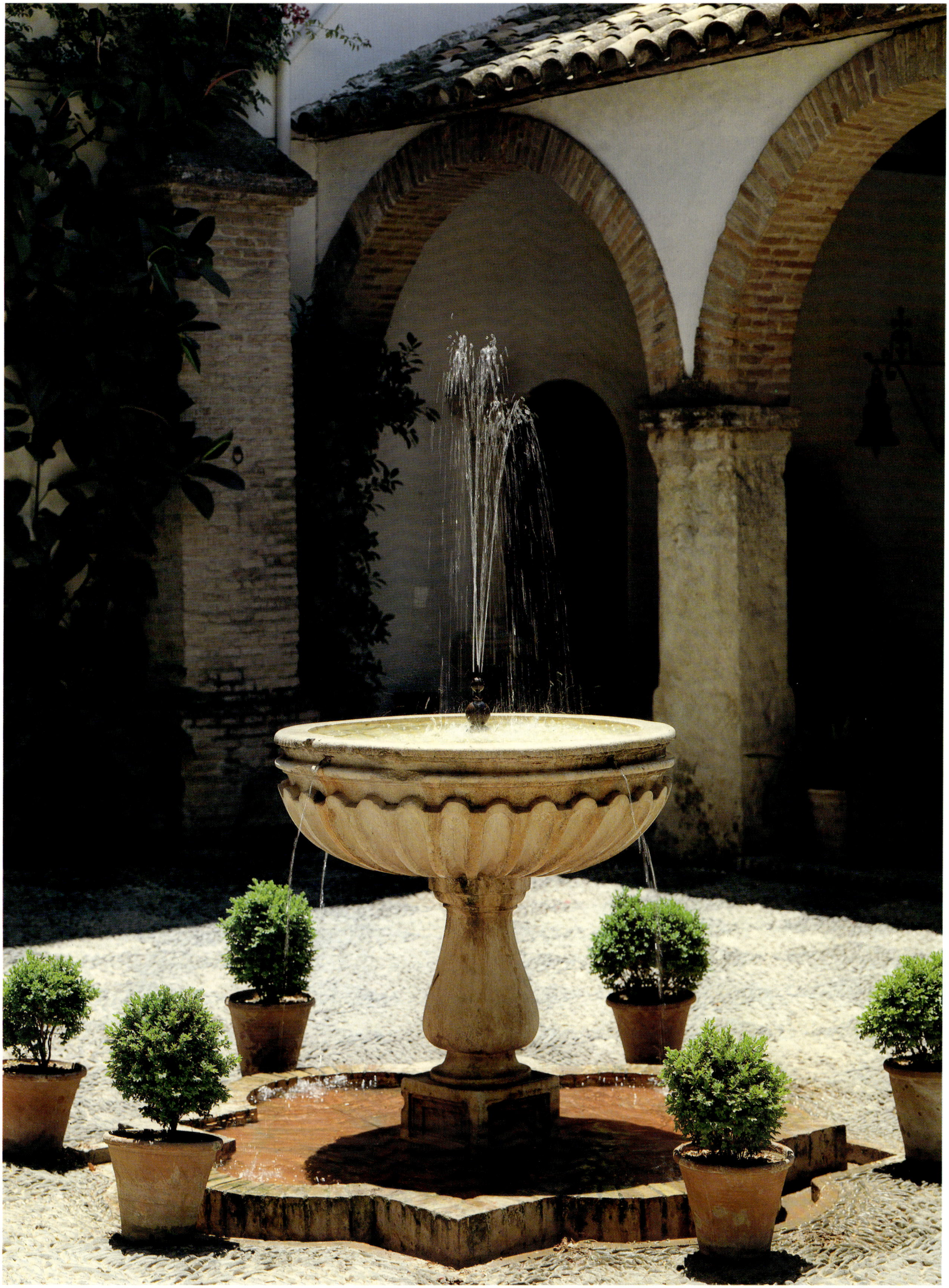

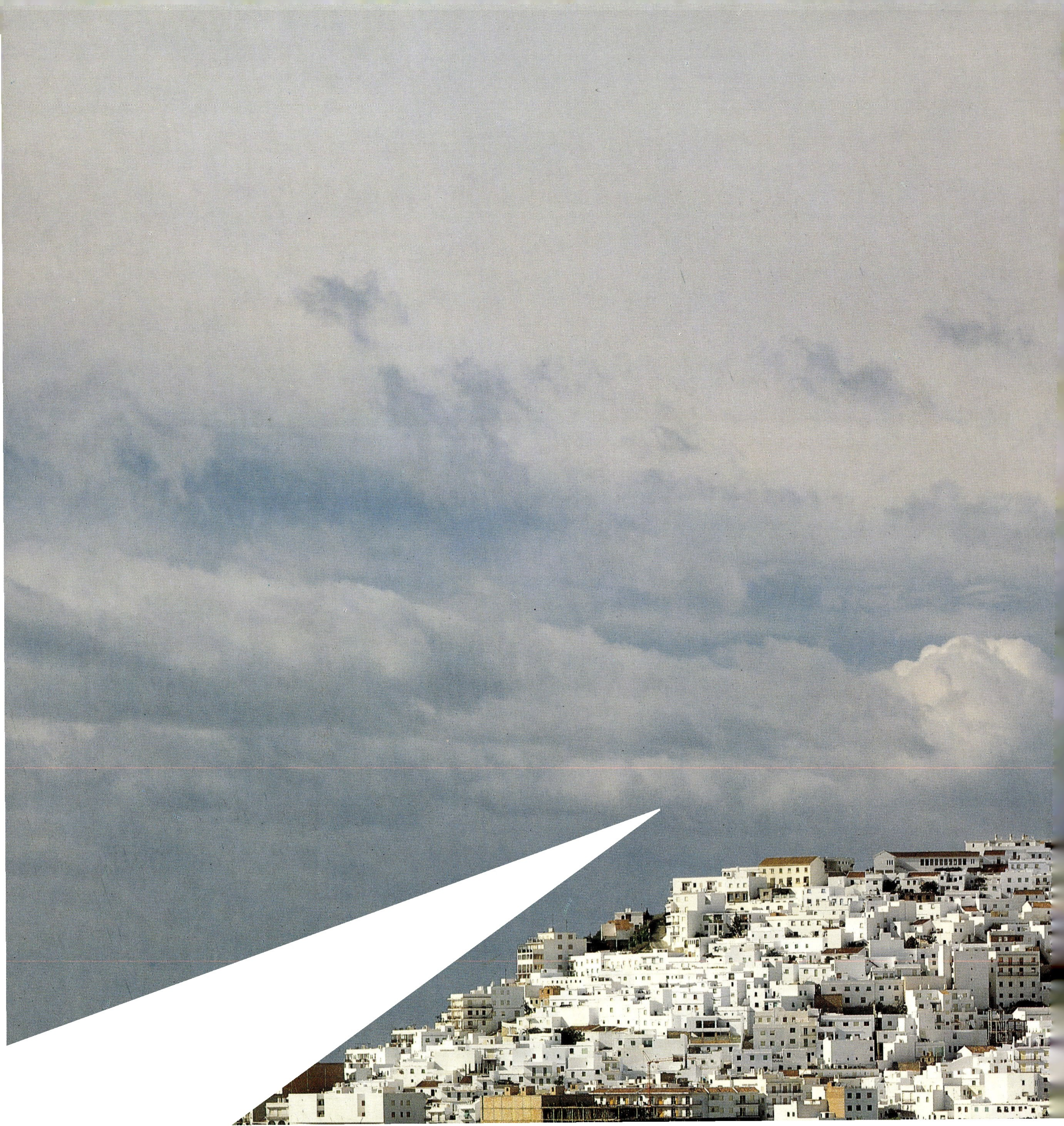

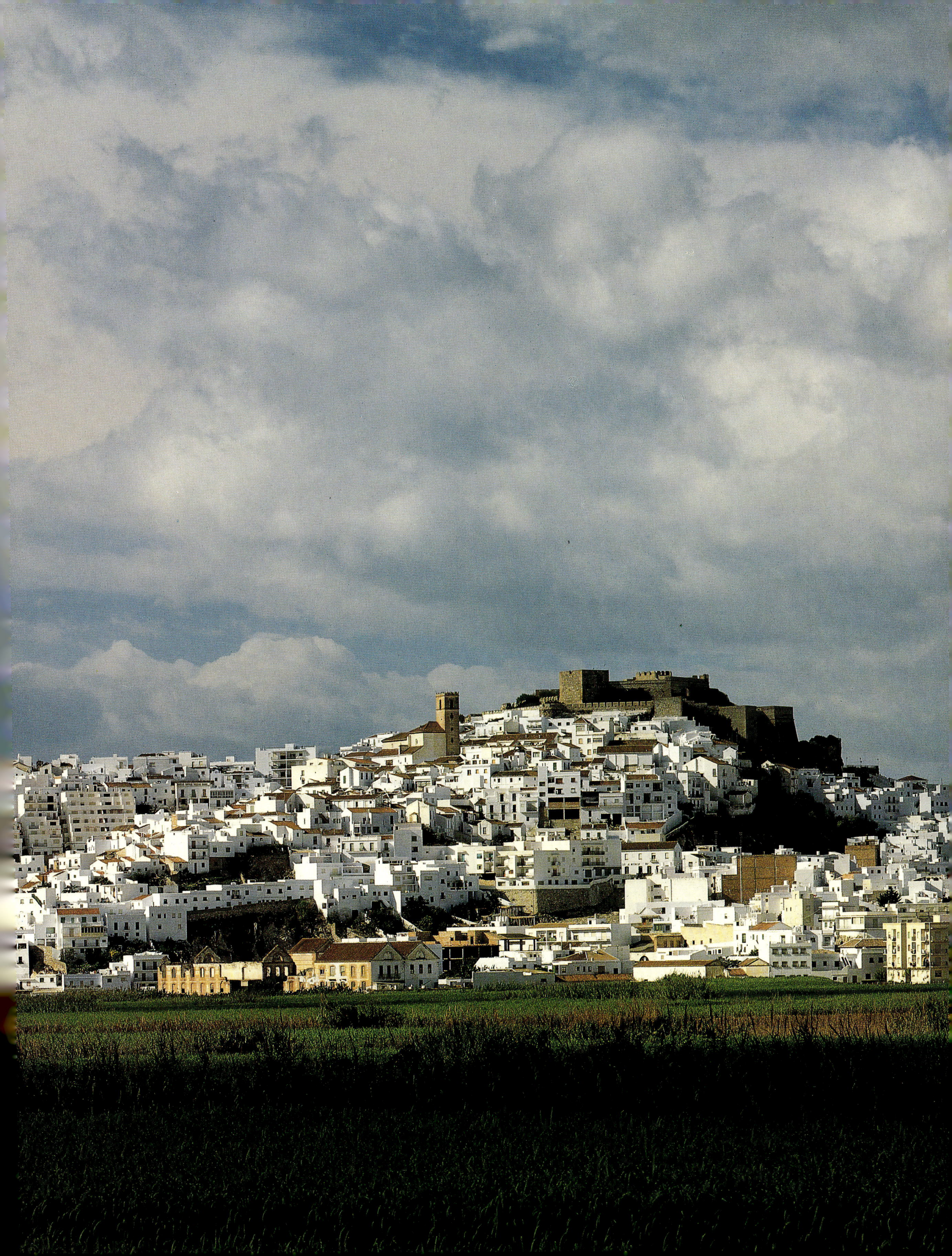

71

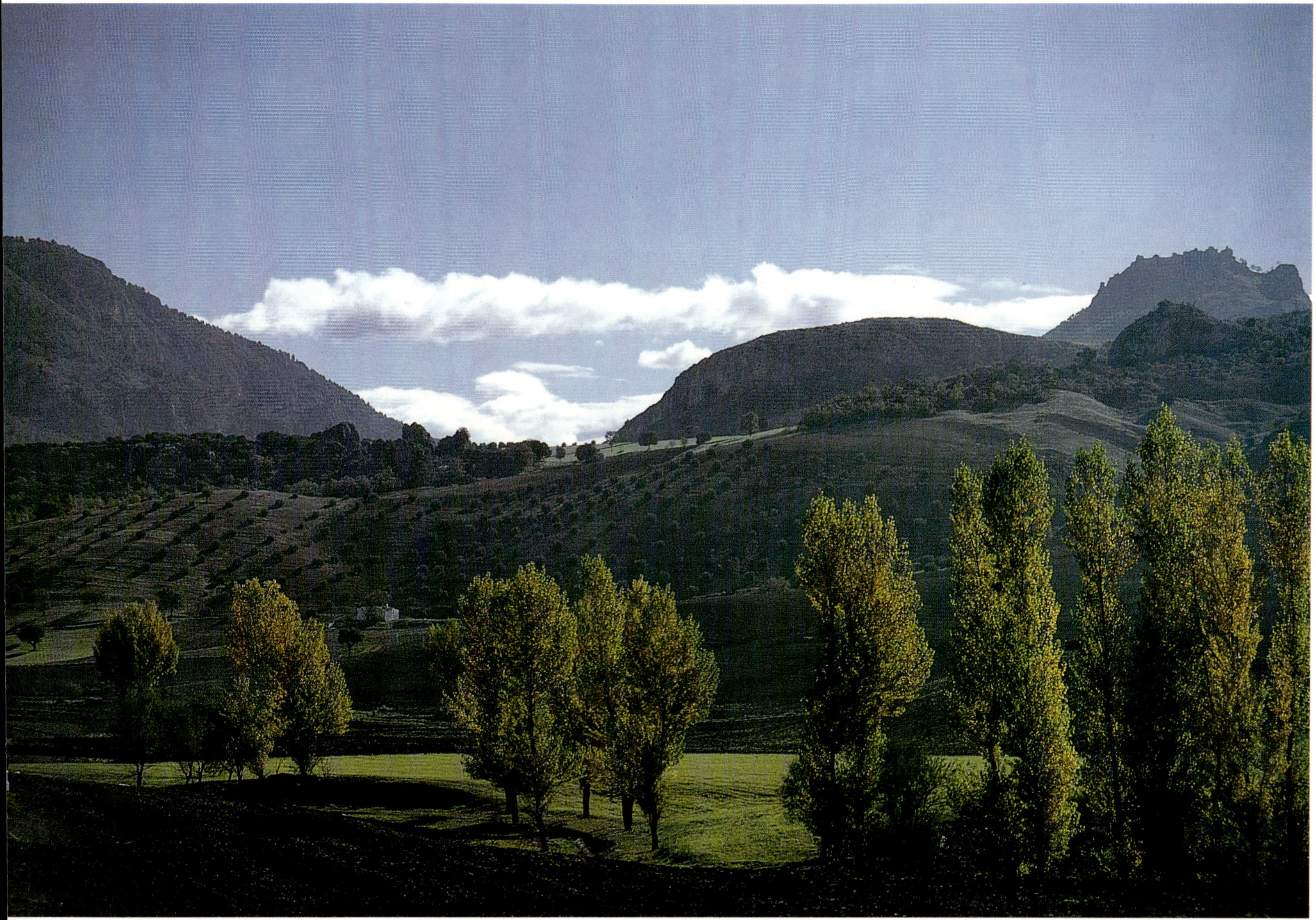

72

73 ▷

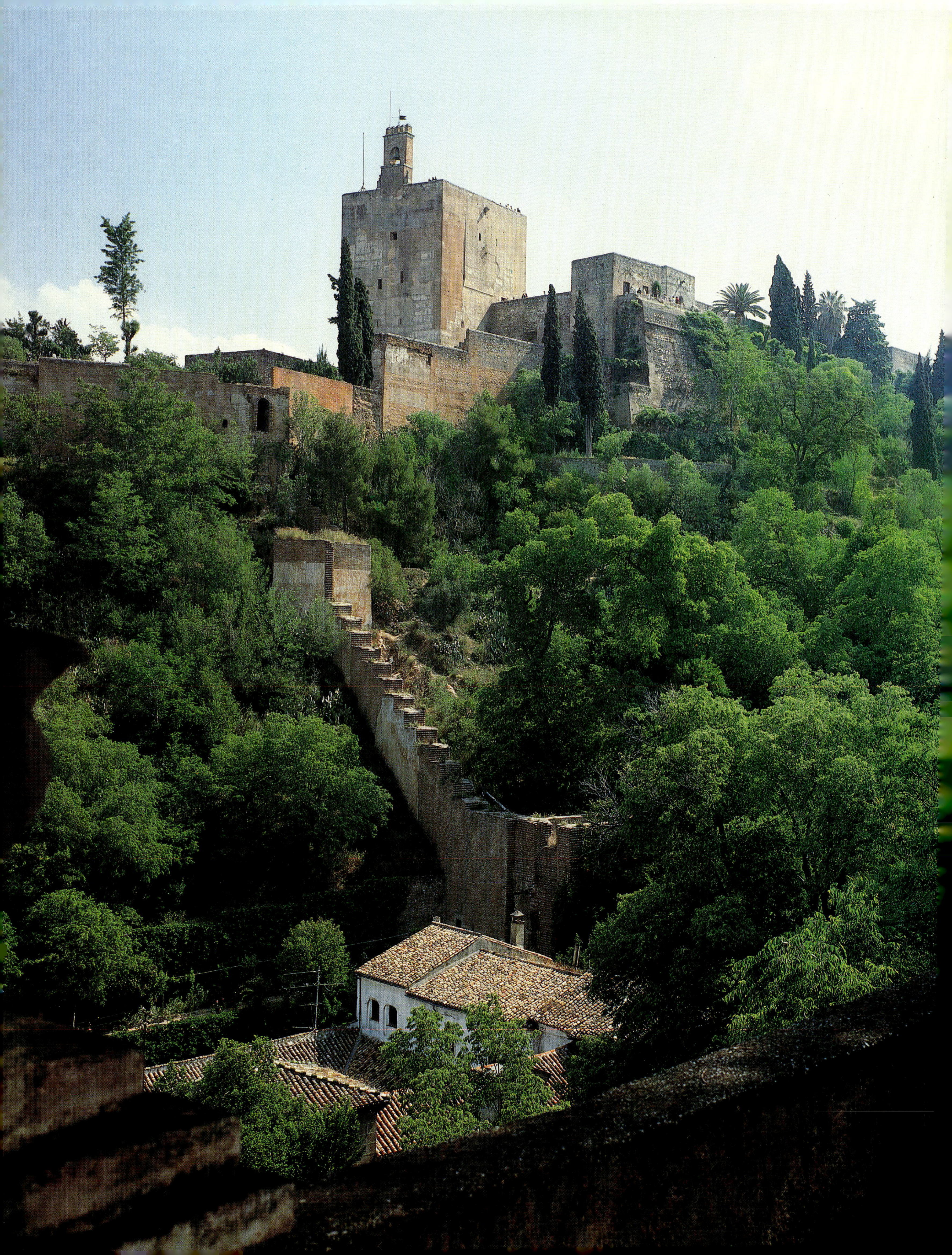

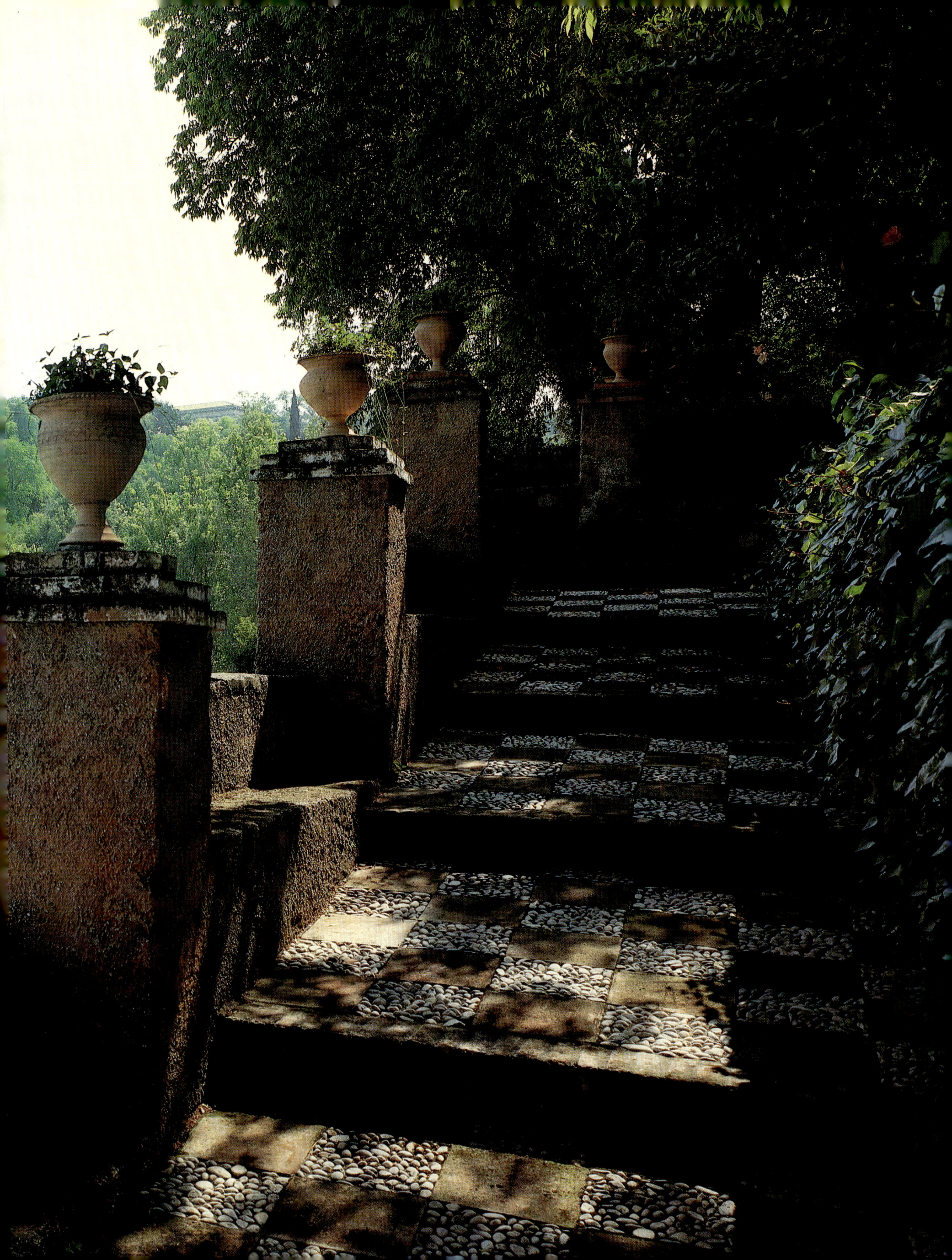

PATIO DE LOS JARDINEROS
JAZMÍN AZVL "PLVMBAGO CAPENSI"
GERANEO "PELARGONIVM"

III
LOS JARDINES

*Al alba, el agua del jardín se mezcló
con su nombre, más penetrante que
todo perfume.
El azahar es su sonrisa; el céfiro
su aliento; la rosa perlada de rocío,
su mejilla.
Por eso amo los jardines: porque
siempre me traen al recuerdo la
que adoro.*

AT-TALIQ (963-1009)

El amor de los musulmanes a su naturaleza, su entendimiento como paraíso terrenal, su perfección con una labranza infatigable por el hombre y su consecuente exaltación tiene su auge en los jardines de sus moradas; ya sean palacios, ya sean casas modestas, siempre se entienden como «huertas excelsas».

Parece que para el hombre de hoy, viviendo por y para la tecnología, que le proporciona todos los medios para realizar un mundo sometido a ella, la meditación sobre los jardines, como aquí se realizará, no cabe en su pensamiento moderno, práctico: jardines planificados para poco cuidado, plantaciones que se contentan con un mínimo de agua y otras muchas más ideas anti-naturales.

Esta concepción parece la antítesis de lo que en el amplio sentido de la interpretación musulmana representa el jardín: una parte de la naturaleza cuidadosamente interferida por la mano humana: suelo y terreno, vegetación y fauna, sol y lluvia emparejados con la intención del hombre bajo una idea sobrenatural, que discretamente quiere transmitirse al visitante. Para Federico García Lorca, granadino, andaluz, español, es fácil, es innato observar este impacto del jardín:

«Un jardín es algo superior, es un cúmulo de almas, silencios y colores, que esperan a los corazones místicos para hacerlos llorar. Un jardín es una copa inmensa de mil esencias religiosas... En ellos se esconden la mansedumbre, el amor y la vaguedad del NO SABER QUE HACER... Todas figuras espirituales que pasan por el jardín solitario, lo hacen pausadamente como si celebraran algún rito divino sin darse cuenta... Las grandes meditaciones, las que dieron algo de bien y verdad, pasaron por el jardín»[1].

Observación que todavía hoy se puede hacer con los políticos, los monjes orando, el Papa y en otros casos. ¿No es así que el jardín es el sitio que después del templo más dedicación creativa recibe y al mismo tiempo emana?

La palabra «jardín» en su etimología española no es muy antigua; la primera documentación data del año 1495. De aquí se deriva que este vocablo tiene su origen en la palabra francesa «jardin», que, a su vez, viene del alemán «Garten» de «gard», palabra que abarca el matiz de «cercado». Este sentido en relación al jardín es muy antiguo, recordando, por ejemplo, la interpretación cristiana-medieval como el «hortus conclusus» mariano y la tradición musulmana como «paraíso», palabra persa (paridaeza), que significa «recinto»[2], un significado utilizado por Pedro Soto Rojas en el título de su conocida obra *Parayso cerrado para muchos, jardines abiertos para pocos*, que publicó en el año 1652[3].

Ya en tiempos romanos el jardín era un entorno vital muy importante. Las casas se abrieron a la naturaleza y las plantas entraron en las habitaciones tanto en forma natural como artificial a través de magníficos mosaicos que todavía se pueden admirar en muchos museos con tesoros romanos[4].

Pérgolas y pórticos eran parte de su concepción arquitectónica decorándose éstos con especies trepadoras como hiedra y viña. Con ellos crearon un habitáculo al aire libre, abierto y cerrado al mismo tiempo, al igual que los claustros medievales o el «hortus conclusus» antes mencionado, rincones íntimos que se prestaron a la discusión filosófica, al foro científico, a la meditación y a una vida familiar placentera.

Con la llegada de los musulmanes a la península todos estos conceptos de la vivienda humana se intensifican y refinan. También aquí nos encontramos con el fenómeno anteriormente observado: la amplificación de lo encontrado, basándose en los conocimientos adquiridos a través de la cultura de los pueblos antes conquistados por ellos, como el griego, el persa y los de Mesopotamia.

Paisaje, agricultura y composiciones de jardinería experimentaron en tiempos de la ocupación musulmana una sublimación simbólica y un desarrollo en su aparición fértil y decorativa como nunca antes ni después de esta época. De ella, sobre todo, tienen los jardines un alto sentido alegórico. Las ideas religiosas que los musulmanes relacionaron con la naturaleza se manifiestan, como ya hemos visto, en la prosperidad del campo, en la estética de los jardines y en la idealización literaria de la apariencia, que llega hasta la humanización del jardín en su interpretación poética y teológica.

Los musulmanes se sentían capaces, dados sus grandes conocimientos de agricultura en general y de jardinería en particular, de crear, según las palabras divinas del Corán, un paraíso en la tierra.

Su idea del paraíso era una tierra fértil de vasta cosecha, un jardín lleno de plantas frondosas, de frutas dulces y flores olorosas; un recinto repleto de aroma y color, de agua y sombra, todo lo que representa una garantía para la felicidad y la armonía. Reza el Corán:

> *«Quien haya temido el emplazamiento*
> *de su Señor, tendrá dos jardines frondosos.*
> *En ellos habrá dos fuentes de agua*
> *corriente..., de toda clase de frutos dos*
> *especies..., la cosecha de ambos jardines será*
> *inmediata..., habrá dos jardines oscurísimos*
> *por lo frondoso de su vegetación...*

Es decir: habrá abundancia protegida por la mano divina, y además:

«no reina aquí ni el calor del sol ni el rigor del frío» [6].

No nos sorprende que entonces todo el anhelo, el afán de los hijos del desierto, se depositara en el embellecimiento de esta tierra para intentar disfrutar con anticipación, en la vida real, de este paraíso prometido.

Grandes conocedores de la palabra de Mahoma entendían que toda su sabiduría sobre la naturaleza y los acontecimientos milagrosos tenían su origen en la gracia de Dios, y que sin El, en caso del abandono divino, la tierra se convertiría en desierto, donde al hombre le faltarían morada y alimento:

«Del cielo hemos hecho descender
agua en determinada cantidad y
la hemos asentado en la tierra,
pero ciertamente, nosotros somos
poderosos para llevarla» [7].

El cristiano José Zorrilla, varios siglos más tarde, expresa este concepto en su poema «Granada», iniciándolo con palabras de sensualidad casi musulmana:

«En el nombre de Dios clemente y sumo
que da sombra a la noche y luz al día
voz a las aves y a las yerbas zumo...» [8].

Entonces no nos puede sorprender que el hombre vaya a crear con sus manos y en su espíritu un mundo de fantasía y de ensueño en la naturaleza, y en el jardín en especial.

Los nómadas musulmanes encontraron en las tierras de la península un clima que les permitía edificar y plantar su paraíso terrenal: aprovechar las vegas fértiles para huertas y vegetales, y construir palacios y casas con jardines paradisíacos.

Hay unas casidas de Jafacha de Alcira, quien llevaba el sobrenombre «el Jardinero», que nos hablan de esta inmensa alegría que sentían cuando vieron las posibilidades geográficas de la Península Ibérica, y que es hoy citada al principio del capítulo «El paisaje» de este libro [9].

Existen poemas sobre jardines de la época califal que cantan con entusiasmo a este milagro de la naturaleza. Emilio García Gómez llama a este estilo poético «la humanización de los jardines», que desde entonces ha «arraigado sólidamente en España». Oímos los versos de Ben Ammar de Silves, quien era visir de Mutamid de Sevilla alrededor del año 1086:

> *«El jardín es como una bella,*
> *vestida con la túnica de sus flores*
> *y adornada con el collar de perlas del rocío.*
> *..*
> *El jardín, donde el río parece una mano*
> *blanca extendida sobre una túnica verde...*
> *..*
> *Mi poema es, por ti, como un jardín*
> *que visitó el céfiro y sobre el cual*
> *se inclinó la escarcha hasta que floreció»* [10].

O estos versos, tan sensibles, de Abderramán al Nasir, bisnieto del califa Abderramán:

> *«La brisa habladora cuenta nuestros secretos:*
> *por eso desmaya de amor y es delicioso su aroma.*
> *Al alba, el agua del jardín se mezcló*
> *con su nombre, más penetrante que todo perfume.*
> *El azahar es su sonrisa; el céfiro, su aliento;*
> *la rosa, perlada de rocío, su mejilla.*
> *Por eso amo los jardines: porque siempre*
> *me traen el recuerdo de la que adoro»* [11].

Un sentimiento parecido, culminando en palabras apasionadas que a nosotros nos parecen como incomprensibles, se expresa en estos versos titulados «El jardín»:

> *«El río es dulce, como es dulce*
> *la saliva aromática de los labios del amante.*
> *El céfiro, que arrastra su húmeda cola,*
> *es perezoso.*
>
> *Ráfagas de perfume atraviesan el jardín*
> *cubierto de rocío, cuyos costados son*
> *el circo donde corre el viento...*
>
> *Yo enamoro este jardín, donde*
> *la margarita es la sonrisa,*
> *la murta los bucles, y la violeta el lunar»* [12].

Más tarde, en el apogeo del arte jardinero en tiempos nazaríes, el Patio de los Leones a través del inolvidable Ibn Zamrak, «el poeta de la Alhambra», se enaltece con versos de parecida sensibilidad inscritos en el zócalo de la Sala de las Dos Hermanas:

«Jardín soy yo que la belleza adorna:
Sabrás mi ser si mi hermosura miras» [13].

La «humanización» del jardín y de —especialmente— el agua como discreta, pero necesaria compañera de sus creaciones, se queda «profundamente arraigada» en todas las generaciones de los poetas españoles y sobre todo de los andaluces.

El insuperable Antonio Machado es otro de los grandes «arraigados» en esta tradición de estilo arábigo-andaluz. Su expresión tan particular está originada en la íntima relación con la naturaleza y especialmente en el jardín en el que vivía. Los siguientes versos dedicó a Juan Ramón Jiménez, poeta andaluz con un alma igual de susceptible que la suya para los encantos de la naturaleza:

LOS JARDINES DEL POETA

«El poeta es jardinero. En sus jardines
corre sutil la brisa
con livianos acordes de violines,
llanto de ruiseñores,
ecos de voz lejana y clara risa
de jóvenes amantes habladores.
Y otros jardines tiene. Allí la fuente
le dice: Te conozco y te esperaba.
Y él, al verse en la onda transparente:
¡Apenas soy aquel que ayer soñaba!
Y otros jardines tiene. Los jazmines
añoran ya verbenas del estío,
y son liras de aroma estos jardines,
dulces liras que tañe el viento frío.
Y van pasando solitarias horas
y ya las fuentes, a la luna llena,
suspiran en los mármoles, cantoras,
y en todo el aire sólo el agua suena» [14].

Gozando estos poemas, nos debe sorprender la intensa función que tiene el *agua* en esta «humanización» del jardín, una observación que se expresa en la plasticidad del empleo decorativo y sonoro de este líquido tantas veces mencionado.

Todos los arquitectos, los paisajistas, tanto los de antaño como los de hoy, sienten el «eco del amor, casi veneración»[15] de los Nazaríes por este elemento blanco, sin sabor, modesto como ningún otro, pero al mismo tiempo indispensable como nada en este orbe. Hablaremos más adelante del gran papel que juega el agua dentro de la concepción estética y espiritual del jardín[16].

Fotografías

75. Palacio de Viana (Córdoba): Patio de la Reja de Don Gome, con fuente y abundante y alegre vegetación (p. 221).
76. Paisaje andaluz: La Alpujarra otoñal, con sus pueblos de aspecto berberisco (pp. 222-223).
77. Paisaje andaluz: Baena (Córdoba) (p. 224).
78. Paisaje andaluz: Campo ondulado con girasoles en flor y olivos solitarios (p. 225).
79. Paisaje andaluz: Arcos de la Frontera (Cádiz) (pp. 226-227).
80. Barrio de Santa Cruz (Sevilla), con las famosas «naranjas de Sevilla» (p. 228).

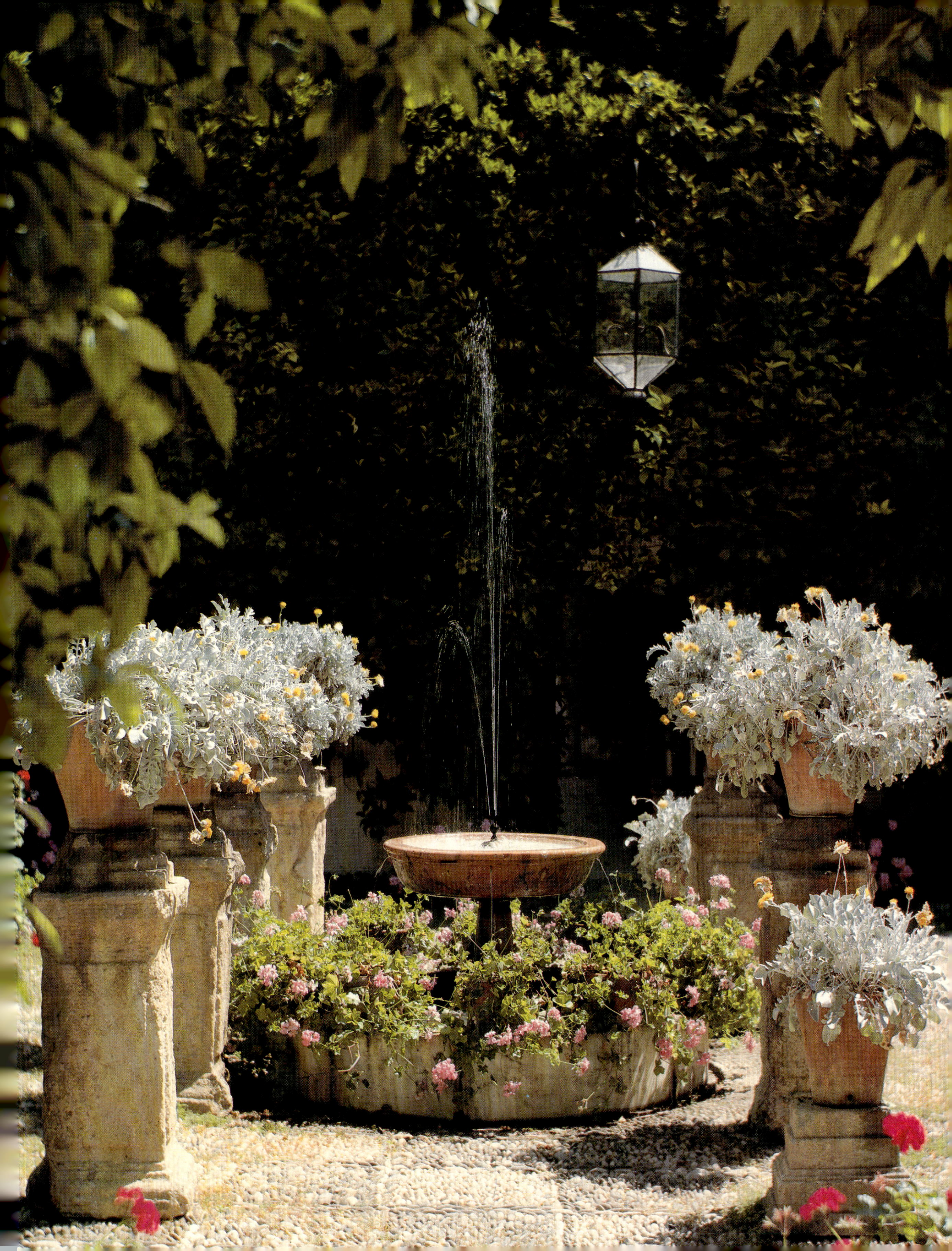

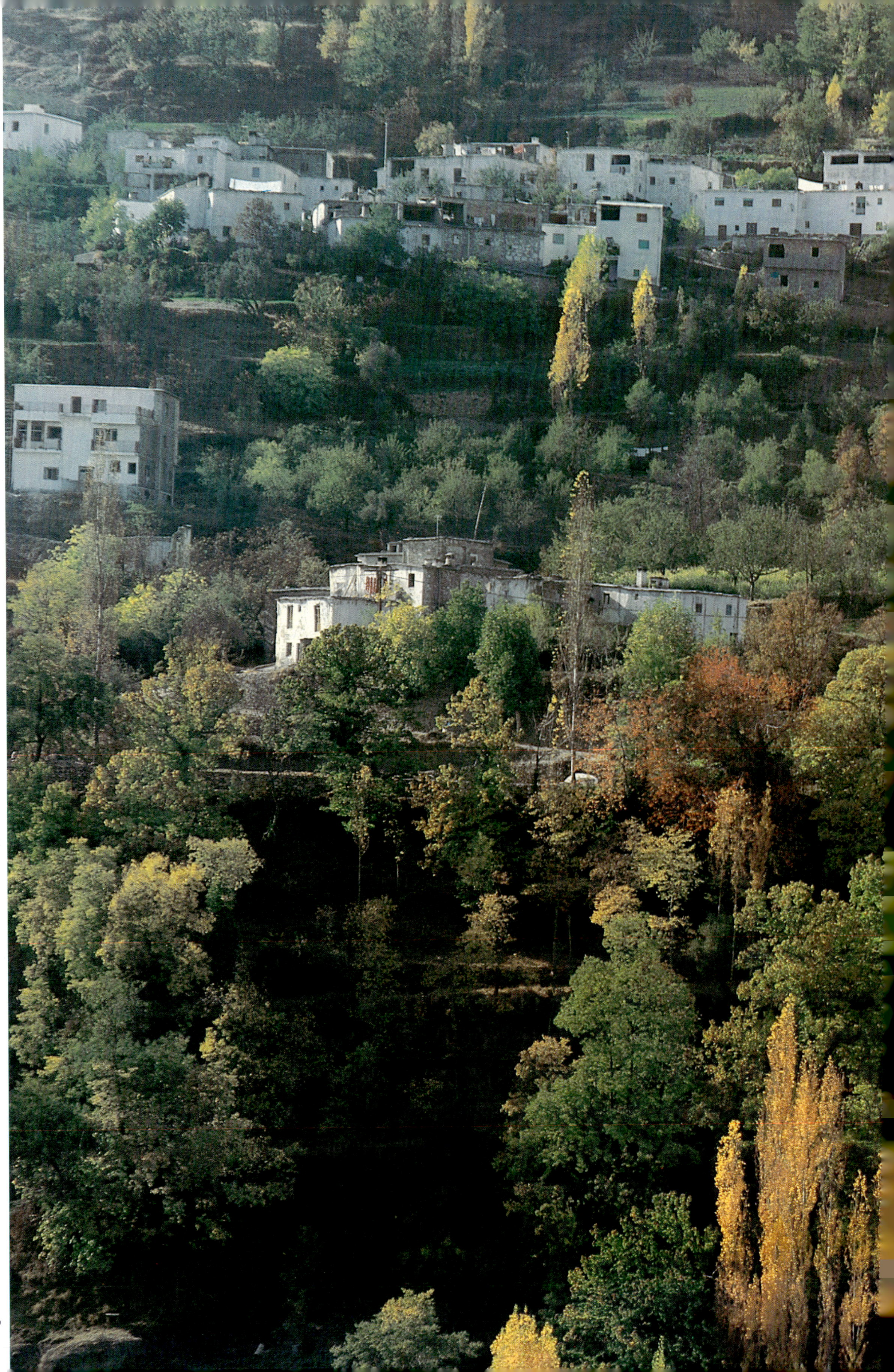

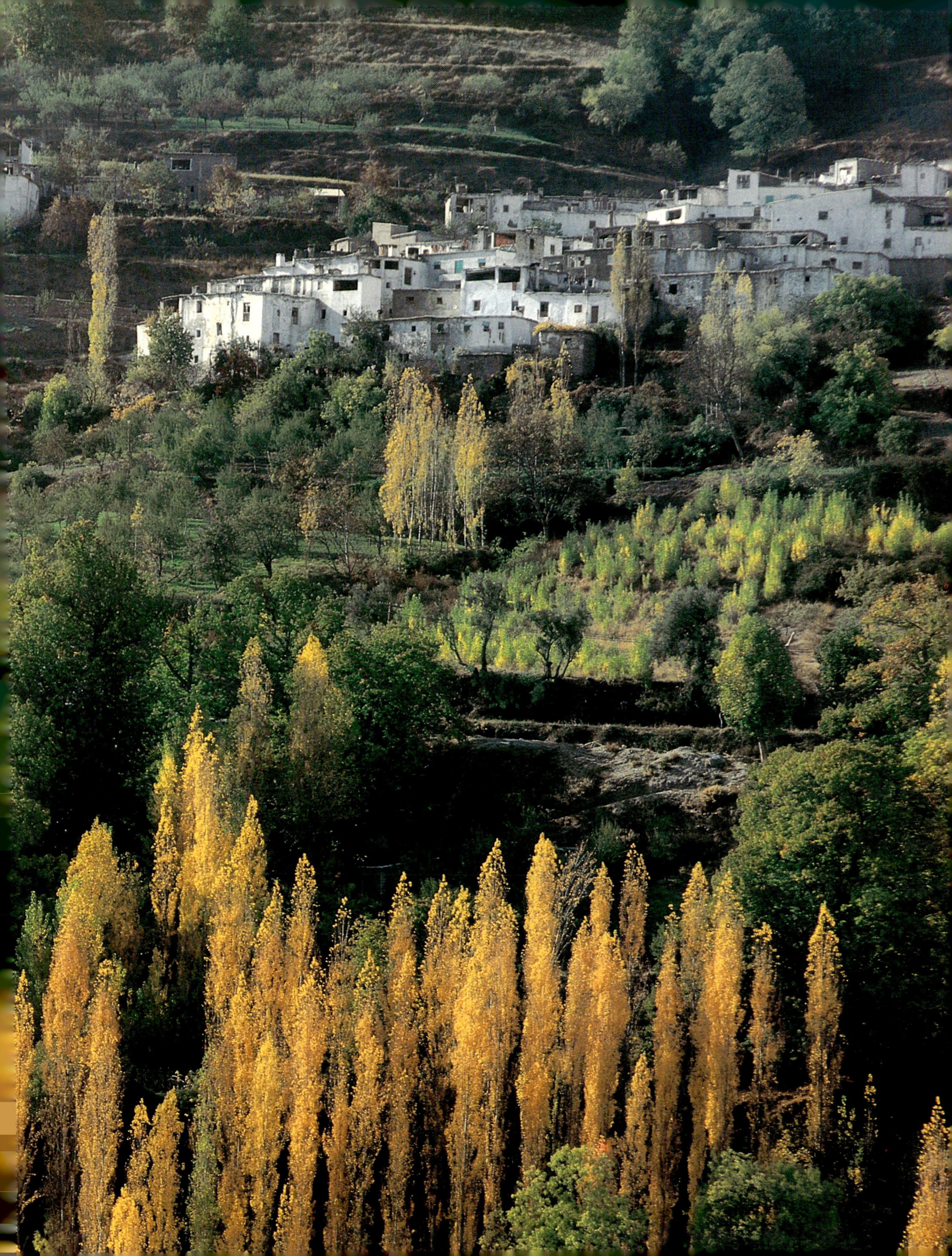

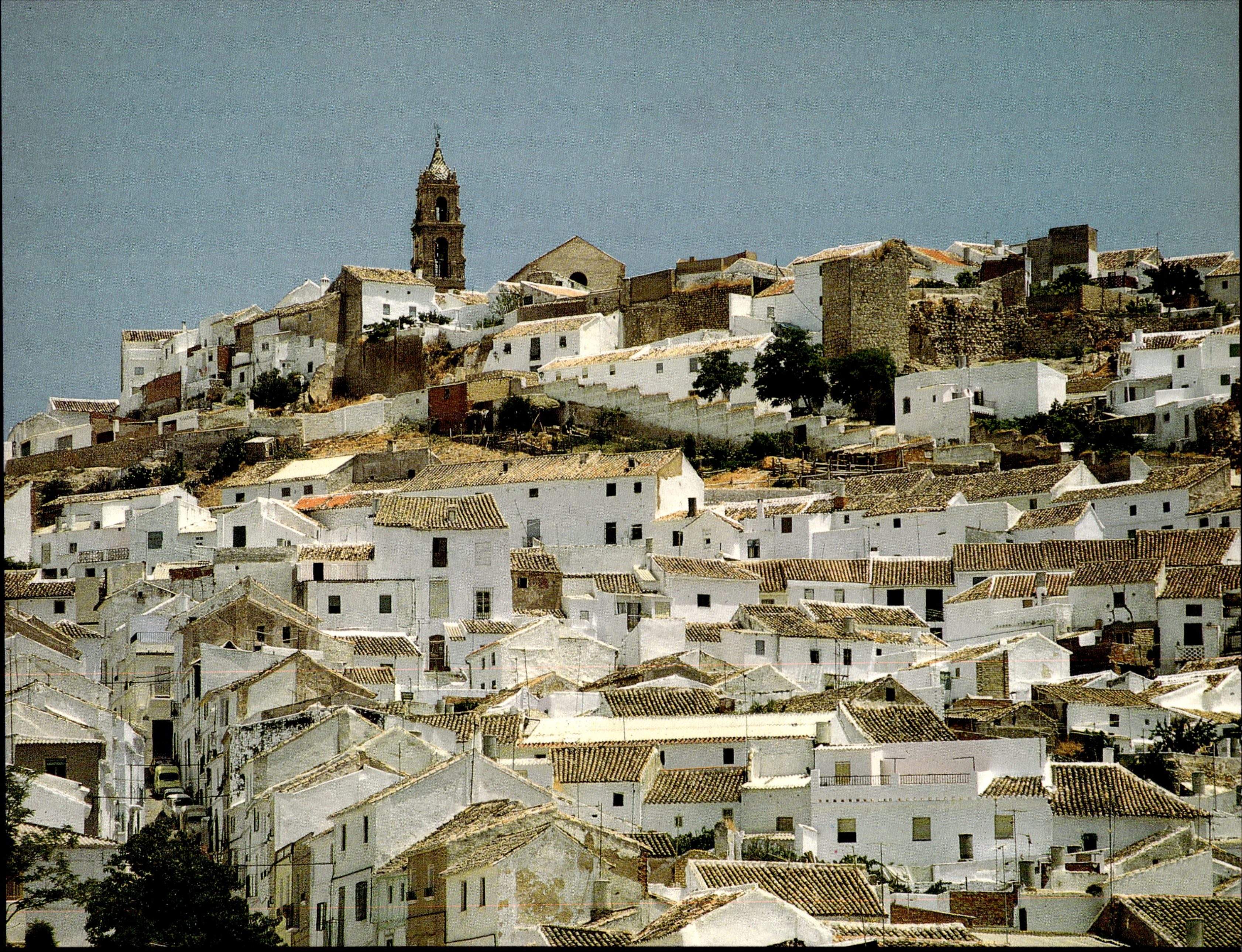

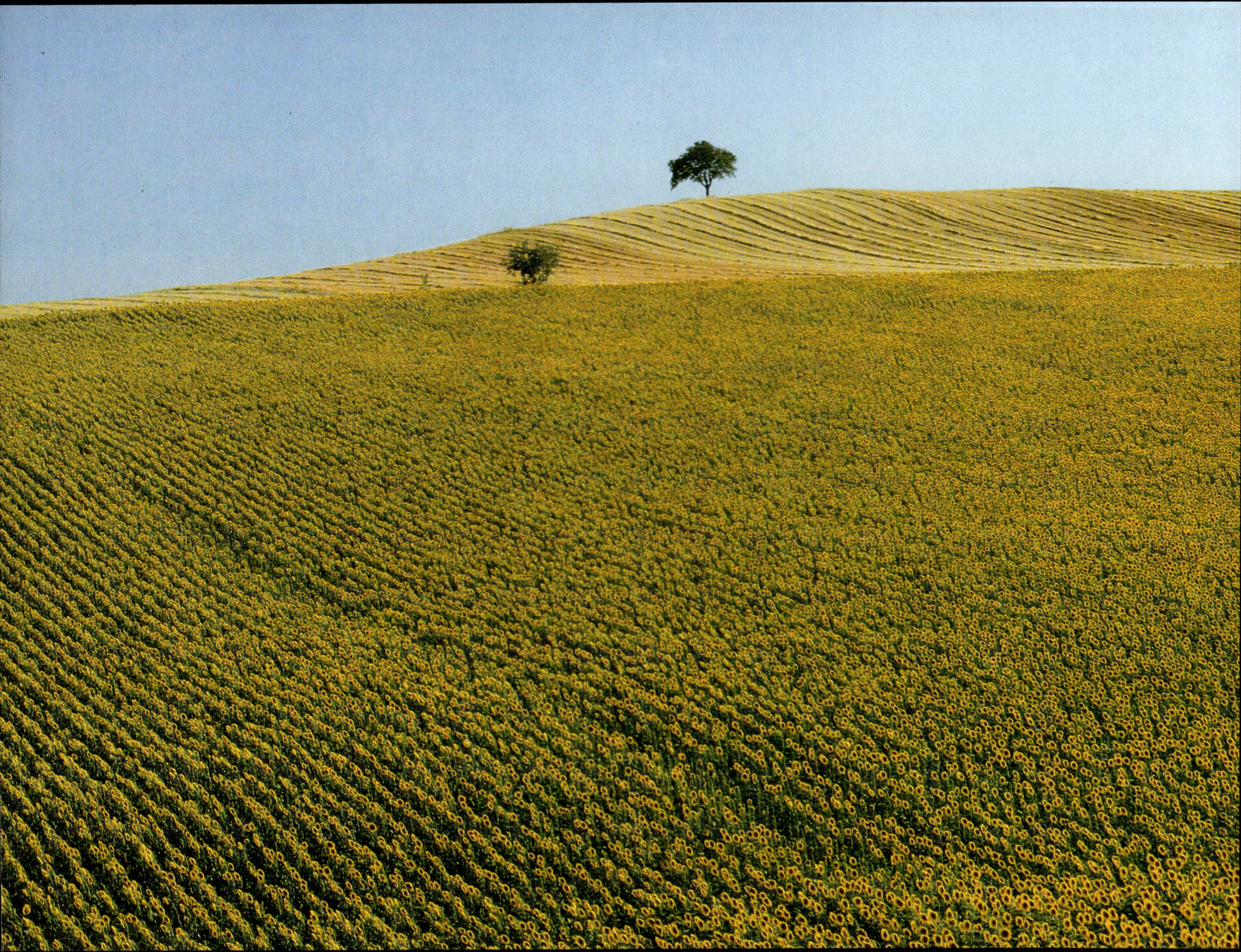

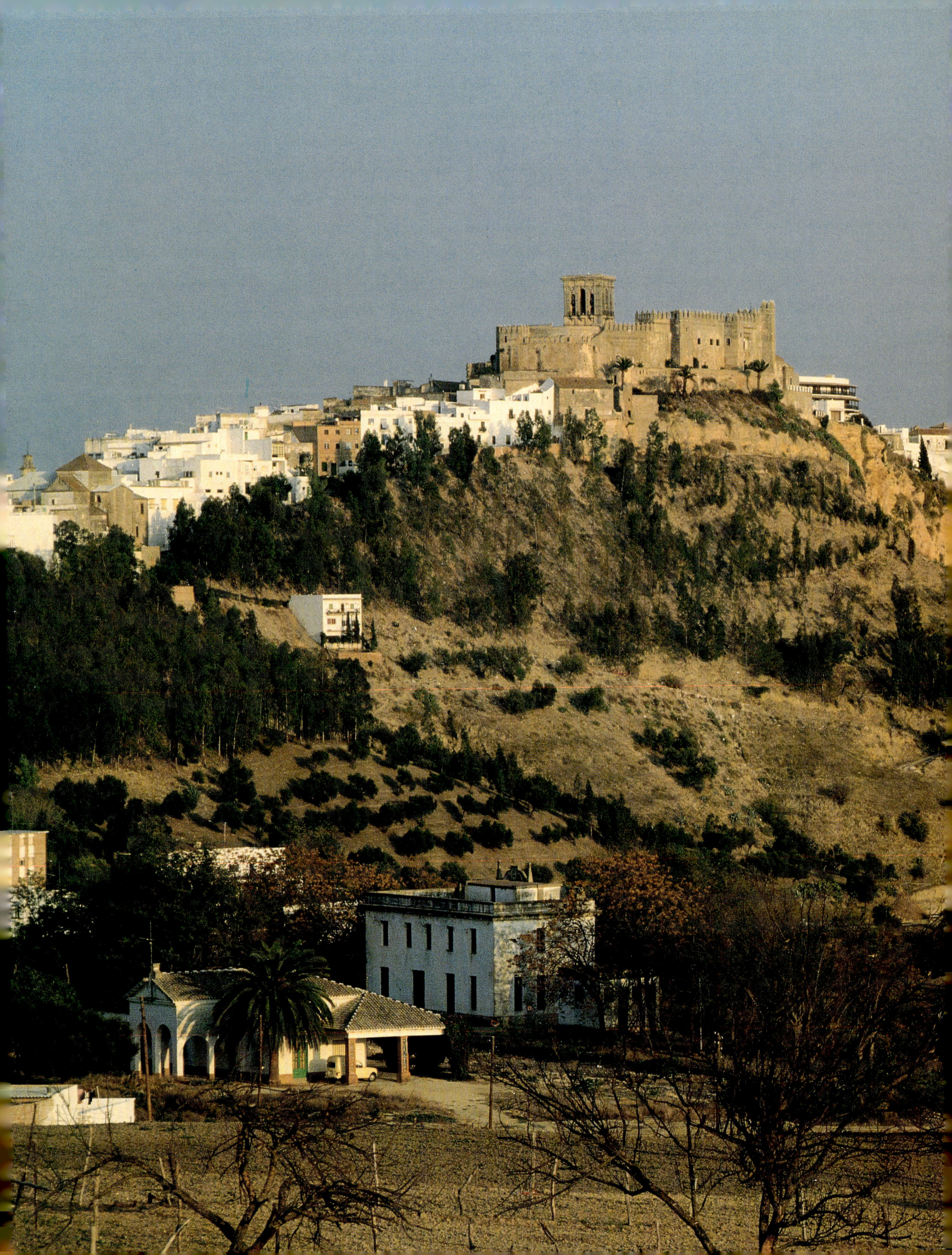

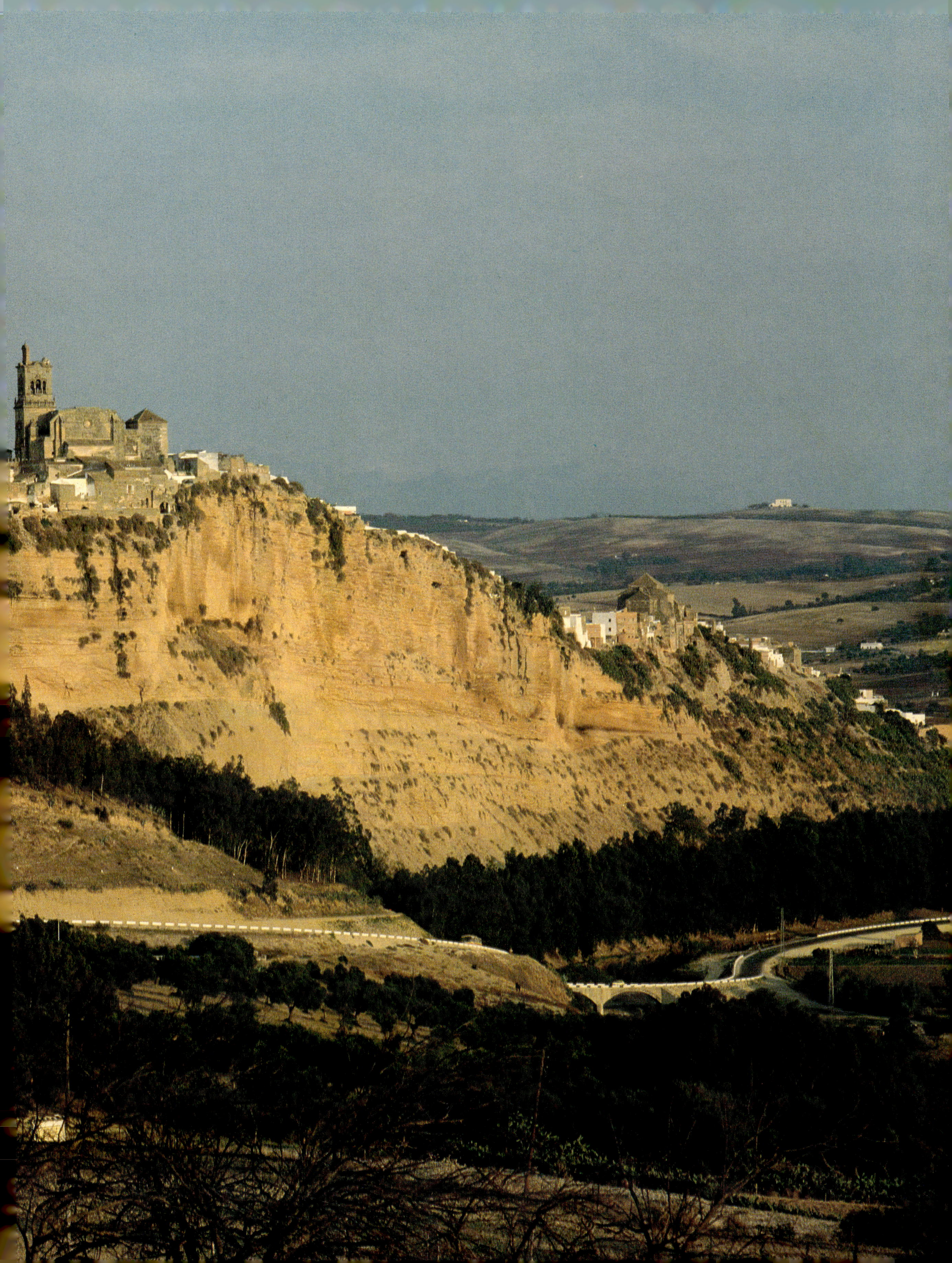

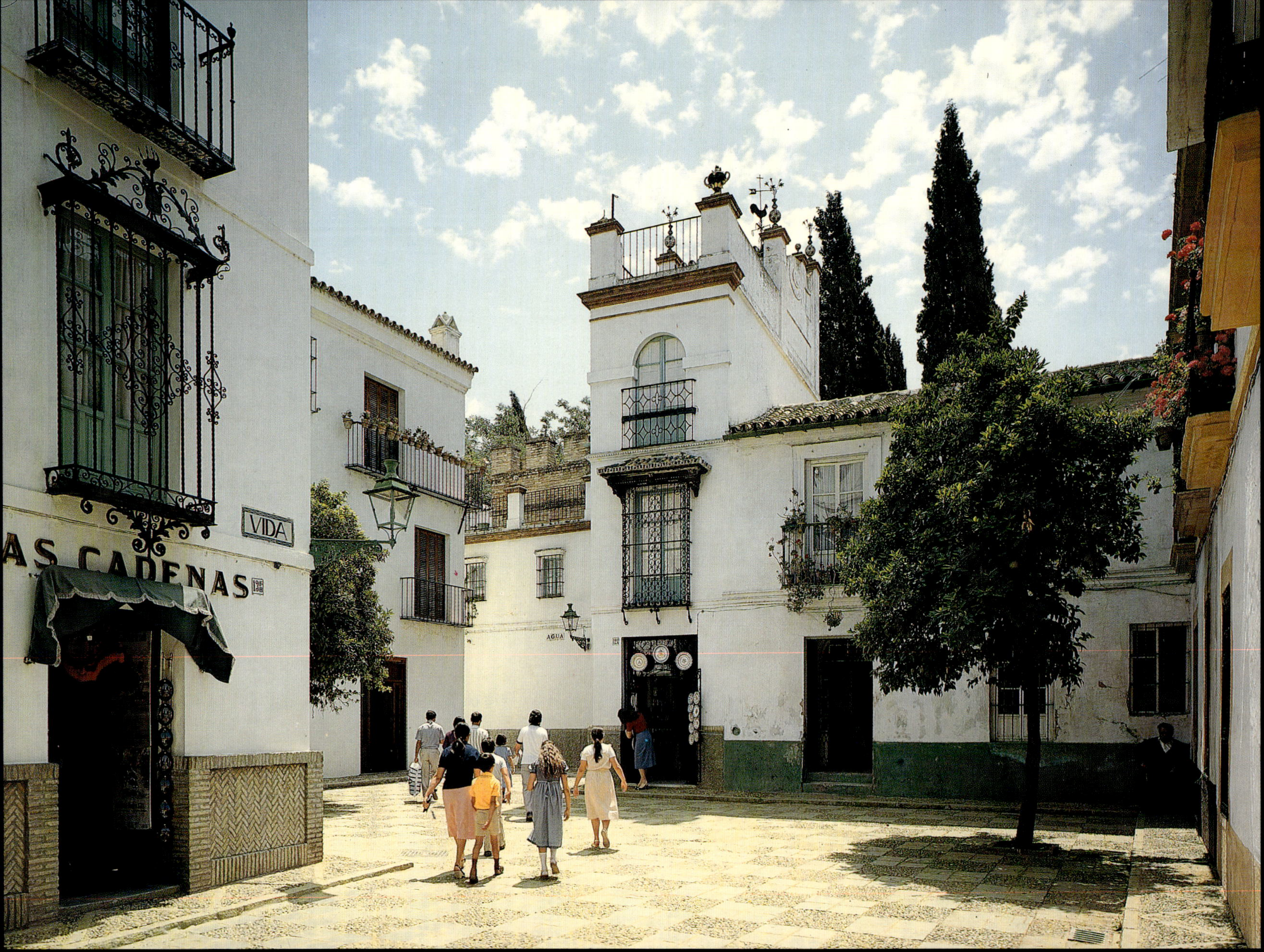
VIDA
AS CADENAS
AGUA

En este casi culto al jardín hay un recinto jardinero especial: el que representa el *patio*. Ya hemos mencionado su existencia y su uso en tiempos romanos, pero con la llegada de los musulmanes se amplía su utilización y se refina su concepto estético. Hay patios cordobeses, sevillanos y granadinos. Se diferencian en su tipo, aunque todos —tanto el palaciego como el familiar— comparten una misma finalidad: ser el centro de la morada.

Francisco Prieto-Moreno ve esta diferenciación justamente en su destino de ser centro y eje de la vida, que alrededor de él se desarrolla [17].

Todas las civilizaciones del Mediterráneo conocen el patio desde siempre. Las diferencias, tanto las arquitectónicas como las sensuales, radican en las necesidades, los gustos y tradiciones de sus propietarios o usuarios.

Siendo el centro de la vivienda, ocupa relativamente poco espacio, y parece que por eso se muestra acogedor, íntimo y muy personal. Representa el punto de encuentro de la familia y de los amigos, el centro de la vida cotidiana y la intelectual. Arquitectura y naturaleza, muro y cielo, agua y planta, risa y lágrima, silencio y charla, oración y poesía; todo esto es el patio mediterráneo, en especial el patio andaluz en sus diversas formas estilísticas. En él evoluciona el recién nacido, ahí ve por primera vez el firmamento, ahí capta las primeras voces humanas, ahí le acarician los primeros pétalos y sus fragancias despiertan su sentido del olfato.

Por la tarde las mujeres se sientan en este patio íntimamente familiar, con labores exquisitas entre manos; los hombres se agrupan hablando de las cosas del mundo y los jóvenes enamorados se comunican mirándose a los ojos o a través del antiguo lenguaje de las flores.

El patio —parecido al de tiempos romanos— es también punto de encuentro para tertulias literarias, que alrededor de la fuente agallonada o de la alberca modesta, donde

«todas las tardes el agua se sienta
a conversar con sus amigos» [18]

leen las leyendas de antaño o crean poesía íntima. Federico García Lorca nos habla de este ambiente, cuando recuerda en los versos siguientes todos los poemas recitados instantáneamente que se llevó la fuente:

«bajo el agua
están las palabras.
Limo de voces perdidas» [19].

A veces, simplemente se goza de la tranquilidad en este recinto, este pequeño paraíso terrenal. Antonio Machado describe el ambiente del que podía ser su propio patio, en otro poema dedicado a Juan Ramón Jiménez:

← Fotografías 79 (doble) y 80

«Era una noche del mes
de mayo, azul y serena.
Sobre el agudo ciprés
brillaba la luna llena,

iluminando la fuente
en donde el agua surtía
sollozando intermitente.
Sólo la fuente se oía.

Después se escuchó el acento
de un oculto ruiseñor.
Quebró una racha de viento
la curva del surtidor.

Y una dulce melodía
vagó por todo el jardín:
entre los mirtos tañía
un músico su violín.

Era un acorde lamento
de juventud y de amor
para la luna y el viento,
el agua y el ruiseñor.

El jardín tiene una fuente
y la fuente una quimera...
Cantaba una voz doliente,
alma de primavera.

Calló la voz y el violín
apagó su melodía.
Quedó la melancolía
vagando por el jardín.
Sólo la fuente se oía» [20].

Estos patios sevillanos o cordobeses lucen sus ricos azulejos pintados, su alicatado artístico con colores que brillan más —a ser posible— bajo el caluroso sol del mediodía, destellando al mismo tiempo frescura y alegría (foto 74).

El patio es el recinto donde el amor y la dedicación a plantas y flores celebra un apogeo modesto, pero de gran intensidad. La yedra de hojas verdeoscuras, los cálices multicolores y las formas fantásticas del geranio, el perfume suave de unos claveles olvidados, adornan muchas veces este espacio.

El perfume de las plantas, esta sensación fugaz y elegante, también necesita atención constante; como el arrayán revela su olor solamente bajo el sol del mediodía, el galán de noche requiere la oscuridad para hacernos partícipes de su aroma (foto 69).

Aquí es donde el tiempo se detiene. Se impone el mensaje de la naturaleza, transmitido por la belleza especial de unos pétalos, el sublime aroma del jazmín y el arrayán; un reflejo del paraíso en esta tierra fugaz; ésta es una de las

«excelentes moradas en los jardines del Edén...» [21]

el lugar al que el ya citado poeta Ben Jafacha canta en su poema «El azahar y la rosa».

«Ensartamos nuestras rimas como un collar en honor del que presidía la tertulia,
en una casa a cuyo cobijo arrastramos el manto de la gloria.
Los luceros brillaban allí vivos como brasas; la noche exhalaba ámbar gris.
Nos perfumaba el azahar fragante, entreverado con la rosa,
como una blanca boca dulce que sonriese besando una mejilla» [22].

El ánimo poético de Antonio Machado —casi 800 años más tarde— vive en el mismo mundo de sensaciones y nos lo transmite en estas líneas (foto 18):

«...y en mi triste alcoba penetró el oriente
en canto de alondras, en risa de fuente
y en suave perfume de flora temprana» [23].

Para los musulmanes, el patio era también —y sobre todo— de gran importancia en sus mezquitas y palacios. Aquí podían exponer su gran meta terrenal de armonizar la arquitectura con la naturaleza bajo un concepto espiritual. Con esta idea omnipresente llevaron el refinamiento jardinero y espiritual del patio a un extremo difícilmente encontrable antes de su llegada y menos aún después de su época en tierras de España.

Guiándonos por las fotografías reproducidas en este libro, buscaremos entender desde este enfoque el *Patio de los Naranjos* de la gran mezquita de Córdoba. Este jardín es uno de los más antiguos que se conserva de la época que más nos interesa, de la musulmana en España. Abderramán I empezó la mezquita en el año 776 y el patio es de la misma época. Unos 200 años más tarde fue modificado a causa de la ampliación del templo. Esto originó irregularidades arquitectónicas, entre ellas, que el estanque quedara descentrado por añadir ocho naves más al edificio antiguo. Según de Vilers Stuart, en su ingenua interpretación, uno debe imaginar que cada fila de naranjos presenta la continuación de las hileras de las columnas en la mezquita, y los 19 arcos, entonces abiertos, se funden con el jardín [24].

La marquesa de Casa Valdés pinta una imagen viva de la vida en este patio/jardín, cuando escribe en su libro «Los jardines de España» (foto 3):

> *«Se puede imaginar la oración en la mezquita, la luz*
> *filtrada a través de las hileras de naranjos*
> *ofrecería un espectáculo impresionante de*
> *recogimiento y poesía»* [25].

Delante de nosotros desfilan sabios y poetas en larga vestimenta de seda dorada, con manuscritos en la mano. Cada uno de ellos ocupaba una columna fija como hoy un aula, donde reunía a sus alumnos para dar su lección, sentados sobre el suelo de mármol, y los mosaicos como fondo. No lejos, en otra sección de este patio, el alfaquí, la gran autoridad religiosa y jurídica, que escuchaba las quejas y las defensas en un caso de discordia. Habiendo dictado su sentencia, el absuelto y el sentenciado se alejan de este sitio solemne, teniendo la seguridad de haber recibido justicia, ya que sabemos que cada caso que al alfaquí le pareciese dudoso terminaba en recíproca absolución, dejando en manos de Alah la última palabra.

Nuestra descripción —en caso de ser cierto— de la vida diaria en el Patio de los Naranjos no es tan fantástica, conociendo un poco las costumbres y tradiciones musulmanas de esta época en Córdoba. Sería de gran interés llenar todos los espacios ajardinados que interpretamos en este texto con hechos cotidianos. ¡Pero sería otro libro!

Crónicas cordobesas nos cuentan que en tiempos califales aquí en lugar de naranjos crecieron olivos, palmeras y laureles, plantados por un alfaquí muy devoto. Se dice que los naranjos llegaron del Oriente y se introdujeron en España no antes del siglo XI. Conocemos un poema del árabe Ben Sara, fechado en 1123, que habla de la admiración que sentía por esta planta (foto 11).

> *«... Veo que el naranjo nos muestra*
> *sus frutos, que parecen lágrimas*
> *coloreadas de rojo por los tormentos del amor.*
> *Están congelados; pero si se los fundiera, serían vino.*
> *Unas manos mágicas moldearon la tierra para formarlos.*
> *Son como pelotas de cornalina en ramas de topacio,*
> *y en la mano del céfiro hay mazos para golpearlos.*
> *Unas veces los besamos y otras los olemos, y así son, alternativamente,*
> *mejillas de doncellas o pomos de perfume»* [26].

Desde el Patio de los Naranjos en la Mezquita de Córdoba damos un paso grande hasta el *Patio de la Alberca* de la Alhambra en Granada, paso grande tanto en relación cronológica como por razones estilísticas.

Nos acercamos al Patio de la Alberca por el lado del Palacio de Carlos V (que probablemente era la entrada original para los visitantes de gran importancia); tenemos como impresión inicial la fuente real en primer término, la lámina del agua con la imagen reflejada a continuación, y en el otro extremo la segunda fuente en su apariencia palpable; después lentamente se revela la «realidad» (foto 29): la Torre de Comares, la entrada a la Sala de los Embajadores y las «hermosas enramadas de mirtos» a los lados, que ya Andrés Navagero describe en su capítulo sobre la Alhambra [27]. Así, entre el enfoque real y virtual se compone una imagen incomparable, aplicando exclusivamente las cualidades de reflexión y de refracción del agua, y nos podría parecer que fuésemos partícipes de la misma impresión que hace 600 años Ibn Zamrak cantaba

> *«Confúndense a la vista, lo líquido*
> *y lo sólido, agua y mármol,*
> *y no sabemos cuál de los dos*
> *es el que se desliza»* (foto 31) [28].

Aquí se muestra en su apogeo la idea musulmana de una morada con patio/jardín en sus elementos determinantes: la arquitectura que se impone a primera vista en el espejo del estanque, la naturaleza presente en la misma agua, en las plantas, los setos vivos de arrayán y el cielo azul; el último repetido simbólicamente en el artesonado de la Sala de los Embajadores con los siete apartados de los siete cielos teológicos del Corán.

La realización del concepto de unificación de arquitectura, espiritualidad y naturaleza parece que ha llegado a su culminación en este espejo natural. Aquí se reflejan en composición gráfica perfecta la Torre de Comares en su apariencia arquitectónica-militar, el verde vivo de los arrayanes, los arcos de estuco trabajados con exquisitez y un cielo azul intenso o —de noche— de estrellas y de luz de luna resplandeciente (foto 29).

La intensificación de los colores naturales por la reflexión en el agua es otra gran idea creativa que se puede apreciar especialmente en la alberca de este patio. Sobre todo por las tardes, cuando en la luz dorada de la puesta del sol el cielo se muestra de un azul más intenso, el arrayán de un verde más frondoso y el blanco cremoso de las paredes cubiertas de inscripciones y atauriques se convierte en un tono pardo rosáceo. Por medio del agua y su espejo todo el patio adquiere un colorido más cálido, que al mismo tiempo da una gran plasticidad al conjunto. Ibn Zamrak lo habrá admirado con igual asombro, cuando con su don poético compuso versos que delante de esta imagen nos parecen como instantáneas:

> *«¡Qué bella es tu alberca!*
> *El céfiro teje en ella cotas de*
> *malla, bajo los gallardetes de los árboles.*
> *La murta la rodea con su oscuro bozo,*
> *y todo el que ama el bozo la excusará»* [29].

Otro pensamiento musulmán es la intención de usar las grandes láminas de agua de las albercas para la decoración del suelo. Encontramos la misma idea en los salones, cuyos pavimentos están adornados con olambrillas o con mármol blanco escogido, y también en los paseos de los jardines, donde los caminos están empedrados con el dibujo de espiga o almendra, con la piedrilla blanca de la costa granadina.

> *«Y las labores de azulejos que hay en sus paredes y*
> *pavimento son semejantes a los tejidos de brocado»* [30].

Es el testimonio poético inscrito en las paredes de la Torre de la Cautiva.

Federico García Lorca escribe del «empedrado de Granada» algo muy parecido que el poeta nazarí (foto 73):

«El empedrado de Granada mezcla la guija negra y la clara en un conjunto tierno, dorado, plateado, que parece trencilla, cuerda, y cuando lo moja el agua, salen aquí y allá lo negro y lo rubio, contagiados, como en un enjambre de avispas o en una enredadera de armonizadas melodiosas hojas y flores» [31].

Pero el adorno más contundente y auténtico de la superficie del suelo es el espejo de una alberca llena de agua cristalina e inmóvil. Y nos sirve una vez más como ejemplo extraordinario, el estanque de este Patio de Comares; por todo lo largo se extiende esta lámina como una alfombra, y hace olvidar que «solamente» es el agua la que protagoniza esta imagen efímera, sin refinamiento artificial alguno:

esta agua que

es *vida* — se agradece
　　en el *riego de jardines y huertas;*

es *ambiente* — se siente
　　el *halago de su frescor;*

es *misterio* — se medita
　　como parte del *paraíso prometido;*

es *imagen* — se admira
　　su *función decorativa.*

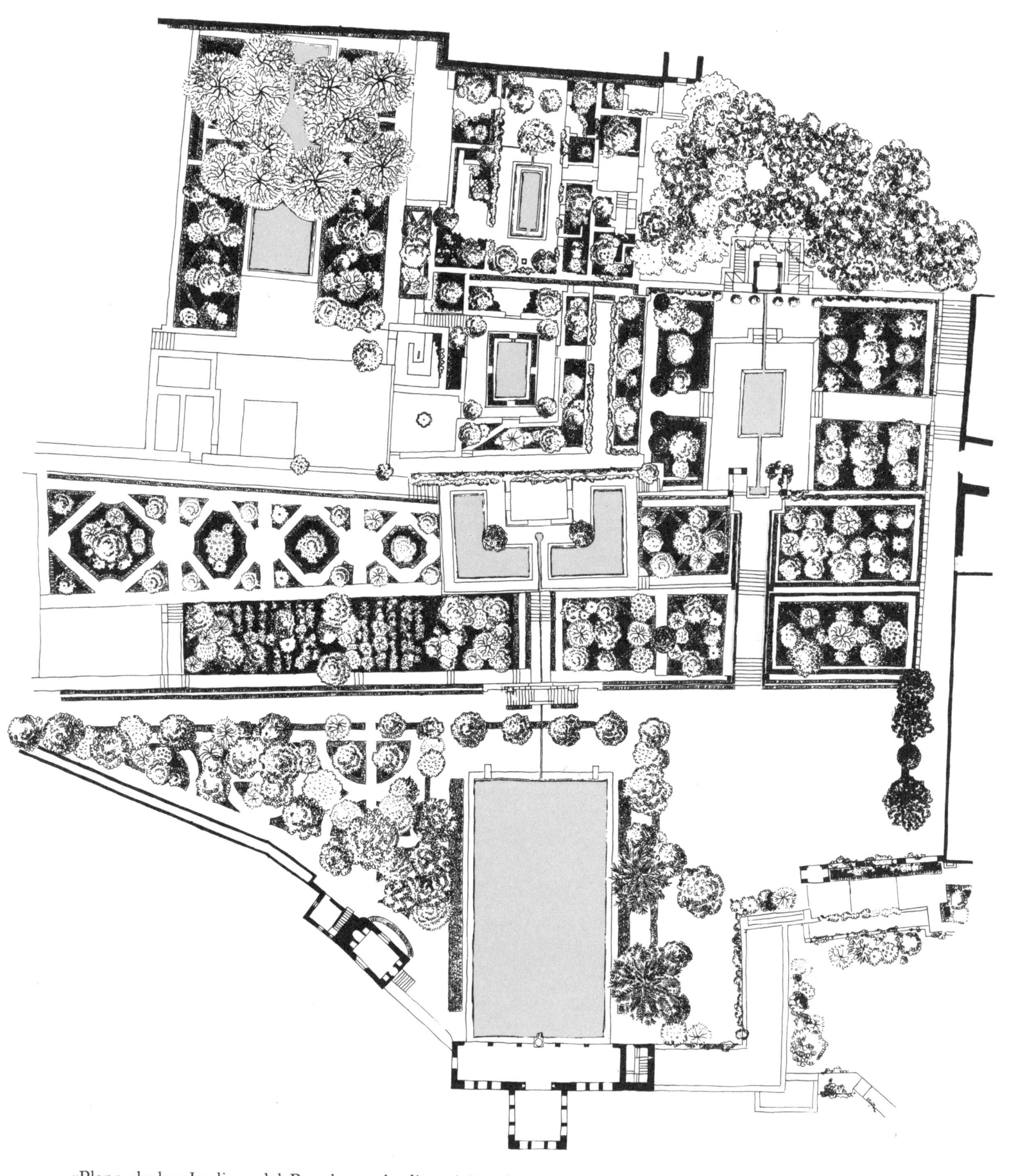

«Plano de los Jardines del Partal, con la disposición de estanques y canales pertenecientes a las antiguas edificaciones». Prieto-Moreno, p. 88.

Así el agua cautiva el sentido de la vista en los patios y jardines de la Alhambra, pero nos guarda todavía más sorpresas visuales, como, por ejemplo, esta otra finalidad, que se logra por medio del efecto óptico que representa un espejo: una aparente *«cuarta dimensión»*. Todo parece más profundo y más acortado al mismo tiempo. En la *Sala de los Abencerrajes,* por ejemplo, se encuentra la legendaria fuente llana, con un diámetro relativamente amplio y poca agua. Hay que inclinarse hasta que la vista esté casi a la altura de la fuente, y entonces se abre al observar una perspectiva asombrosa e inolvidable: en primer término se ven los arcos de la entrada a esta sala; detrás, la Fuente de los Leones reducida de tamaño, y en el fondo, la imagen acortada de la entrada a la Sala de las Dos Hermanas, terminando por los ricos adornos del Mirador de Lindaraja y los canalillos de agua movida que llevan la mirada hacia este punto. No debemos olvidar que los musulmanes estaban sentados en el suelo, es decir, que gozaban de todas estas imágenes de una manera muy natural, sin la inclinación corporal que hoy tenemos que adoptar.

El fenómeno óptico de aproximación de un objeto alejado lo encontramos también en el espejo que nos ofrece la Alberca de Mondéjar del Partal. Aquí nos sorprende la cercanía del castillo de Santa Elena, o Silla del Moro, reflejado en su mar de agua cristalina (foto 61). La arquitectura militar está enmarcada por los arbustos colindantes y macetas con geranios: un cuadro hábilmente compuesto, aprovechando el «espejo» del agua hasta tal punto que se puede dar el caso de que se vea el reflejo del castillo antes que su imagen real. Que esta interpretación paisajística data de tiempos modernos no quita mérito a la sensibilidad profunda con que los restauradores y paisajistas de la Alhambra de este siglo han compuesto un ambiente musulmán (foto 45).

El agua también representa un símbolo musulmán en la distinción social, del poder que tiene o no una persona en su jerarquía política: la extensión de una alberca —un atributo indispensable para cada morada— define su rango y su autoridad en la sociedad. Por eso en el Patio de los Arrayanes —igualmente conocido como el de la Alberca— se encuentra el estanque más grande y profundo de la Alhambra. Su tamaño y consecuentemente la cantidad de su agua señalan la alta posición del dueño de esta morada, del sultán.

Una observación que manifiesta su validez también en la distribución de otros monumentos arábigo-andaluces y sus jardines y patios como en Medina Azzahra o en el Alcázar de Sevilla. Más tarde y en otro ambiente espiritual, en los grandes jardines reales en Versalles o en la Granja y muchos otros palacios, donde los juegos de agua se ubican frente al castillo en un lugar central, núcleo simbólico del poder, trono del rey, se repite esta consideración. El poder del sultán nazarí en lo bueno y lo malo se manifiesta simbólicamente para Ibn Zamrak en este

«orbe de agua»,
este «mar de grande extensión, cuyas riberas son obras de mármol selecto» (foto 31)[32].

Que aquí no ha quedado nada al azar de los arquitectos nos muestra quizá otro pequeño detalle, una vez más lleno de contenido espiritual y decorativo.

Contemplemos las dos fuentes —majestuosas y modestas al mismo tiempo— en los extremos del estanque. Círculo y rectángulo se encuentran aquí armoniosamente, más allá de su finalidad como recipiente de agua. Sirven como tazas efímeras para el agua que mana de su surtidor, fugazmente la retienen, para después mandarla lentamente al estanque por medio de un canalillo habilidosamente diseñado.

> *«¿Por ventura esta fuente*
> *no nos ofrece maravillas*
> *que Dios ha querido hacer*
> *incomparables en magnificencia?*
>
> *Formada con perlas de trémulo*
> *resplandor, adorna su base con*
> *las perlas que a ella misma sobran.*
>
> *Se desliza líquida plata entre sus alhajas,*
> *sin semejante por la belleza de su blancura»* [33].

Don Jesús Bermúdez Pareja denomina estas fuentes «pilas esquemáticas» y nadie mejor que él ha sabido explicar el sorprendente funcionamiento de las mismas, tan sencillas y tan complejas a la vez (foto 29):

«La inclinación contra corriente del canalillo retiene un mínimo de agua en el vaso de la fuente, pero se acelera la salida del resto por la misma angostura del canal y la inclinación general de la pieza que impulsan al agua a caer en una cavidad ancha trazada como arco de herradura apuntado a cuyas curvas se adapta, partiéndose el caudal en dos ramales que a la salida del arco toman dirección opuesta, cruzándose y chocando contra los lados paralelos de un canal más ancho que el primero, en el que el agua zizaguea relampagueando hasta el extremo de la gárgola, en donde el canal vuelve a estrecharse, ahora con suaves curvas y levemente sumergido en la alberca para que el agua que llega sin impulso se congele y forme un cuerpo sólido, sin choques que promuevan ondas concéntricas, de suerte que se mantiene la tersura del espejo, sólo alguna vez herido por el ala de las golondrinas o moteado por las burbujas y los coletazos de los peces, que acuden a decorar las larvas de los mosquitos o lo que el visitante les echa y raramente alterado por el viento que lo riza como una cota de malla» [34].

El Patio de los Leones

«El cielo y la luminosidad exterior, con el mismo criterio del patio privado de la vivienda granadina, constituye aquí un elemento de singular importancia, siluetado por los aleros; la luz atraviesa los calados en las yeserías de los paramentos, y en sus haces quedan prendidas como estrellas en el interior de los pabellones. Al mismo tiempo los fustes de las columnas de los pórticos que se abren desde los capiteles hacia los arcos calados nos proporcionan una reminiscencia de vegetación en mármol y yeso, al que se infunde un delicado ritmo geométrico» (foto 39) [35].

Con esta descripción difícilmente superable don Francisco Prieto-Moreno comprendía los encantos del Patio de los Leones, que representa la parte más íntima, más familiar de la Alhambra. Los templetes y salones, pero sobre todo su ambiente jardinero con la fuente central, y los otros diez surtidores repartidos por las habitaciones y pasillos, como los cuatro canales, que llevan este líquido blanco y modesto al interior de la morada parecen ser la realidad de suras como la siguiente:

«A quienes creen y hacen obras pías,
los hospedaremos en el paraíso,
en salones por cuyo pie corren los ríos.
En ellos vivirán inmortales» [36].

Washington Irving, que vivió medio año en las habitaciones que hoy llevan su nombre, solía soñar con ojos abiertos y en una de sus cartas cuenta cómo tratar de llenar este sitio con vida en su imaginación:

«He intentado conjurar la imagen de Boabdil atravesando estas salas con su pompa real; la de su bella reina; las de los Abencerrajes, Gomeres y otros caballeros moros que en un tiempo ocuparon este patio provistos de sus relucientes armas en medio del esplendor del lujo oriental» [37].

El patio que hoy se divide en varios espacios enarenados, en tiempos nazaríes fue un jardín frondoso, lleno de plantas y árboles. Eso nos cuenta Antonio de Lalaing, quien visitó la Alhambra en septiembre de 1502, es decir, poco tiempo después de la reconquista de Granada en 1492, y nos habla de seis naranjos de notable tamaño, que

«preservan a las gentes del calor del sol y bajo los cuales siempre hace fresco» [38].

Las modificaciones jardineras efectuadas en el Patio de los Leones han sido diversas y están plasmadas tanto en numerosos grabados de los siglos XVIII y XIX como en fotografías modernas, pero el concepto básico —según Francisco Prieto Moreno— de «la conjunción arquitectura-jardín» no ha experimentado apenas variación alguna [39].

Una de estas conjunciones es la supuesta, y muy posible, inspiración del arquitecto nazarí en un oasis del desierto, donde el nómada instala una tienda en medio de un grupo de palmeras, que no solamente repiten reminiscencias del desierto, sino que también realizan la imagen del paraíso planeado en el Corán, cuando éste proclama:

> *«Quien haya temido el emplazamiento*
> *de su Señor, tendrá dos jardines frondosos...*
> *En ellos habrá dos fuentes abundantes...*
> *habrá frutos, palmerales y granados»* [40].

«Croquis que descifra la inspiración natural de un *oasis* del Patio de los Leones». Prieto-Moreno, p. 74.

También los poetas árabes han dejado constancia de esta interpretación arquitectónica en sus poemas cuando crearon versos como los siguientes:

> *«Habrá edificado en la preciosa*
> *cumbre una tienda de gloria*
> *que no necesita cuerda para su sostén»* (foto 38) [41].

Pero una vez más hay que hablar del aquí omnipresente agua: ¿qué sería el «oasis», este refugio de los nómadas del desierto, sin ella?

El apogeo del agua en la Alhambra como líquido celeste y, consecuentemente, como medio simbólico para la alabanza al dueño de estos palacios, se manifiesta en este *Patio de los Leones*. Escribe Prieto-Moreno:

«Este es el lugar del palacio en que se rinde mayor veneración al agua, situando la fuente en el centro, para que se concentren en ella las perspectivas de los salones principales, brotando de tal manera que el morador del palacio, al realizar sus abluciones, sentiría la ilusión de encontrarse ante un manantial auténtico»[42].

El poderoso surtidor de la fuente central que acoge el agua de los cuatro canales —imagen de los cuatro ríos paradisíacos—, que a su vez están alimentados por los surtidores a flor del suelo de los templetes y de las habitaciones principales, canta la alabanza del sultán; le canta por ser el «Imán Mahomed» (foto 41). A esta noble finalidad se somete todo el patio, y la decoración —vehículo para la poesía de Ibn Zamrak— hace referencia a la importancia espiritual y natural del manantial que salta ardorosamente de las fauces de los leones.

En ningún momento el agua deja de cautivar al visitante. Cada perspectiva, en todas las inscripciones de las paredes, hasta en los millares de mocárabes y su semejanza a gotas de agua, impone al hombre la contemplación de su valor, su influencia, su dominio en el mundo. Capta todos los sentidos: la vista, el oído, el tacto y hasta el olfato. El agua es protagonista por sí misma.

En este ambiente todopoderoso del agua, Ibn Zamrak levanta su voz en alabanza al sultán, sirviéndose del profundo simbolismo del agua, en comparación con su persona (foto 40):

«¿No véis cómo el agua corre por los lados
y, sin embargo, se oculta después en los caños?

A semejanza de un amante, cuyos párpados
están llenos de lágrimas, que oculta por
medio de un delator.

¿Y qué es en verdad sino una nube que
derrama sobre los leones sus corrientes?

Asemeja a la mano del califa, cuando aparece
por la mañana derramando sus dones sobre los
leones de la guerra»[43].

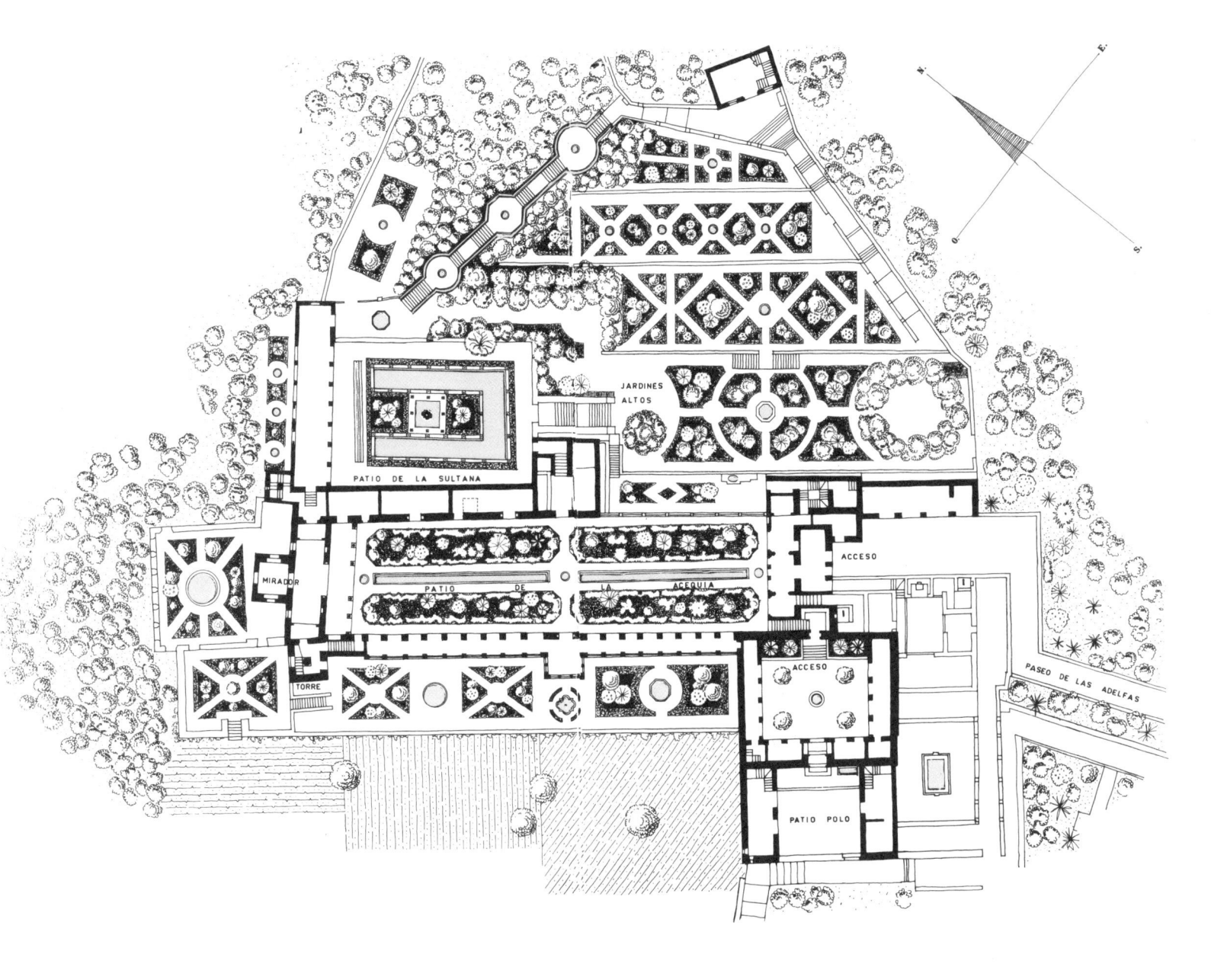

«Plan actual del Generalife». Prieto-Moreno, p. 130.

Generalife

Ismail I escogió el sitio del Generalife —la «huerta excelsa»— para un jardín de recreo, desde el cual se tenía una vista hacia toda la vega, hacia el Palacio Real de la Alhambra, símbolo de la cultura refinada y la vida lujosa de los Nazaríes.

Una de las inscripciones del Generalife da la idea con la cual se construyó este palacio de recreo, la «huerta excelsa»:

> *«Brilla su belleza y sus flores,*
> *la lluvia de las nubes le cubre generosamente.*
> *Las manos de sus creadores bordaron en sus lados*
> *bordados que parecen flores de jardín»* [44].

El Generalife parece la realización más lograda del paraíso islámico, donde, como ya se ha visto en toda la Alhambra, el agua es la parte más significativa, y para que nada falte, todo será abundancia, fertilidad y vida carente de sufrimientos: todo lo cual solamente puede garantizar este líquido indispensable para la felicidad.

> *«Albricia a quienes creen y hacen buenas obras,*
> *que tendrán unos jardines*
> *en que corren ríos por ellos»* [45];

o más plásticamente todavía, cuando el Corán reza de esta manera:

> *«A quienes creen y hacen obras pías,*
> *su Señor los guiará en recompensa de su fe:*
> *a sus pies correrán los ríos*
> *en unos jardines de ensueño»* [46].

¿No será el *Patio de la Acequia* del Generalife vivo retrato de este concepto místico ofrecido en el Libro Santo del Islam?

Aquí, en este patio, para el musulmán creyente y altruista se hace realidad la imagen que tiene del «Jardín de ensueño», hasta en el detalle más insignificante (foto 57).

La promesa divina, tantas y tantas veces ofrecida en el Corán, se consuma en su máxima perfección en este sitio: la cinta de agua azul celeste, las fuentes donde brotan perlas de agua, las moradas sin par, donde los fieles

> *«se hallan sentados frente a frente*
> *entre jazmines, arrayanes y rosas,*

*entre naranjos y granadas,
al lado de la fuente que desliza
solamente su líquido sagrado»* [47].

Sobre el año 1145 Abd Allah Simak poéticamente pinta un jardín muy parecido, aun varios siglos antes de su realización por los Nazaríes en el Generalife, en un poema que tituló:

UN JARDÍN

*«El jardín de verdes altozanos
se adorna para los espectadores
con el color más bello,*

*como si hubiese expuesto en él
su ajuar una doncella resplandeciente con
sus collares de oro,*

*o se hubiesen vertido allí cazoletas de almizcle
amasado con ban purísimo.*

*Los pájaros gorjean en los ramos,
como si fuesen cantoras inclinadas sobre laúdes.*

*El agua continua deja caer sus caños
como cadenillas de plata y de perlas.*

*Son esplendores de hermosura tan perfectos,
que parecen la belleza de la certidumbre
o el brillo de la fe»* [48].

En los contornos de esta «huerta excelsa» [49], sofisticadamente compuestos según las promesas del Corán, se documenta lo sacro, lo divino, que el musulmán quería expresar a través del manejo artístico de la arquitectura, la flora y el agua.

En el Corán una y otra vez se menciona este jardín:

*«...y los introducirá en unos jardines
por los que corren los ríos.
Esa es una recompensa que procede de Dios.
Dios tiene la bella recompensa»* [50].

> «*A quienes creen y hacen obras pías,*
> *su Señor los guiará en recompensa de su fe:*
> *a sus pies correrán los ríos en unos jardines*
> *de ensueño*» [51].

Estas suras debían ser recordadas inevitablemente por los Nazaríes cuando paseaban por la Alhambra. Este paraíso terrenal, hablándoles con imágenes simbólicas compuestas, les tenía que evocar el deseo ferviente de lograr el cielo prometido creyendo y haciendo «obras pías». Recordamos aquí la frase sufí:

> «*El hombre está transformado por el símbolo*» [52].

¿Puede haber un estímulo más idóneo para la meditación? Según el cumplimiento o no de las exigencias sacras requeridas para el juicio final, se decidirá si la morada ha de ser con «jardines por los que corren ríos», o, a la inversa, «les quitamos jardines, fuentes y tesoros y una magnífica residencia» [53].

> «*¡Promesa de Dios! ¡Dios no falta a la promesa!*» [54],

dice el Corán y lo mismo parece que quiere anunciar la voz modesta del agua que va por todos los caudales, canalillos de los jardines de la Alhambra y del Generalife y las barandillas de la majestuosa Escalera del Agua, uno de los sitios más auténticos de este monumento.

Ya en el Patio de la Alberca hemos hablado del afán de los pueblos del desierto por decorar y embellecer el suelo. Parece que las flores y pétalos, los árboles y arbustos con sus hojas reflejados en los estanques del Partal y de los Jardines Bajos del Generalife dan la impresión de ser una alfombra real de las que se llaman «alfombras de jardín». En ellos los antiguos pueblos musulmanes expresaron su ilusión por crear el diseño de un jardín con agua, con vegetación y fauna abundante, trabajando el hilo de seda y de lana nudo a nudo. Una vez más les guiaba la imagen del «Jardín de ensueño» (fotos 62 y 64).

En el Partal y en el Generalife, con la suntuosidad de la naturaleza, la riqueza del agua y las bandadas de pájaros, la ansiedad de estos musulmanes se hizo realidad, y no solamente para ellos, sino también para el gozo de las futuras generaciones, hasta llegar a nosotros. Grandes ejemplos de almas cautivadas por esta eterna radiación son los poetas españoles, y los andaluces en especial, que se han penetrado de la espiritualidad de estos artífices nazaríes. Recordemos versos de Francisco Villaespesa,

José María Pemán, Luis Rosales, de los ya antes citados Juan Ramón Jiménez, Federico García Lorca, Antonio Machado y de muchos más.

Pedro Soto de Rojas, en su poema «Parayso cerrado para muchos, jardines abiertos para pocos», nos deja participar de su entusiasmo por la espiritualidad musulmana

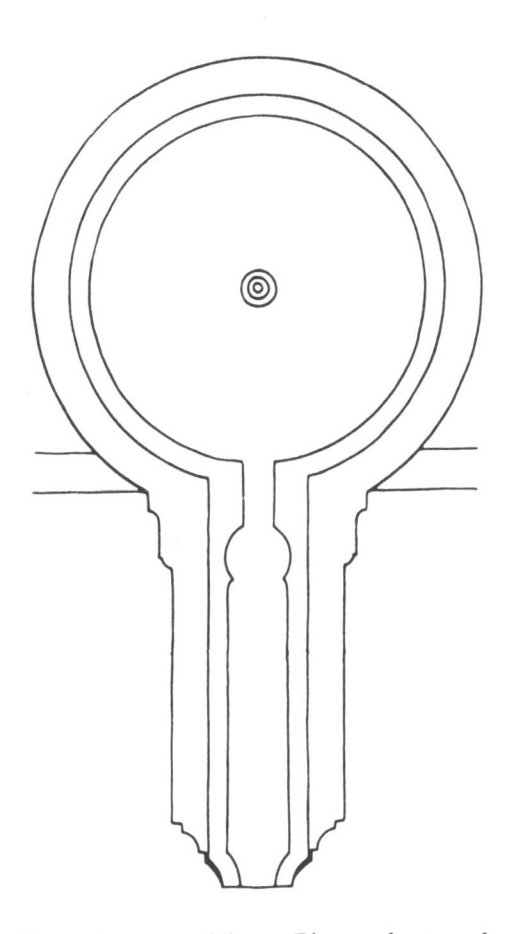

Fuente esquemática. «Planta de una de las fuentes del Patio de los Arrayanes». Prieto-Moreno, p. 64 (modificado).

que relacionaba con la naturaleza y especialmente con el jardín, cuando compuso versos tan hermosos como éstos:

«¿Quién te enseño, mi Dios, a hacer flores,
y en una hoja entretalles llena
bordar lazos con cuatro o seis labores?
¿Quién te enseñó el perfil de la azucena,
o quién la rosa coronada de oro,
reina de los olores,

*y el hermoso decoro
que guardan los claveles,
reyes de los colores,
sobre el botón tendiendo su belleza?
¿De qué son tus pinceles,
que pintan con tan diestra sutileza
las venas de los lirios?»* [55].

Como en todos los monumentos islámicos, así también en la Alhambra y más en el Generalife nos encantan las numerosas pilas bajas, casi a flor del suelo. Se llaman «pilas gallonadas», son de concepción califal cordobesa y más tarde ampliamente empleadas en los monumentos nazaríes (foto 28). Suelen ser de mármol y de distintos tamaños, aunque, en su mayoría, sean pequeñas. Los gallones pueden variar en forma y medida, tener algo de decoración o inscripciones o pueden faltar enteramente. Siendo fuentes con poca profundidad, parecen pequeños mares, en los cuales muchas veces se percibe un reflejo muy peculiar debido a la refracción de la lámina. Estas pilas descansan sobre faldetas, poco hundidas en la solería en forma de plato, que recibe el agua, que rebosa de la taza, saliendo de aquí por un canalillo a una alberca o por un sumidero a un pozo.

Igual que las antes recalcadas «fuentes esquemáticas» eran cómodamente accesibles para el hombre. Se recuerda que los musulmanes se sentaban en el suelo, de modo que el agua estuviese al alcance de la mano. Es una relación directa, suave, agradable, silenciosa: muy al contrario del efecto de las fuentes de Versailles o de la Granja, donde se moja el visitante por las salpicaduras de los chorros de agua, que imponen su ruido y su fuerza sonora.

Así otro de los cinco sentidos está puesto en escena en los jardines arábigo-andaluces: el *tacto* con que se realiza el deleite de la tez suave de una pieza de mármol blanco, la rústica superficie de un alicatado multicolor, la viva pared de unos arbustos con hojas suaves y olorosas, la refrescante cara del agua. Un ambiente, compuesto bajo estas normas, invita a tocar suavemente y sin destrozar; es más: invita a establecer una relación íntima entre el hombre y los elementos decorativos, que eleva el alma y llena el espíritu creativo.

Washington Irving, este sensible extranjero, cuya estancia en la Alhambra era una suerte recíproca para él y el monumento, sentía y entendía la excepción de este sitio, voluntaria y sofisticadamente compuesto. En otra de sus muchas cartas expresa su ambiente así:

«Los muros ornamentados, las plantas aromáticas, la frescura de las fuentes, el murmullo del agua, los baños apartados, todo indica pureza y refinamiento, los balcones y galerías abiertas a la brisa fresca de la sierra dominando el valle del Darro y la magnífica llanura de la vega. Es imposible contemplar este delicioso lugar sin sentir admiración por el espíritu poético de aquellos que primeramente idearon este paraíso terrenal»[56].

En los jardines con acento musulmán destaca el número de los rincones pequeños, acogedores, que tienen una vez más el ambiente de un sitio cerrado (foto 58). Bajo una pérgola con rosas trepadoras y galán de noche, cuando una luce su perfume en el día, el otro en la noche, atrae una fuente modesta con un surtidor bajo. Un mirador, un templete, una morada al aire libre: un recinto para la meditación según la imaginación de los mismos musulmanes, recinto atractivo para el hombre que busca la soledad, un ambiente que no puede prescindir del agua. Mucho más allá de la necesidad física y decorativa nos ofrece su misión espiritual. Se puede imaginar que Federico García Lorca estaba inspirado por un rincón así, cuando escribió el poema que titula:

SUEÑO

Mi corazón reposa junto a la fuente fría.
(Llénala con tus hilos,
araña del olvido.)

El agua de la fuente su canción le decía.
(Llénala con tus hilos,
araña del olvido.)

Mi corazón despierto sus amores decía.
(Araña del silencio,
téjele tu misterio.)

El agua de la fuente lo escuchaba sombría.
(Araña del silencio,
téjele tu misterio.)

Mi corazón se vuelca sobre la fuente fría.
(Manos blancas, lejanas,
detened a las aguas.)

Y el agua se lo lleva cantando de alegría.
(Manos blancas, lejanas,
nada queda en las aguas)[57].

En lugares islámicos, el sonido típico del agua nunca es ruido, sino sonido. Siempre es sosegado, tranquilo; se le puede olvidar o se le puede evocar cuando es requerido para el ánimo, el pensamiento, el bienestar. Es un sonido serio, pero nunca triste, es una voz serena, pero no deprimente, una voz que quiere proclamar la fidelidad eterna hacia firmamento y tierra, pero modestamente, a la imagen de lo que es este elemento vital.

Por eso las grandes cascadas y los fuertes torrentes siempre están como contenidos, en un rincón escondido, en donde tanto su sonoridad como su dinámica impresión visual están recogidas, dominadas e integradas, como, por ejemplo, en el bosque de la Alhambra.

«La voz del agua es santa» [58],

según el poeta andaluz don Francisco Villaespesa, hay que percibirla en todas sus tonalidades para que se entienda su misión, que —contrariamente a la idea nórdica— siempre se presenta con acento positivo.

Donde reina el silencio, que el musulmán requiere para la meditación, éste nunca se rompe, sino solamente con un susurro, un murmullo de un surtidor bajito, sin fuerza, pero constante. Llena tranquilamente las albercas claras, discretamente se desliza de una taza de mármol, alegremente brota en la fuentecilla, comunicándonos sus secretos, y modestamente se oculta en la sombra de un desagüe.

Muchas veces no se ve el agua que se oye; en algún rincón de los palacios, del jardín, habilidosamente duplicada su voz por la arquitectura, gotea un pilar que «cayendo perla sobre perla» da el fondo sonoro al ambiente musulmán. Es como la música árabe, que con su melodía monótona nos envuelve, sin imponerse, sin afán de placer: solamente su presencia importa, su presencia suave y fiel, siempre dispuesta a prestar su servicio a la mente y al ánimo. La voz del agua evoca un misterioso ambiente en las estancias, pasillos y jardines, donde prepara los sentidos hacia los deleites arquitectónicos y decorativos o la mente para la meditación.

¡Qué infinidad de sonidos y de tonalidades nos envuelven, paseando por el Patio de los Arrayanes hacia el de los Leones en la Alhambra! ¡Qué concierto estimula los sentidos en la composición musical de las fuentes sonoras de la alberca y la combinación de los 23 surtidores del recinto privado del sultán! Si andamos por el pasillo que da a las habitaciones de Washington Irving, pasando por las ventanas que se

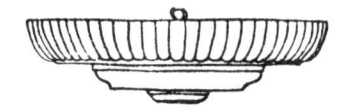

Fuente agallonada, «detalle de la fuente del Patio de Lindaraja». Prieto-Moreno, p. 85 (modificado).

abren al Patio de Lindaraja, cada abertura nos ofrece un sonido distinto proveniente del mismo surtidor, el de la Fuente de Lindaraja. La arquitectura, una vez más, juega aquí el papel de compositor con medios sencillos como el eco, las distintas alturas de las aperturas de los ventanales o los varios materiales de construcción.

De noche, cuando se ha cortado el agua de los surtidores, caudales y canalillos, queda todavía el sonido de las aguas naturales en las cascadas y los canales de los bosques, además de una u otra fuente particular, que canta su melodía sin cesar, y acentúa —si es posible— el gran silencio de una noche en un ambiente musulmán. Entonces se vive este silencio, que es «la antítesis del ruido», como dice el paisajista Alain Quiot, el gran artífice del jardín árabe moderno con los principios musulmanes de siempre [59]. Antítesis, que se expresa en el mismo Corán:

«Estarán en un Paraíso elevado,
en el que no oirán ningún vocerío;
en él habrá una fuente de agua corriente...» [60].

El agua suena distinta según uno camina o se para, está de pie o se sienta. Su sonido —estando en un ambiente tradicional islámico— mana de abajo o de un lado, nunca proviene de arriba. Por eso los caudales y cascadas están escondidos, como camuflados en los bosques, transformando por medio de la pared que forma el follaje de los árboles, el ruido abrumador en un canto agradable y de fondo.

Nostalgia profunda pero contenida del alma lejos de su tierra expresan las notas que se entienden solamente memorizando el sonido de una u otra fuente en las salas y los patios de monumentos musulmanes. Poetas andaluces de todos los tiempos dan firme testimonio de estas manifestaciones, que quizá sorprenden y suenan exóticas. La humanización del jardín y en especial del agua, que mana en él, nos brinda poéticamente toda la gama de sentimientos del hombre desde la tristeza hasta la alegría.

Juan Ramón Jiménez nos ofrece unos versos, en los cuales la tristeza se palpa con gran intensidad:

«Hablan las aguas y lloran
bajo las adelfas blancas;
bajo las adelfas rosas,
lloran las aguas y cantan,
por el arrayán en flor,
sobre las aguas opacas» [61].

La melancolía, que en cierto modo acompañó a Antonio Machado en toda su vida y con la cual se había conformado, la expresa por medio del sonido del agua, diciendo:

«Dice la monotonía
del agua al caer:

un día es como otro día;
hoy es lo mismo que ayer» [62].

El agua parece más expresiva que la arquitectura porque tiene voz. Se puede hacer entender y puede recordar y contar los acontecimientos que han rodeado sus fuentes y albercas:

«Seguía su cuento
la fuente serena;
borrada la historia,
contaba la pena» [63].

El apogeo en toda esta interpretación literaria lo encontramos otra vez en la obra de Juan Ramón Jiménez, quien en uno de sus grandes momentos creativos anotó su propia, su íntima relación con el agua cuando visitó la *Escalera del Agua* en el Generalife:

«El agua me envolvía con rumores de color y frescor sumo, cerca y lejos, desde todos los cauces, todos los chorros y todos los manantiales... Y aquella música del agua la oía y más cada vez y menos al mismo tiempo; menos, porque ya no era eterna, sino íntima; el agua era mi sangre, mi vida, y yo oía la música de mi vida y mi sangre en el agua que corría...
—Oyendo el agua, ¿eh?
—Sí, señor... Y a usted también parece que le gusta oírla.
Entre los dos, yo en el descanso empedradillo de la escalera, él del otro lado del pretil, el agua seguía viniendo, mirándonos cada segundo un instante, huyendo luego, deteniéndose quizá un punto para mirar arriba, hablando para abajo, cantando, sonriendo, sollozando, perdiéndose, saliendo otra vez, con hipnotizante presencia y ausencia, con no sé qué verdad y no sé qué mentira.
—No me ha de gustar, señor —me dijo—, si hace 30 años que la estoy oyendo.
—Treinta años —le dije desde no sé qué fecha mía y sin saber bien los años que le pronunciaba mi boca.
—Figúrese usted las cosas que *ella* me habrá dicho.
Y luego:
—Lo que le he oído:
Y se deslizó noche abajo, y se perdió en lo oscuro y en el agua [64].

La *técnica* con que se consiguen los distintos sonidos del agua es de lo más interesante y sorprendente. Sorprendente sobre todo por la sencillez de su método. Muestras muy elocuentes son las cunetas y su diseñor. Por medio de modulaciones mínimas en su lecho se consigue una secuencia modificada que suena como una melodía compuesta. Este efecto premeditado se puede mostrar muy claramente en el conjunto sonoro que nos ofrece la Escalera del Agua en el Generalife, monumento puro —como se sabe— de los tiempos nazaríes. Acercando el oído a la baranda se aprecian diferencias en la secuencia de los sonidos por secciones en el cauce. Una impresión muy concreta que voluntariamente se compuso por distintos declives y curvas en el fondo del pasamanos.

Un surtidor que divulga el sonido idóneo es un surtidor bajo, de presión mesurada, de modo que el agua se vierte sobre la mínima cantidad retenida en la taza como «perlas caen sobre perlas». El goteo suena distintamente en una taza de mármol que en una de cerámica.

Así se obtienen sonidos lentos, suaves, misteriosos y sentimentales para la meditación, y sonidos rápidos, alegres, animados y refrescantes para el estímulo: las dos grandes bases espirituales de la creación artística. Esta mística del agua se convierte en fuerte protagonista de otro arte creativo: el de la *m ú s i c a*.

La trascendencia internacional de la influencia creativa, que se hace constar entre composiciones musicales y los Jardines alhambreños con el sonido especial del agua, está extensamente esbozada por don Manuel Orozco en su artículo «La Alhambra, el alhambrismo y Manuel de Falla», publicado en *Los Cuadernos de la Alhambra*. Allí dice:

«Pero es que Francia desde Chabrier, Bizet, Laló está haciendo música española... Todo el orientalismo musical desde Mozart —que lo tiene— a Ravel o Debussy, excluyendo el ruso, excepto Glinka, ha pasado en una u otra medida por los patios y los estanques de la Alhambra. Y ahí están las ediciones de Laló o Chabrier, cuya rapsodia «España» está como casi todas las ediciones francesas, enmarcada su portada de los arabescos y yeserías de la Alhambra... Y es la hora faunal y dyonisíaca de Francia, a la que se incorpora lírica y deslumbrante, intimista la Alhambra granadina. Y así al repertorio temático y a las musas del «Après midi d'un faune», al «Dafnis y Cloë» y al «Pélleas», se incorporan los «Arabescos», «La Soirée dans Grenade», «El Claro de Luna», «Lindaraja» o los «Reflejos» sobre el agua debusianos o los de Ravel en sus «Juegos de Agua»[65].

En 1881 vemos a Antón Rubinstein, y en 1887 a Pablo Sarasate, paseándose por la Alhambra y el Generalife. Es difícil verificar cuáles y cuántas inspiraciones musicales se llevaron de este ambiente musulmán, de sus jardines con el agua omnipresente.

Pero su mayor manifestación musical la experimentan los jardines de la Alhambra en las obras de compositores españoles, y no sólo de andaluces, sino de diversas regiones, que vinieron a ser granadinos de adopción.

Sabemos, por ejemplo, que en julio del año 1882 Isaac Albéniz visitó la Alhambra, quedándose varias semanas en la antigua casa del arquitecto al lado de la Puerta del

Vino. Fue una temporada inolvidable para el compositor de piezas como «Torres Bermejas», entre otras. Las huellas artísticas recibidas en Granada las estimaba como de vital importancia para su trabajo. Así, con su temperamental fuerza de convicción, escribe a Manuel de Falla: «¡Váyase usted a vivir junto a la Alhambra, Falla; váyese a Granada!»[66].

Por el año 1899 está Francisco Tárrega en Granada. Gran compositor y guitarrista, regala al mundo como fruto de esta temporada la pieza «Recuerdos de la Alhambra», y seguramente muchos compases más, en los que se puede reconocer el sonido de las fuentes y arroyos de la Alhambra y del Generalife.

Entre los años 1920 y 1930 se forma alrededor de Manuel de Falla y Federico García Lorca un círculo de muchas figuras importantes del mundo cultural español e internacional. Las muy animadas tertulias —de las que tenemos noticia por cartas, fotografías y todavía testimonios vivos— fueron frecuentadas por poetas, pintores y músicos de esta época.

En el hoy denominado «Museo de Angel Barrios», en la calle Real de la Alhambra, rodeado por los jardines del Partal con su aroma de arrayán y jazmín, y el murmullo de sus fuentes y arroyos, se reunieron personajes como Manuel de Falla, Pablo Luna, Conrado del Campo, Bartolomé Pérez Casas, Regino Sainz de la Maza, Pablo Sorozábal, Andrés Segovia y el dueño de este sitio sin par: Angel Barrios. Del último se dice que «cogió su guitarra para hablar con ella y el agua» en su patio granadino, composiciones improvisadas que se llevó el viento, que se llevó la muerte, que en ninguna partitura aparecen plasmadas.

De todo este ambiente en los jardines y patios de la Alhambra y su entorno nos queda esta «composición» poética de Federico García Lorca, que puede ser que surgiera una tarde en el patio del «Polinario»:

> *«Empieza el llanto*
> *de la guitarra.*
> *Se rompen las copas*
> *de la madrugada.*
> *Empieza el llanto*
> *de la guitarra.*
> *Es inútil callarla.*
> *Es imposible*
> *callarla.*
> *Llora monótona*
> *como llora el agua,*
> *como llora el viento*
> *sobre la nevada.*
> *Es imposible*
> *callarla.*

Llora por cosas
lejanas.
Arena del Sur caliente
que pide camelias blancas.
Llora flecha sin blanco,
la tarde sin mañana,
y el primer pájaro muerto
sobre la rama.
¡Oh, guitarra!
Corazón malherido
por cinco espadas [68].

NOTAS DE LA SEGUNDA PARTE

I. El Paisaje

1 Antonio Machado, *Poesías completas,* p. 151.
2 Federico García Lorca, *Romancero,* p. 105.
3 Enrique Pareja López y Matilde Megía Navarro, *Salobreña,* p. 162.
4 Ibídem, p. 67.
5 Ibídem, p. 163.
6 Ibídem, p. 169.
7 Federico García Lorca, *Impresiones,* p. 154.

II. La agricultura

1 Hay varios caminos de divulgación mundial de esta herencia musulmana. Uno se dirige hacia el Norte, donde ya en la Edad Media se reciben las sabidurías y los productos naturales de la Península entonces en gran parte islamizada. Solamente expertos se dan cuenta de esta gran influencia, que es vigente hasta hoy. Otro camino se ha dirigido hacia el Nuevo Mundo, por medio del Descubrimiento y la correspondiente influencia hispánica desde el siglo XVI con su individualidad propia.

2 Hay una amplia literatura sobre los jardines monásticos, y esto no solamente en relación con los cultivos de plantas y árboles, sino también respecto al simbolismo entonces muy perfeccionado; que a su vez explica muchas de sus propiedades (por ejemplo, las plantas medicinales en relación con la salvación del hombre por el sacrificio del Señor; el gran tema religioso «La Virgen y el jardín», que nos ofrece un testimonio minucioso del conocimiento botánico en la Edad Media). Un libro clásico sobre este tema es: Dieter Hennebo, *Gärten des Mittelalters,* München, 1987.

3 Todavía hoy en la Alhambra se encuentran tramos de tubería de cerámica que requiere una fontanería muy especial para su mantenimiento.

4 Por ejemplo, el Tribunal de Las Aguas de Valencia.

5 Américo Castro en su libro «España en su historia» explica numerosos problemas lingüísticos en relación con sus orígenes islámicos.

6 Ibn Luyun, «Tratado de Agricultura», p. 20. Otra obra importante es el *Libro de agricultura* del siciliano Abu Zacaría Amed Ibn Al-Awwan, obra que data del siglo XII. Sus conocimientos reflejan ideas grecolatinas y musulmanas, que hace de este tratado un clásico en materia agronómica con mucha influencia en todo Occidente.

7 Ibn Luyun, op. cit., p. 177.
8 Ibn Luyun, op. cit., p. 179.

9 Ibn Luyun no solamente era un agricultor experimentado, sino también un poeta. El mismo define la forma literaria de su texto: «Sobre esa ciencia (la agricultura) he compuesto este tratado, en unos mil trescientos versos del metro rayaz» (p. 178).

10 Ibn Luyun, op. cit., p. 254.

11 Una pequeña historia de la *La caña y la industria azucarera en Motril (1500-1936),* escrita por Manuel Domínguez García se ha publicado en el anuario *Motril 1982,* edición preparada por el Exmo. Ayuntamiento de Motril. En pocas páginas se citan muchos datos interesantes sobre este tema.

[12] Claudio Sánchez Albornoz, *La España musulmana,* tomo 2, p. 342.

[13] Prieto Moreno, *Jardines,* p. 74.

[14] Andrés Navagero, *Viaje,* p. 36.

[15] Ibídem, p. 38.

[16] Ibídem, p. 51.

[17] Ibídem, p. 59.

[18] Ibídem, p. 54.

[19] Ibídem, p. 56.

III. Los jardines

Los títulos completos de las obras citadas, véanse en la *Bibliografía general.*

[1] Federico García Lorca, *Impresiones,* p. 180.

[2] Diccionario Durvan.

[3] Este significado en su amplio sentido musulmán está usado en el título de la conocida obra *Parayso cerrado para muchos, jardines abiertos para pocos* del canónigo granadino Pedro Soto Roxas, que vivió en el Albaicín y publicó este libro en 1652.

[4] Por ejemplo, en Mérida y en Madrid.

[5] *El Corán,* sura 55, 46-68.

[6] *El Corán,* sura 75, 3.

[7] *El Corán,* sura 23.18.

[8] José Zorrilla, *Leyenda,* p. 1263.

[9] Emilio García Gómez, *Poemas,* p. 70.

[10] Emilio García Gómez, *Cinco poetas,* p. 70.

[11] Emilio García Gómez, Ibídem, p. 73.

[12] Emilio García Gómez, *Poemas,* p. 135.

[13] Emilio García Gómez, *Ibn Zamrak,* p. 134.

[14] Antonio Machado, *Poesías completas,* p. 381.

[15] Jesús Bermúdez Pareja, *ICOMOS,* p. 184.

[16] Véase este capítulo, p. 17 en adelante.

[17] Francisco Prieto-Moreno, *Jardines,* p. 26.

[18] Federico García Lorca, *Antología,* p. 171.

[19] Federico García Lorca, *Romancero,* p. 94.

[20] Antonio Machado, op. cit., p. 247.

[21] *El Corán* sura 61, 12.

[22] Emilio García Gómez, *Poemas,* p. 134.

[23] Antonio Machado, op. cit., p. 105.

[24] E. Villers Stuart, *Spanish Gardens*, p. 4.

[25] Marquesa de Casa Valdés, *Jardines,* p. 28.

[26] Emilio García Gómez, *Poemas,* p. 78.

[27] Andrés Navagero, *Viaje,* p. 46.

[28] Francisco Prieto-Moreno, op. cit., p. 70.

[29] Emilio García Gómez, *Ibn Zamrak,* p. 107.

[30] Antonio Gallego y Burín, *Alhambra,* p. 122.

[31] Federico García Lorca, *Impresiones,* p. 66.
[32] Francisco Prieto-Moreno, op. cit., p. 82.
[33] Antonio Gallego y Burín, op. cit., p. 122.
[34] Jesús Bermúdez Pareja, op. cit., p. 190.
[35] Francisco Prieto-Moreno, op. cit., p. 69.
[36] *El Corán,* sura 29, 58.
[37] Washington Irving, *Cartas,* p. 97.
[38] Antonio de Lalaing, *Primer viaje en viajes de extranjeros,* tomo 1, p. 475.
[39] Francisco Prieto-Moreno, op. cit., p. 69.
[40] *El Corán,* sura 55.46, 66, 68.
[41] Francisco Prieto-Moreno, op. cit., p. 74.
[42] Ibídem, p. 69.
[43] Traducción de E. Lafuente Alcántara, cit., según Francisco Prieto-Moreno, op. cit., p. 70.
[44] Traducción de E. Lafuente Alcántara, cit., según María Jesús Rubiera, *Arquitectura,* p. 147.
[45] *El Corán,* sura 2.23.
[46] *El Corán,* sura 10.9.
[47] *El Corán,* sura 37.38.
[48] Emilio García Gómez, *Poemas,* p. 109.
[49] Traducción de la palabra «Generalife». Según los expertos, la más acertada de las 36 que se conocen y usada también por Francisco Prieto-Moreno en su libro *Los jardines de Granada.*
[50] *El Corán,* sura 3.194-195.
[51] *El Corán,* sura 31.7-8.
[52] Nadar Ardalan, *The Sense of Unity,* p. 5.
[53] *El Corán,* sura 26.97-58.
[54] *El Corán,* sura.
[55] Pedro Soto de Roxas, op. cit.
[56] Washington Irving, op. cit., p. 95.
[57] Federico García Lorca, *Antología,* p. 16.
[58] Francisco Villaespesa, *El alcázar de las Perlas,* Kasida, acto 10.
[59] Alain Quiot, *La jardinería árabe.*
[60] *El Corán,* sura 88.10-12.
[61] Juan Ramón Jiménez, *Olvidos,* p. 31.
[62] Antonio Machado, op. cit., p. 114.
[63] Ibídem, p. 25.
[64] Juan Ramón Jiménez, op. cit., p. 37.
[65] Manuel Orozco, *Alhambrismo,* p. 78.
[66] Ibídem, p. 78.
[67] Ibídem, p. 83.
[68] Federico García Lorca, *Antología,* p. 33.

BIBLIOGRAFIA

ALARCON, Pedro Antonio de
La Alpujarra
Madrid, 1874; 2.ª edición facsímil, Granada, 1983.

Gran Enciclopedia de Andalucía,
10 tomos; Sevilla, 1979.

ARDALAN, Nader; BAKHTIAR, Lalah
The Sense of Unity
Chicago, 1979.

AZORIN
Los pueblos. La Andalucía trágica
Madrid, 1974.

BERMUDEZ PAREJA, Jesús
El Agua en los Jardines Musulmanes de la Alhambra,
en: *ICOMOS* (editor), Les Jardins de l'Islam,
2ème colloque international sur le protection et la restauration des Jardins Historiques organisé par l'ICOMOS et l'IFLA, Granade novembre, 1973; Granada, 1976.

CABANELAS, Darío, y PAZ TORRES, María
Poesía arábigo andaluza,
dibujos de Miguel Rodríguez Acosta; Granada, 1984.

CASA VALDES, Marquesa de
Jardines de España
2.ª edición Valencia, 1987.

CASTAÑEDA Y MUÑOZ, Florentino
Villaespesa. Los mejores versos del mejor poeta
Madrid, 1977

El mismo
La Alhambra en los versos de Villaespesa,
Granada, 1983.

CASTRO, Américo
España en su historia. Cristianos, moros y judíos
2.ª edición; Barcelona, 1983.

El Corán
Traducción, introducción y notas de Juan VERNET
Clásicos Planeta, núm. 5; Barcelona, 1963.

DURVAN
Diccionario *Durván* de la Lengua Española
Publicado bajo los auspicios de don Ramón Menéndez Pidal
Bilbao, 1965.

EGUARAS IBAÑEZ, Joaquina
Ibn Luyun. Tratado de Agricultura
Granada, 1975.

GALLEGO Y BURIN, Antonio
La Alhambra
Granada, 1963.

EL MISMO
Granada
Guía artística e histórica de la ciudad
2.ª edición; Granada, 1982

GARANDY, Roger
Promesas del Islam
Barcelona, 1982.

GARCIA GOMEZ, Emilio
Poemas arábigoandaluces
Colección Austral, núm. 162; 5.ª edición, Madrid, 1971

EL MISMO
Cinco poetas musulmanes
Colección Austral, núm. 531, 2.ª edición; Madrid, 1959.

EL MISMO
Ibn Zamrak, el poeta de la Alhambra
Granada, 1975.

EL MISMO
Ibn Al-Zaqqaq. Poesías
Madrid, 1978.

EL MISMO
Poemas árabes en los muros y fuentes de la Alhambra
Madrid, 1985.

EL MISMO
Silla del Moro y nuevas escenas andaluzas
Dibujos de Miguel Rodríguez-Acosta; Granada, 1978.

GARCIA LORCA, Federico
Impresiones y paisajes
Granada, 1918; reproducción facsimilar, Granada, 1981.

EL MISMO
Antología poética
Selección de Guillermo de Torre y Rafael Alberti
Biblioteca Clásica y Contemporánea Losada, núm. 269
9.ª edición; Buenos Aires, 1977.

EL MISMO
Romancero gitano
Selección Austral, núm. 39; 2.ª edición, Madrid, 1980

GARULO MUÑOZ, Teresa
Los arabismos en el léxico andaluz
Colección de Estudios Arabes Cordobeses, núm. 29; Madrid, 1983.

GOMEZ MORENO, Manuel
Guía de Granada
Granada, 1982; edición facsímil, 2 tomos; Granada, 1982.

GRABAR, Oleg
La Alhambra, iconografía, formas y valores
Madrid, 1980.

IBN HAZM de Córdoba
El collar de la paloma
Traduc. de Emilio García Gómez
4.ª edición; Madrid, 1979

IRVING, Washington
1859-1959, su vida, sus cartas desde La Alhambra
Universidad de Granada; Granada, 1960.

EL MISMO
Cuentos de La Alhambra
Granada, 1976.

JIMENEZ, Juan Ramón
Elegías andaluzas
Barcelona, 1980.

EL MISMO
Olvidos de Granada
Granada, 1969

KUGEL, Christiane E.
El agua de La Alhambra
PARJAP 87; Granada, 1987.

MACHADO, Antonio
Poesías completas
Selección Austral, núm. 1; 3.ª edición; Madrid, 1977.

MÜNZER, Jerónimo
Viaje por España y Portugal, Reino de Granada
Edición facsímil, Granada, 1981.

NAVAGERO, Andrés
Viaje por España (1524-1526)
Madrid, 1983.

NICOLAS ISASA, José Javier
Federico García Lorca, poeta de la naturaleza
Montes, núm. 11; Madrid, 1986

EL MISMO
La flora en la obra de García Lorca
PARJAP 87; Granada, 1987.

OROZCO, Manuel
La Alhambra, El Alhambrismo y Manuel de Falla
Cuadernos de la Alhambra, núm. 9; Granada, 1973.

PAREJA LOPEZ, Enrique; MEGIA NAVARRO, Matilde
Salobreña, datos para su historia
Granada, 1978.

PERES, Henri
Esplendor de al-Andalus
Madrid, 1983.

PRIETO-MORENO, Francisco
Los jardines de Granada,
Madrid, 1973.

QUIOT, Alain
La jardinería árabe actual y su posible aplicación en España
PARJAP 87; Granada, 1987.

RUBIERA, María Jesús
La arquitectura en la literatura árabe
Madrid, 1981.

SECO DE LUCENA, Luis
La Alhambra, como fue y como es
Granada, 1935.

SOTO DE ROXAS, Pedro
Parayso cerrado para muchos, Jardines abiertos para pocos
Granada, 1652; edición facsímil; Madrid, 1984

Viajes de extranjeros por España y Portugal
desde los tiempos más remotos hasta finales del siglo XVIII,
3 tomos; Madrid, 1952.

VILLAESPESA, Francisco
El alcázar de las perlas
Véase también CASTAÑEDA Y MUÑOZ, Florentino

VILLERS STUART, E.
Spanish Gardens
London, 1929.

VIÑES, Cristina
Granada en los libros de viaje
Granada, 1982.

ZORRILLA, José
Leyenda de Muhamed Al-Hamar El Nazarite, Rey de Granada
dividido en cinco libros:
Libro de los sueños
Libro de las perlas
Libro de los alcázares
Libro de los espíritus
Libro de las nieves
En: *Leyendas,* 4.ª edición; Madrid, 1973, pp. 1262-1346.

ESTE LIBRO LO FOTOCOMPUSO FERNANDEZ
CIUDAD, S. L., LO IMPRIMIO EGEDSA
Y LO ENCUADERNO RAMOS, S. A.